国家高技能实训基地校企合作教材

Gonglu Shiyangong
公路试验工

李　想　尹　萍　主编
莫延英　贾富贵　主审

人民交通出版社股份有限公司
China Communications Press Co.,Ltd.

内容提要

本书是公路施工与养护专业国家高技能实训基地校企合作教材。全书从试验工的工作实际出发，分土工试验、集料试验、水泥及水泥混凝土试验、沥青和沥青混合料试验、无机结合稳定材料试验、钢材试验、石料试验、土工合成材料试验 8 个模块，介绍了材料的基本概念、性能指标以及各试验的试验方法、步骤、计算等。本书可作为交通类职业院校相关专业的教学参考书，还可以作为相关从业人员的自学教材。

图书在版编目(CIP)数据

公路试验工 / 李想，尹萍主编. —北京：人民交通出版社股份有限公司，2014.10
ISBN 978-7-114-11433-5

Ⅰ. ①公… Ⅱ. ①李… ②尹… Ⅲ. ①道路工程—试验—教材 Ⅳ. ①U41

中国版本图书馆 CIP 数据核字(2014)第 105424 号

国家高技能实训基地校企合作教材

书　　名：	公路试验工
主　　编：	李　想　尹　萍
责任编辑：	刘　倩　李　军
出版发行：	人民交通出版社股份有限公司
地　　址：	(100011)北京市朝阳区安定门外外馆斜街 3 号
网　　址：	http://www.ccpress.com.cn
销售电话：	(010)59757973
总 经 销：	人民交通出版社股份有限公司发行部
经　　销：	各地新华书店
印　　刷：	北京盈盛恒通印刷有限公司
开　　本：	787×1092　1/16
印　　张：	14
字　　数：	347 千
版　　次：	2014 年 10 月　第 1 版
印　　次：	2014 年 10 月　第 1 次印刷
书　　号：	ISBN 978-7-114-11433-5
定　　价：	35.00 元

(有印刷、装订质量问题的图书由本公司负责调换)

前 言

本教材获公路施工与养护专业国家级高技能人才培训基地建设项目支持。主要从交通建筑材料基本知识认知以及材料试验和检测能力出发，以学生职业能力和基本知识的培养为主线，以国家标准、行业规范和规程为依据，以材料的相关试验为切入点进行编写。

全书共分为8个模块，模块1、模块2由青海交通职业技术学院尹萍编写，模块3、模块4、模块5由青海交通职业技术学院李想编写，模块6由青海省育才公路工程检测试验中心郝永娟编写，模块7由青海交通职业技术学院顾晓燕编写，模块8由青海交通职业技术学院赵静编写，青海交通职业技术学院李想统稿。

青海交通职业技术学院莫延英副教授及青海省育才公路工程检测试验中心贾富贵副教授审阅了全书，并提出了许多宝贵的意见和建议，在此深表感谢！

由于时间仓促，水平有限，教材中难免有错误之处，敬请广大读者批评指正。

编 者
2014年7月

目 录

模块 1　土工试验 …………………………………………………………………………………… 1

1.1　土的三项组成及物理性质指标换算 …………………………………………………… 1
1.1.1　土的形成过程 ………………………………………………………………………… 1
1.1.2　土的三相组成 ………………………………………………………………………… 1
1.1.3　土的物理性质指标及指标换算 ……………………………………………………… 1
1.1.4　土的含水率试验（烘干法）…………………………………………………………… 3
1.1.5　土的含水率试验（酒精燃烧法）……………………………………………………… 3
1.1.6　土的含水率试验（比重法）…………………………………………………………… 4
1.1.7　土的密度试验（环刀法）……………………………………………………………… 5
1.1.8　土的密度试验（蜡封法）……………………………………………………………… 5
1.1.9　土的密度试验（灌水法）……………………………………………………………… 6
1.1.10　土的密度试验（灌砂法）…………………………………………………………… 7
1.1.11　土的相对密度试验（比重瓶法）…………………………………………………… 8
1.1.12　土的相对密度试验（浮力法）……………………………………………………… 9
1.1.13　土的相对密度试验（浮称法）……………………………………………………… 10

1.2　土的粒组划分及工程分类 ……………………………………………………………… 11
1.2.1　土的粒度成分及其表示方法 ……………………………………………………… 11
1.2.2　司笃克斯定律 ……………………………………………………………………… 11
1.2.3　土的级配指标 ……………………………………………………………………… 12
1.2.4　土的工程分类及命名 ……………………………………………………………… 12
1.2.5　颗粒分析试验（筛分法）…………………………………………………………… 13
1.2.6　颗粒分析试验（移液管法）………………………………………………………… 15

1.3　土的相对密实度及界线含水率 ………………………………………………………… 16
1.3.1　土的相对密实度 …………………………………………………………………… 16
1.3.2　土的界限含水率 …………………………………………………………………… 16
1.3.3　砂土的相对密度试验 ……………………………………………………………… 17
1.3.4　界限含水率试验（液限和塑限联合测定法）……………………………………… 19
1.3.5　界限含水率试验（液限碟式仪法）………………………………………………… 20
1.3.6　界限含水率试验（缩限试验）……………………………………………………… 21

1

| 1.3.7 天然稠度试验 | 21 |

1.4 土的动力特性与击实试验 ... 22
- 1.4.1 击实的工程意义 ... 22
- 1.4.2 击实试验原理 ... 22
- 1.4.3 击实特性 ... 22
- 1.4.4 影响压实的因素 ... 23
- 1.4.5 击实试验 ... 23

1.5 土体压缩性指标及强度指标 ... 26
- 1.5.1 土体压缩原理和有效应力原理 ... 26
- 1.5.2 与强度有关的工程问题 ... 26
- 1.5.3 室内压缩试验与压缩性指标 ... 26
- 1.5.4 先期强度固结压力与土层天然固结状态判断 ... 27
- 1.5.5 三轴压缩试验 ... 27
- 1.5.6 黄土湿陷试验 ... 27
- 1.5.7 固结试验 ... 28
- 1.5.8 直接剪切试验(黏质土的慢剪试验) ... 30
- 1.5.9 直接剪切试验(黏质土的固结快剪试验) ... 31
- 1.5.10 直接剪切试验(砂类土的直剪试验) ... 32
- 1.5.11 无侧限抗压试验 ... 33
- 1.5.12 承载比(CBR)试验 ... 35
- 1.5.13 回弹模量试验 ... 37

1.6 土的化学性质试验及水理性质试验 ... 38
- 1.6.1 膨胀试验 ... 38
- 1.6.2 收缩试验 ... 39
- 1.6.3 毛细管水上升高度试验 ... 40
- 1.6.4 酸碱度试验 ... 41
- 1.6.5 烧失量试验 ... 41
- 1.6.6 有机质含量试验 ... 42
- 1.6.7 渗透试验(常水头渗透试验) ... 43

1.7 土样的采集、运输和保管 ... 45
- 1.7.1 土样的要求 ... 45
- 1.7.2 土样的包装和运输 ... 45
- 1.7.3 土样的接受与管理 ... 46
- 1.7.4 土样和试样制备 ... 46

模块2 集料试验 ... 49
2.1 粗集料的基本概念 ... 49

	2.1.1 集料、粗集料及细集料等的定义	49
	2.1.2 标准筛的概念	49
	2.1.3 集料的划分方法	50
	2.1.4 集料最大粒径	50
	2.1.5 集料的公称最大粒径	50
2.2	粗集料的密度	50
	2.2.1 粗集料的各种密度定义	50
	2.2.2 粗集料密度及吸水率试验（网篮法）	51
2.3	粗集料的吸水性和耐候性	52
	2.3.1 集料的吸水性	52
	2.3.2 集料的耐候性	53
	2.3.3 砂石材料空隙率对耐候性的影响	53
2.4	粗集料的颗粒形状	53
	2.4.1 针片状颗粒对集料应用所造成的影响	53
	2.4.2 针对两种不同应用目的的针片状颗粒的定义方法	53
	2.4.3 水泥混凝土用粗集料针片状颗粒含量试验（规准仪法）	54
	2.4.4 粗集料针片状颗粒含量试验（游标卡尺法）	55
2.5	粗集料的力学性质	56
	2.5.1 各力学性质的定义及内容	56
	2.5.2 粗集料压碎值试验	56
	2.5.3 粗集料磨耗试验（洛杉矶法）	58
	2.5.4 粗集料磨耗试验（道瑞试验）	60
	2.5.5 粗集料磨光值试验	61
2.6	粗集料的化学性质	63
2.7	粗集料的技术要求	64
	2.7.1 沥青混凝土混合料对粗集料的技术要求	64
	2.7.2 水泥混凝土混合料对粗集料的技术要求	66
	2.7.3 基层、底基层材料对粗集料的技术要求	67
2.8	细集料的技术性质	67
	2.8.1 沥青混合料用细集料的技术要求	67
	2.8.2 水泥混凝土用细集料的技术要求	68
	2.8.3 砂中有害成分及分析方法	69
	2.8.4 颗粒级配及粗细程度	69
	2.8.5 细度模数的计算和含义	69
	2.8.6 细集料筛分试验	70
2.9	矿料级配	71

	2.9.1	级配理论	71
	2.9.2	级配曲线的绘制方法和级配范围	72
	2.9.3	矿料的级配类型及特点	72
	2.9.4	矿料混合料组成设计方法(图解法)	72

模块3 水泥及水泥混凝土试验 ································· 75

3.1	水泥的基本概念		75
	3.1.1	水泥的分类	75
	3.1.2	水泥的生产	75
3.2	水泥细度		76
	3.2.1	水泥细度大小对水泥性能的影响	76
	3.2.2	水泥细度测定	76
	3.2.3	水泥细度试验	76
	3.2.4	水泥比表面积测定方法(勃氏法)	77
3.3	水泥净浆标准稠度用水量		80
	3.3.1	水泥净浆稠度和标准稠度的概念	80
	3.3.2	标准稠度用水量测定(标准法)	80
	3.3.3	标准稠度用水量测定(代用法)	81
3.4	水泥凝结时间		82
	3.4.1	水泥凝结时间的定义	82
	3.4.2	凝结时间对工程影响	82
	3.4.3	水泥凝结时间的测定	82
3.5	水泥安定性		83
	3.5.1	水泥安定性的定义	83
	3.5.2	水泥安定性对工程质量的影响	83
	3.5.3	水泥安定性试验	83
3.6	水泥的力学性质		84
	3.6.1	影响水泥力学强度形成的主要因素	84
	3.6.2	水泥力学性质评价方法	85
	3.6.3	水泥砂胶强度试验	85
3.7	水泥的化学性质		88
	3.7.1	水泥化学性质内容及对水泥性能的影响	88
	3.7.2	游离氧化镁和氧化钙的评价思路	88
3.8	水泥技术标准和质量评定		89
	3.8.1	通用硅酸盐水泥技术要求	89
	3.8.2	通用硅酸盐水泥强度等级	90
	3.8.3	通用硅酸盐水泥质量判定规则	90

3.9 水泥混凝土的概念 90
　3.9.1 混凝土材料的组成 90
　3.9.2 各类混凝土的概念 90
3.10 新拌水泥混凝土的工作性 91
　3.10.1 混凝土工作性的定义 91
　3.10.2 评定混凝土工作性的方法 91
　3.10.3 影响混凝土工作性的因素 92
　3.10.4 水泥混凝土拌和物稠度试验方法（坍落度仪法） 93
3.11 水泥混凝土拌和物凝结时间 94
　3.11.1 定义 94
　3.11.2 试验 95
3.12 硬化后水泥混凝土的力学强度 96
　3.12.1 混凝土强度等级确定的依据 96
　3.12.2 混凝土强度等级 96
　3.12.3 影响混凝土强度的因素 96
　3.12.4 立方体、棱柱体混凝土试件成型方法 98
　3.12.5 混凝土立方体抗压强度试验 99
　3.12.6 混凝土抗弯拉强度试验 100
　3.12.7 混凝土强度质量评定 101
3.13 水泥混凝土配合比设计 102
　3.13.1 混凝土配合比设计要求 102
　3.13.2 水泥混凝土配合比表示方法 103
　3.13.3 混凝土配合比设计基本步骤 103
　3.13.4 混凝土初步配合比设计阶段 104
　3.13.5 混凝土基准配合比设计阶段 106
　3.13.6 试验室配合比设计阶段 107
　3.13.7 工地配合比设计阶段 108
　3.13.8 混凝土的耐久性 108

模块4 沥青和沥青混合料试验 110
4.1 沥青材料的基本概念 110
　4.1.1 沥青的分类 110
　4.1.2 沥青的组分 110
　4.1.3 沥青适用性气候分区原则、分区方法 111
4.2 沥青针入度 112
　4.2.1 沥青黏滞性、针入度的含义及两者之间的关系 112
　4.2.2 沥青针入度和针入度指数 112

5

  4.2.3 沥青针入度试验 ……………………………………………………… 112
  4.2.4 影响沥青针入度的因素 ………………………………………… 114
 4.3 沥青的软化点 ………………………………………………………………… 114
  4.3.1 沥青软化点概念 ………………………………………………… 114
  4.3.2 影响沥青软化点的因素 ………………………………………… 114
  4.3.3 沥青软化点试验（环球法）…………………………………… 114
 4.4 沥青延度 ……………………………………………………………………… 115
  4.4.1 沥青延度的概念 ………………………………………………… 115
  4.4.2 影响沥青延度的因素 …………………………………………… 116
  4.4.3 沥青延度试验 …………………………………………………… 116
 4.5 沥青耐久性 …………………………………………………………………… 117
  4.5.1 沥青老化因素和评价方法 ……………………………………… 117
  4.5.2 沥青薄膜加热试验 ……………………………………………… 118
  4.5.3 沥青旋转薄膜加热试验 ………………………………………… 120
 4.6 沥青密度与相对密度试验 …………………………………………………… 121
 4.7 沥青含蜡量 …………………………………………………………………… 124
  4.7.1 蜡对沥青路用性能的影响 ……………………………………… 124
  4.7.2 沥青蜡含量试验（蒸馏法）…………………………………… 124
 4.8 沥青技术要求 ………………………………………………………………… 126
  4.8.1 沥青标号、等级及适用范围 …………………………………… 126
  4.8.2 不同标号沥青适用性的大致规律 ……………………………… 126
  4.8.3 道路石油沥青的技术要求 ……………………………………… 126
 4.9 其他沥青材料 ………………………………………………………………… 128
  4.9.1 乳化沥青 ………………………………………………………… 128
  4.9.2 SBS 改性沥青 …………………………………………………… 129
 4.10 沥青混合料的基本概念 …………………………………………………… 130
  4.10.1 沥青混合料分类 ……………………………………………… 130
  4.10.2 沥青混合料的结构类型及其特点 …………………………… 131
 4.11 沥青混合料的高温稳定性 ………………………………………………… 132
  4.11.1 沥青混合料的高温稳定性含义 ……………………………… 132
  4.11.2 影响沥青路面车辙因素及防治技术措施 …………………… 132
  4.11.3 影响沥青路面车辙试验结果的因素 ………………………… 132
  4.11.4 沥青混合料车辙试验 ………………………………………… 133
 4.12 沥青混合料的耐久性 ……………………………………………………… 134
 4.13 沥青混合料其他性能 ……………………………………………………… 135
 4.14 沥青混合料技术要求 ……………………………………………………… 136

		4.14.1 沥青混合料技术指标及其含义	136
		4.14.2 空隙率大小对混合料性能的影响	136
	4.15	沥青混合料马歇尔试验试件制作方法	137
		4.15.1 马歇尔试件组成材料计算方法	137
		4.15.2 马歇尔沥青用量大致范围确定方法	138
		4.15.3 沥青混合料试件制作方法(击实法)	138
	4.16	沥青混合料马歇尔试件密度检测	141
		4.16.1 马歇尔试件不同密度的定义	141
		4.16.2 常用密度的检测方法	141
		4.16.3 不同密度检测方法的适用性	142
		4.16.4 压实沥青混合料密度试验(表干法)	143
		4.16.5 压实沥青混合料密度试验(蜡封法)	144
		4.16.6 压实沥青混合料密度试验(体积法)	146
		4.16.7 压实沥青混合料密度试验(水中重法)	147
	4.17	沥青混合料马歇尔稳定度试验	148
		4.17.1 稳定度和流值的含义	148
		4.17.2 沥青混合料马歇尔稳定度试验	148
		4.17.3 影响试验结果的因素	149
	4.18	沥青混合料车辙试验	150
		4.18.1 沥青车辙试验的目的和意义	150
		4.18.2 沥青混合料车辙试验	150
	4.19	沥青与矿料黏附性试验	151
		4.19.1 影响沥青与矿料黏附性因素	151
		4.19.2 影响黏附性试验方法、评定方法及黏附性划分	152
		4.19.3 水煮法试验	152
		4.19.4 水浸法试验	153
	4.20	沥青含量试验	153
	4.21	沥青混合料配合比设计	154
		4.21.1 沥青混合料组成材料技术要求	154
		4.21.2 粗集料与沥青黏附性改善方法	154
		4.21.3 矿粉应用的目的及其基本性能要求	154
		4.21.4 矿料设计中矿料调整原则和调整方法	154
		4.21.5 沥青混合料设计步骤	155

模块5 无机结合稳定材料试验 160

5.1	无机结合稳定材料技术要求	160
	5.1.1 基层、底基层材料的常见类型、类型划分和适用范围	160

  5.1.2 水泥稳定类原材料的技术要求 ································· 161
  5.1.3 石灰稳定类原材料的技术要求 ································· 161
  5.1.4 石灰工业废渣类材料技术要求 ································· 162
  5.1.5 半刚性混合料的强度与压实度要求 ····························· 163
 5.2 无机结合料稳定材料组成设计方法 ································· 164
  5.2.1 石灰稳定土类混合料组成设计 ································· 164
  5.2.2 水泥稳定类混合料组成设计 ··································· 165
  5.2.3 石灰工业废渣类混合料组成设计 ······························· 167
 5.3 基层、底基层材料试验检测方法 ··································· 168
  5.3.1 石灰有效氧化钙含量测试（蔗糖法） ··························· 168
  5.3.2 石灰氧化镁的测试方法 ······································· 170
  5.3.3 石灰或水泥剂量的测定方法（EDTA滴定法） ··················· 171
  5.3.4 含水率的测定方法（烘干法） ································· 173
  5.3.5 无机结合料稳定材料击实试验方法 ····························· 175
  5.3.6 无机结合稳定材料无侧限抗压强度试验方法 ····················· 178
  5.3.7 无机结合料稳定材料室内抗压回弹模量试验方法（顶面法） ······· 179

模块6 钢材试验 ··· 182

 6.1 钢材的生产及组成 ··· 182
  6.1.1 钢材的概念 ··· 182
  6.1.2 钢材的特点 ··· 182
  6.1.3 钢材的组成 ··· 182
  6.1.4 钢材的分类 ··· 183
  6.1.5 钢材的用途 ··· 184
 6.2 普通钢筋的主要力学性能指标 ····································· 186
 6.3 普通钢筋的力学性能测试 ··· 188
  6.3.1 拉伸试验 ··· 188
  6.3.2 金属材料弯曲试验方法 ······································· 191

模块7 石料试验 ··· 194

 7.1 石料的种类和用途 ··· 194
  7.1.1 岩浆岩 ··· 194
  7.1.2 沉积岩 ··· 194
  7.1.3 变质岩 ··· 195
 7.2 石料的技术标准、技术等级划分 ··································· 196
  7.2.1 石料的技术标准 ··· 196
  7.2.2 岩石的技术等级划分 ··· 196
 7.3 石料的力学性能 ··· 197

    7.3.1 单轴抗压强度的试验 ··· 197
    7.3.2 洛杉矶磨耗试验方法 ··· 198

模块8 土工合成材料试验 ·· 199
8.1 土工合成材料概念 ·· 199
8.2 土工合成材料的类型和应用 ·· 199
8.3 土工合成材料的工程特性 ··· 201
    8.3.1 物理特性 ·· 201
    8.3.2 力学特性 ·· 201
8.4 公路工程土工合成材料主要试验 ·· 202
    8.4.1 试样制备与试验报告 ··· 202
    8.4.2 试样数据整理与计算 ··· 202
    8.4.3 单位面积质量测定 ·· 203
    8.4.4 土工织物厚度测定 ·· 203
    8.4.5 土工膜厚度测定 ··· 204
    8.4.6 土工格栅、土工网网孔尺寸测定 ··· 205
    8.4.7 垂直渗透性能试验(恒水头法) ··· 206
    8.4.8 宽条拉伸试验 ·· 208

参考文献 ··· 210

模块1 土工试验

1.1 土的三项组成及物理性质指标换算

1.1.1 土的形成过程

土是由地壳表面的岩石经过物理风化、化学风化和生物风化作用之后的产物。岩石暴露在大气中,受到温度变化的影响,体积经常发生膨胀和收缩,不均匀的膨胀和收缩使之产生裂缝,同时长期经受风、霜、雨、雪的侵蚀以及动植物的破坏,逐渐由整块岩石崩解成大小不等和形状不同的碎块,这个过程叫物理风化。物理风化只改变岩石颗粒的大小和形状,不改变颗粒的成分。物理风化后形成的碎块与氧气、二氧化碳和水接触,经过化学变化,变成更细的颗粒并且成分也发生改变,产生与原来岩石成分不同的矿物,这个过程叫作化学风化。在此基础上,加之生物活动的参与,从而产生有机质的积聚,经过这些风化作用所形成的矿物颗粒堆积在一起,其间贯穿着孔隙,孔隙间存在着水和空气。这种松散的固体颗粒(有时还会含有有机质)、水和气体的集合体即是土。

1.1.2 土的三相组成

土中主要有固体颗粒、液态水和填充在孔隙中的气体。通常把土体看成是由固相(固体颗粒)、液相(液态水)和气相(气体)三部分组成的三相体(也称三相土)。土的固体颗粒构成土的骨架,骨架之间存在大量孔隙,孔隙中填充着液态水(液相)和气体(气相),因此土也被称为三相介质,如图1-1所示。

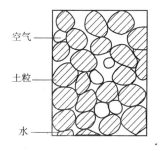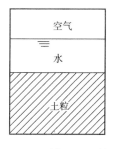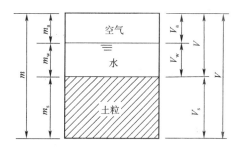

图1-1 土的三相组成

1.1.3 土的物理性质指标及指标换算

土的物理性质指标就是指土中固相、液相、气相三者在体积和质量方面的相互配比的数值。土的物理性质指标分两类:一类是实测指标,它是通过试验直接测定(如土的天然密度、含水率和土粒相对密度等);另一类是导出指标,它是以实测指标为依据推导而得出的(如土的干密度、孔隙比、孔隙率、饱和密度、水下密度和饱和度等)。

1)常用物理性质指标和定义

下面介绍工程设计和工程检验中常用的 6 个土的物理性质指标:土的密度(湿密度)、饱和密度、浮密度、孔隙比、孔隙率、饱和度。

(1)土的湿密度 ρ:指土体单位体积的质量。

$$\rho = m/V \tag{1-1}$$

(2)饱和密度 ρ_{sat}:指土孔隙中全部被水充满时的密度。

$$\rho_{sat} = \frac{m_s + V_w \rho_w}{V} \tag{1-2}$$

(3)浮密度(或称浸水密度)ρ':指土浸入水中受到水的浮力作用时的单位体积的质量。

$$\rho' = \frac{m_s - V_s \rho_w}{V} \tag{1-3}$$

式中:V_s——土体中固体颗粒的体积(cm³)。

(4)孔隙比 e:土中孔隙的体积与固体颗粒体积之比。

$$e = V_v/V_s \tag{1-4}$$

式中:V_v——土体中孔隙的体积(cm³);

V_s——土体中固体颗粒的体积(cm³)。

(5)孔隙率 n:指土中孔隙体积与总体积之比。

$$n = V_v/V \times 100\% \tag{1-5}$$

(6)饱和度 S_r:指孔隙中水的体积与空隙体积之比。

$$S_r = V_w/V_v \times 100\% \tag{1-6}$$

2)土的物理指标换算关系(表 1-1)

三相指标的换算关系　　　　　表 1-1

指标	符号	物理表达式	换算关系式
孔隙比	e	V_v/V_s	$e = \dfrac{G_s(1+w)}{\rho} - 1$
孔隙率	n	$V_v/V \times 100\%$	$n = 1 - \dfrac{\rho}{G_s(1+w)}$
干密度	ρ_d	m_s/V	$\rho_d = \dfrac{\rho}{1+w}$
饱和密度	ρ_{sat}	$\dfrac{m_s + V_w \rho_w}{V}$	$\rho_{sat} = \dfrac{\rho(G_s - \rho_w)}{G_s(1+w)} + \rho_w$
浮密度	ρ'	$\dfrac{m_s - V_s \rho_w}{V}$	$\rho' = \dfrac{\rho(G_s - \rho_w)}{G_s(1+w)}$
饱和度	S_r	$V_w/V_v \times 100\%$	$S_r = \dfrac{\rho G_s w}{\rho_w[G_s(1+w) - \rho]}$

3)土的其他指标

(1)常用土的物理状态指标有:液限含水率 w_L、塑限含水率 w_P、塑性指数 I_P、液性指数 I_L、相对密度 D_r 等。

(2)常用土的力学性质指标有:压缩系数、压缩指数、固结系数、抗剪强度指标、承载比、回弹模量、无侧限抗压强度等。"压缩"描述非饱和土,"固结"描述饱和土。

(3)常用土的水理性指标:渗透系数、湿化崩解量和毛细管水上升高度等。

1.1.4 土的含水率试验(烘干法)

1)目的与适用范围

本试验方法适用于测定黏质土、粉质土、砂类土、砂砾石、有机质土和冻土类的含水率。

2)仪器设备

(1)烘箱:可采用电热烘箱。

(2)天平:称量200g,感量0.01g;称量1 000g,感量0.1g。

(3)干燥器、称量盒等。

3)试验步骤

(1)取具有代表性试样,细粒土15~30g,砂类土、有机土为50g,砂砾石为1~2kg,放入称量盒内,立即盖好盒盖,称质量。称量时,可在天平一端放上与该称量盒等质量的砝码,移动天平游码,平衡后称量结果即为湿土质量。

(2)揭开盒盖,将试样和盒放入烘箱内,在温度105~110℃恒温下烘干。烘干时间,对细粒土不得少于8h,对砂类土不得少于6h,对含有机质超过5%的土或含石膏的土,应将温度控制在60~70℃的恒温下烘干,12~15h为好。

(3)将烘干后的试样和盒取出,放入干燥器内冷却(一般只需0.5~1h即可)。冷却后盖好盒盖,称质量,准确至0.01g。

4)结果整理

(1)按式(1-7)计算含水率:

$$w = (m - m_s)/m_s \times 100\% \tag{1-7}$$

式中:w——含水率(%),计算至0.1;

m——湿土质量(g);

m_s——干土质量(g)。

(2)精密度和允许差:本试验须进行二次平行测定,取其算术平均值,允许平行差值应符合表1-2规定。

含水率测定的允许平行差值 表1-2

含水率(%)	允许平行差值(%)	含水率(%)	允许平行差值(%)
5以下	0.3	40以上	≤2
40以下	≤1	对层状和网状构造的冻土	<3

1.1.5 土的含水率试验(酒精燃烧法)

1)目的与适用范围

本试验方法适用于快速简易测定细粒土(含有机质的土除外)的含水率。

2)仪器设备

(1)酒精:纯度95%。

(2)天平:感量0.01g。

(3)滴管、称量盒、火柴等。

3)试验步骤

(1)取代表性试样(黏质土5~10g,砂类土20~30g),放入称量盒内,称湿土质量m,准确至0.01g。

(2)用滴管将酒精注入放有试样的称量盒中,直至盒中出现自由液面为止。为使酒精在试样中充分混合均匀,可将盒底在桌面上轻轻敲击。

(3)点燃盒中酒精,燃至火焰熄灭。

(4)将试样冷却数分钟,按前述的方法重新燃烧两次。

(5)待第三次火焰熄灭后,盖好盒盖,立即称干土的质量m_s,准确至0.01g。

4)结果整理

(1)按式(1-8)计算含水率:

$$w = (m - m_s)/m_s \times 100\% \tag{1-8}$$

式中:w——含水率(%),计算至0.1;

m——湿土质量(g);

m_s——干土质量(g)。

(2)精密度和允许差:本试验须进行二次平行测定,取其算术平均值,允许平行差值应符合表1-2规定。

1.1.6 土的含水率试验(比重法)

1)目的与适用范围

本试验方法仅适用于砂类土。

2)仪器设备

(1)玻璃瓶:容积500mL以上。

(2)天平:称量1 000g;感量0.5g。

(3)漏斗、小勺、吸水球及玻璃棒等。

3)试验步骤

(1)取代表性砂类土试样200~300g,放入土样盘内。

(2)向玻璃瓶中注入清水至1/3左右,然后用漏斗将土样盘中的试样倒入瓶中,并用玻璃棒搅拌1~2min,直到所含气体完全排出为止。

(3)向瓶中加清水至全部充满,静置1min后用吸水球吸去泡沫,再加清水使其充满,盖上玻璃片,擦干瓶外壁,称质量。

(4)倒去瓶中混合液,洗净,再向瓶中加清水至全部充满,盖上玻璃片,擦干瓶外壁,称质量,准确至0.5g。

4)结果整理

(1)按式(1-9)计算含水率:

$$w = \left[\frac{m(G_s - 1)}{G_s(m_1 - m_2)} - 1\right] \times 100\% \tag{1-9}$$

式中:w——砂类土的含水率(%),计算至0.1;

m——湿土质量(g);

m_1——瓶、水、土、玻璃片合质量(g);

m_2——瓶、水、玻璃片合质量(g);

G_s——砂类土的相对密度。

(2)精密度和允许差:本试验须进行二次平行测定,取其算术平均值,允许平行差值应符合表1-2规定。

1.1.7 土的密度试验(环刀法)

1)目的与适用范围

本试验方法适用于细粒土。

2)仪器设备

(1)环刀:直径为6~8cm,高2~5.4cm,壁厚1.5~2.2mm。

(2)天平:感量0.1g。

(3)其他:修土刀、钢丝锯、凡士林等。

3)试验步骤

(1)按工程需要,取原状土或制备所需状态的扰动土样,整平两端,环刀内壁涂一薄层凡士林,刀口向下放在土样上。

(2)用修土刀或钢丝锯将土样上部削成略大于环刀直径的土柱,然后将环刀垂直下压,边压边削,至土样伸出环刀上部为止。削去两端余土,使土样与环刀口齐平,并用剩余土样测含水率。

(3)擦净环刀外壁,称环刀与土合质量,准确到0.1g。

4)结果整理

(1)按式(1-10)、式(1-11)计算湿密度和干密度:

$$\rho = (m_1 - m_2)/V \tag{1-10}$$
$$\rho_d = \rho/(1 + 0.01w) \tag{1-11}$$

式中:ρ——湿密度(g/cm^3),计算至0.01;

m_1——环刀与试样合计质量(g);

m_2——环刀质量(g);

V——环刀体积(cm^3);

ρ_d——干密度(g/cm^3),计算至0.01;

w——含水率(%)。

(2)精密度和允许差:本试验须进行二次平行测定,取其算术平均值,允许平行差值不得大于0.03g/cm^3。

1.1.8 土的密度试验(蜡封法)

1)目的与适用范围

适用于易破裂的土和形态不规则的坚硬土。

2)仪器设备

(1)天平:感量0.1g。

(2)烧杯、细线、石蜡、针、刀等。

3)试验步骤

(1)用削土刀切取体积大于30cm^3试件,削除试件表面的松、浮土以及尖锐棱角,在天平上称量准确至0.01g。取代表性土样进行含水率测定。

(2)将石蜡加热至刚过熔点,用细线系住试件浸入石蜡中,使试件表面覆盖一薄层严密的石蜡,若试件蜡膜上有气泡,需要用热针刺破气泡,再用石蜡填充针孔,涂平孔口。

(3)待冷却后,将蜡封试件在天平上称量,准确至0.01g。

(4)用细线将蜡封试件置于天平一端,使其浸浮在盛有蒸馏水的烧杯中,注意试件不要接触烧杯壁,称蜡封试件的水下质量,准确至0.01g,并测量蒸馏水的温度。

(5)将蜡封试件从水中取出,擦干石蜡表面水分,在空气中称其质量,将其与(3)中所称质量相比,若质量增加,表示水分进入试件中;若浸入水分质量超过0.03g,应重做。

4)结果整理

(1)按式(1-12)、式(1-13)计算湿密度和干密度:

$$\rho = m \Big/ \left(\frac{m_1 - m_2}{\rho_{wt}} - \frac{m_1 - m}{\rho_n} \right) \tag{1-12}$$

$$\rho_d = \rho / (1 + 0.01w) \tag{1-13}$$

式中:ρ——湿密度(g/cm^3),计算至0.01;

ρ_d——干密度(g/cm^3),计算至0.01;

m——试件质量(g);

m_1——蜡封试件质量(g);

m_2——蜡封试件水中质量(g);

ρ_{wt}——蒸馏水在t℃时密度(g/cm^3),准确至0.001;

ρ_n——石蜡密度(g/cm^3),准确至0.01;

w——含水率(%)。

(2)精密度和允许差:本试验须进行二次平行测定,取其算术平均值,允许平行差值不得大于0.03g/cm^3。

1.1.9 土的密度试验(灌水法)

1)目的与适用范围

适用于现场测定粗粒土和巨粒土的密度。

2)仪器设备

底板、薄膜、储水桶、台秤、铁铲等。

3)试验步骤

(1)将40cm×40cm的一块地面铲平。检查填土压实密度时,应将表面未压实土层清除掉,并将压实土层铲去一部分(深度视情况而定),使试坑底能达到规定的深度。

(2)将测点处的地面整平,并用水准尺检查。

(3)按表1-3确定试坑尺寸。

试坑尺寸 表1-3

试样最大粒径(mm)	试坑尺寸		试样最大粒径(mm)	试坑尺寸	
	直径(mm)	深度(mm)		直径(mm)	深度(mm)
5~20	150	200	60	250	300
40	200	250	200	800	1 000

(4)按确定的试坑直径确定坑口轮廓线,在轮廓线内下挖至要求的深度。将坑内的试样

装入盛土器内,称试样质量。取代表性试样测含水率。

(5)试坑挖好后,放上相应尺寸的套环,并用水准尺找平。将大于试坑容积的塑料薄膜沿坑底、坑壁紧密相贴。

(6)记录储水筒内初始水位高度,拧开储水筒内的注水开关,将水缓慢注入塑料薄膜中。当水面接近套环上边缘时,将水流调小,直至水面与上边缘齐平时关注水开关,不应使套环内的水有溢出。持续3~5min,记录储水桶内水位高度。

1.1.10 土的密度试验(灌砂法)

1)目的与适用范围

适用于现场测定细粒土、砂类土和砾类土的密度。试样的最大粒径一般不得超过15mm,测定密度层的厚度为150~200mm。

2)仪器设备

灌砂筒、金属标定罐、基板、玻璃板、台秤、铝盒、天平、烘箱及量砂。

3)准备工作

(1)确定灌砂筒下部圆锥体内砂的质量:

①在灌砂筒筒口高度上,向灌砂筒内装砂至距筒顶15mm左右为止。称取装入筒内砂的质量m_1,准确至1g。每次标定及试验都应该维持装砂高度和质量不变。

②将开关打开,让砂自由流出,并使流出砂的体积与工地所挖试坑内的体积相当(可等于标定罐的容积),然后关上开关,称灌砂筒内剩余砂的质量m_5,准确至1g。

③不晃动灌砂筒的砂,轻轻地将灌砂筒移至玻璃板上,将开关打开,让砂流出,直到筒内砂不再下流时,将开关关上,并细心地取走灌砂筒。

④收集并称量留在板上的砂或称量筒中的砂,准确至1g。玻璃板上的砂就是填满锥体的砂。

⑤重复上述过程测量三次,取平均值m_2,准确至1g。

(2)确定量砂的密度:

①用水确定标定罐的容积V,准确至1mL。

②在储砂筒中装入质量为m_1的砂,并将灌砂筒放在标定罐上,将开关打开,让砂流出,在整个过程中,不要碰动灌砂筒,直到砂不再下流时,将开关关闭。取下灌砂筒,称取筒内剩余砂的质量,准确至1g。

③重复上述过程测量三次,取平均值m_3,准确至1g。

④按式(1-14)计算填满标定罐所需砂的质量m_a:

$$m_a = m_1 - m_2 - m_3 \tag{1-14}$$

式中:m_a——砂的质量(g),准确至1;

m_1——灌砂入标定罐前,筒内砂的质量(g);

m_2——灌砂筒下部圆锥体内砂的平均质量(g);

m_3——灌砂入标定罐后,筒内剩余砂的质量(g)。

⑤按式(1-15)计算砂的密度ρ_s:

$$\rho_s = m_a/V \tag{1-15}$$

式中:ρ_s——砂的密度(g/cm³),准确至0.01;

m_a——砂的质量(g);

V——标定罐的体积(cm^3)。

4)试验步骤

(1)在试验地点,选一块平坦表面,并将其清扫干净,其面积不得小于基板面积。

(2)将基板放在平坦表面上。当表面的粗糙度较大时,则将盛有量砂m_5的灌砂筒放在基板中间的圆孔上,将灌砂筒的开关打开,让砂流入基板的中孔内,直到储砂筒内的砂不再下流时关闭开关,取下灌砂筒,并称量筒内砂的质量m_6,准确至1g。

(3)取走基板,并将留在试验地点的量砂收回,重新将表面清扫干净;将基板放回清扫干净的表面上,沿基板中孔凿洞,洞的直径100mm。在凿洞过程中,应注意勿使凿出的材料丢失,并随时将凿出的材料取出装入塑料袋中,不使水分蒸发,也可放在大试样盒内。试洞的深度应等于测定层厚度,但不得有下层材料混入,最后将洞内的全部凿松材料取出。对土基或基层,为防止试样盘内材料的水分蒸发,可分几次称取材料的质量。全部取出材料的总质量为m_t,准确至1g。

(4)从挖出的全部材料中取出有代表性的样品,放在铝盒或洁净的搪瓷盘中,测定其含水率w,样品的数量用小灌砂筒测定时,对于细粒土,不少于100g;对于各种中粒土,不少于500g。

(5)将基板安放在试坑上,将灌砂筒安放在基板中间(储砂筒内放满砂质量m_1),使灌砂筒的下口对准基板的中孔及试洞,打开灌砂筒的开关,让砂流入试坑内。在此期间,应注意勿碰动灌砂筒。直到储砂筒内的砂不再下流时,关闭开关,小心取走灌砂筒,并称量筒内剩余砂的质量m_4,准确到1g。

(6)仔细取出试筒内的量砂,以备下次试验时再用,若量砂的湿度已发生变化或量砂中混有杂质,则应该重新烘干、过筛,并放置一段时间,使其与空气的湿度达到平衡后再用。

1.1.11 土的相对密度试验(比重瓶法)

1)目的与适用范围

本试验法适用于粒径小于5mm的土。

2)仪器设备

比重瓶、天平、恒温水槽、砂浴、真空抽气设备、温度计。

3)试验步骤

(1)将比重瓶烘干,将15g烘干土装入100mL比重瓶内(若用50mL比重瓶,装烘干土约12g),称量。

(2)为排出土中空气,将已装有干土的比重瓶,注蒸馏水至瓶的一半处,摇动比重瓶,土样浸泡20h以上,再将瓶在砂浴中煮沸,煮沸时间自悬液沸腾时算起,砂及低液限黏土应不少于30min,高液限黏土应不少于1h,使土粒分散。注意沸腾后调节砂浴温度,不使土液溢出瓶外。

(3)如系长颈比重瓶,用滴管调整液面恰好至刻度处(以弯月面下缘为准),擦干瓶外及瓶内壁刻度以上部分的水,称瓶、水、土总质量。如系短颈比重瓶,将纯水注满,使多余水分自瓶塞毛细管中溢出,将瓶外水分擦干后,称瓶、水、土总质量,称量后立即测出瓶内水的温度,准确至0.5℃。

(4)根据测得的温度,从已绘制的温度与瓶、水总质量关系曲线中,查得瓶水总质量。如比重瓶体积事先未经温度校正,则应立即倾去悬液,洗净比重瓶,注入事先煮沸过且与试验时同温度的蒸馏水至同一体积刻度处,短颈比重瓶则注水至满,按本试验步骤(3)调整液面后,将瓶外水分擦干,称瓶、水总质量。

(5)如系砂土,煮沸时砂粒易跳出,允许用真空抽气法代替煮沸法排出土中空气,其余步骤与本试验(3)、(4)相同。

(6)对含有某一定量的可溶盐、不亲性胶体或有机质的土,必须用中性液体(如煤油)测定,并用真空抽气法排出土中气体。真空压力表读数宜为100kPa,抽气时间1~2h(直至悬液内无气泡为止),其余步骤同本试验(3)、(4)相同。

(7)本试验称量应准确至0.001g。

4)结果整理

(1)用蒸馏水测定时,按式(1-16)计算相对密度:

$$G_s = G_{wt}m_s/(m_1 + m_s - m_2) \tag{1-16}$$

式中:G_s——土的相对密度,计算至0.001;

m_s——干土质量(g);

m_1——瓶、水总质量(g);

m_2——瓶、水、土总质量(g);

G_{wt}——t℃时蒸馏水的相对密度,准确至0.001。

(2)用中性液体测定时,按式(1-17)计算相对密度:

$$G_s = G_{kt}m_s/(m_1' + m_s - m_2') \tag{1-17}$$

式中:G_s——土的相对密度,计算至0.001;

m_1'——瓶、中性液体总质量(g);

m_2'——瓶、中性液体、土总质量(g);

G_{kt}——t℃时中性液体的相对密度,准确至0.001。

(3)精度和允许差:本试验须进行二次平行测定,取其算术平均值,以两位小数表示,其平行差值不得大于0.02。

1.1.12 土的相对密度试验(浮力法)

1)目的与适用范围

(1)本试验目的是测定土颗粒的相对密度。

(2)浮力法适用于土的粒径大于或等于5mm的土,且其中粒径大于或等于20mm的土质量应小于总土质量的10%。

2)仪器设备

(1)浮力仪(含电子天平):称量1 000g以上,感量0.001g;应附有孔径小于5mm的金属网篮,其直径为10~15cm,高为10~20cm;适合网篮沉入的盛水容器。

(2)其他:烘箱、温度计、孔径5mm及20mm筛等。

3)试验步骤

(1)取代表性试样500~1 000g(m_s)。彻底冲洗试样,直至颗粒表面无尘土和其他污物。

(2)称烧杯和杯中水的质量m_1,将金属网篮缓缓浸没于水中,再称烧杯、杯中水和悬没水中的金属网篮的总质量,并立即测量容器内水的温度准确至0.5℃。计算出悬没于水中的金属网篮的浮力质量m_2。

(3)将试样浸在水中一昼夜取出,立即放入金属网篮,缓缓浸没于水中,并在水中摇晃,至无气泡逸出时为止。

(4)称烧杯、杯中水和悬没水中的金属网篮的总质量m_3,并立即测量容器内水的温度,准确至0.5℃。

(5)取出试样烘干,称量。

4)结果整理

(1)按式(1-18)计算相对密度:

$$G_s = G_{wt}m_s/(m_3 - m_2 - m_1) \qquad (1\text{-}18)$$

式中:G_s——土的相对密度,计算至0.001;

m_s——干土质量(g);

m_1——烧杯、水总质量(g);

m_2——悬没于水中的金属网篮的浮力质量(g);

m_3——烧杯、杯中水和悬没水中的金属网篮的总质量(g);

G_{wt}——t℃时水的相对密度,准确至0.001。

(2)按式(1-19)计算土料平均相对密度:

$$G_s = 1/\left(\frac{P_1}{G_{s1}} + \frac{P_2}{G_{s2}}\right) \qquad (1\text{-}19)$$

式中:G_s——土的平均相对密度,计算至0.001;

G_{s1}——大于5mm土粒的相对密度;

G_{s2}——小于5mm土粒的相对密度;

P_1——大于5mm土粒占总质量的百分数(%);

P_2——小于5mm土粒占总质量的百分数(%)。

(3)精密度和允许差:本试验须进行二次平行测定,取其算术平均值,以两位小数表示,其平行差值不得大于0.02。

1.1.13 土的相对密度试验(浮称法)

1)目的与适用范围

(1)本试验目的是测定土颗粒的相对密度。

(2)浮称法适用于土的粒径大于等于5mm的土,且其中粒径大于或等于20mm的土质量应小于总土质量的10%。

2)仪器设备

(1)静水力学天平(或物理天平):称量1 000g以上,感量0.001g;应附有孔径小于5mm的金属网篮,其直径为10~15cm,高为10~20cm;适合网篮沉入的盛水容器。

(2)其他:烘箱、温度计、孔径5mm及20mm筛等。

3)试验步骤

(1)取代表性试样500~1 000g。彻底冲洗试样,直至颗粒表面无尘土和其他污物。

(2)将试样浸在水中一昼夜取出,立即放入金属网篮,缓缓浸没于水中,并在水中摇晃,至无气泡逸出时为止。

(3)称金属网篮和试样在水中的总质量。

(4)取出试样烘干,称量。

(5)称金属网篮在水中质量,并立即测量容器内水的温度,准确至0.5℃。

4)结果整理

(1)按式(1-20)计算相对密度:

$$G_s = G_{wt} m_s / [m_s - (m_2' - m_1')] \tag{1-20}$$

式中：G_s——土的相对密度，计算至0.001；
m_s——干土质量(g)；
m_1'——金属网篮在水中质量(g)；
m_2'——试样和金属网篮在水中总质量(g)；
G_{wt}——$t℃$时水的相对密度，准确至0.001。

（2）按式(1-21)计算土料平均相对密度：

$$G_s = 1 / \left(\frac{P_1}{G_{s1}} + \frac{P_2}{G_{s2}} \right) \tag{1-21}$$

式中：G_s——土的平均相对密度，计算至0.001；
G_{s1}——大于5mm土粒的相对密度；
G_{s2}——小于5mm土粒的相对密度；
P_1——大于5mm土粒占总质量的百分数(%)；
P_2——小于5mm土粒占总质量的百分数(%)。

（3）精密度和允许差：本试验须进行二次平行测定，取其算术平均值，以两位小数表示，其平行差值不得大于0.02。

1.2 土的粒组划分及工程分类

1.2.1 土的粒度成分及其表示方法

土的粒度是指土颗粒的大小，用粒径表示，通常以毫米为单位。工程上通常把土粒由粗到细，将每一区段中所包括大小比例相近且工程性质基本相同的颗粒合并为组，称为粒组。每个粒组的区间常以其粒径的上、下限给该粒组命名，如砾粒、砂粒、粉粒、黏粒等，各组内还可细分成若干亚组。

土的粒度成分是指土中各种不同粒组的相对含量，工程上常把组成土的各种大小颗粒的相互比例关系，称为土的粒度成分（通常以占总质量的百分比计）。土的粒度成分表示方法有表格法、累计曲线法和三角坐标法。

（1）表格法：是在粒度成分分析后，按粒径由大到小划分的各粒组及其测定的质量百分数，用表格的形式直接表示其颗粒级配情况，在同一表格中可以表示多种土样的粒度成分分析结果。

（2）累计曲线法：通常用半对数坐标绘制。横坐标表示土粒粒径 d_i，纵坐标表示小于某一粒径的质量分数 p_i，绘制累计曲线图如图1-2所示。从图1-2中可以看出：曲线平缓，表明土的粒度成分混杂，大小粒组都有，各粒组的相对含量都差不多；曲线坡度较陡，表明土的粒度成分比较单一，斜率最大线段所包括的粒组在土样中的含量最多，成为具有代表性的粒组。

（3）三角坐标法：三角坐标法可用来表达三种粒组的含量。用一点表示土的粒度成分，在一张图上能同时表示几种土的粒度成分。在道路工程、水利工程中，三角坐标法是常用的方法。

1.2.2 司笃克斯定律

司笃克斯定律：球体（土粒）在介质（水）中沉降，其沉降速度与球体（土粒）半径的平方成正比，而与介质（水）的黏滞系数成反比。司笃克斯定律是一个土力学公式，一般用于沉降分析法对细粒土的粒径分析。司笃克斯定律得出如下结论:土粒在悬液中的沉降速度与粒径的平方成正比关系。

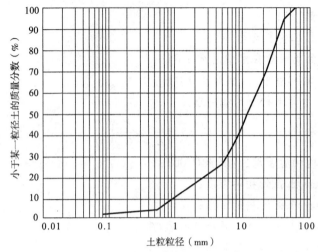

图 1-2　某土样的粒度成分累计曲线图

1.2.3　土的级配指标

土颗粒组成特征应以土的级配指标的不均匀系数(C_u)和曲率系数(C_c)表示。不均匀系数(C_u)反映粒径分布曲线上的土径分布范围,按式(1-22)计算:

$$C_u = d_{60}/d_{10} \tag{1-22}$$

曲率系数(C_c)反映粒径分布曲线上的土粒分布形状,按式(1-23)计算:

$$C_c = d_{30}^2/(d_{10}d_{60}) \tag{1-23}$$

不均匀系数 C_u 反映土的粗细情况和级配情况。C_u 值越大,曲线越平缓,表明土的颗粒大小分布范围大,土的级配良好;C_u 值越小,曲线越陡,表明土的颗粒大小相近,土的级配不良。一般认为不均匀系数 $C_u<5$ 时的土为匀粒土,其级配不好;$C_u \geqslant 5$ 时的土为非匀粒土,其级配良好。但仅用不均匀系数 C_u 来确定土的级配情况是不够的,还必须同时考虑曲率系数,曲率系数描述累计曲线的分布范围,反映累计曲线的整体形状。C_c 的大小,C_c 值越大,表明土的均匀程度高;反之,均匀程度低。在工程上,常利用累计曲线确定的土粒两个级配指标来判断土的级配优劣情况。当同时满足不均匀系数 $C_u \geqslant 5$ 和曲率系数 $C_c = 1 \sim 3$ 这两个条件时,土为级配良好的土;若不能同时满足,则土为级配不良的土。

1.2.4　土的工程分类及命名

自然界中土的种类很多,因工程性质各异。人们对土已提出过不少分类系统,如地质分类、土壤分类、粒径分类、结构分类等。每一种分类系统,反映了土在某些方面的特征。在工程实践中需要的是适合于工程用途的土的工程分类,即按土的主要工程特征进行分类。土的工程分类的依据是极简单的一些特征指标,这些指标的测定应是简便的。假如所依据的指标比直接测定土的有关工程性质复杂,这个分类就失去其价值。在分类中最常用的指标是粒度成分和反映塑性的指标。

我国公路用土根据下列特征作为土的分类依据:

(1)土的颗粒组成特征。

(2)土的塑性指标:液限、塑限、塑性指数。

(3)土中有机质存在的情况。

土的工程分类适用于公路工程用土的鉴别、定名和描述,以便对土的性状作定性评价。现行规范分类将土分为巨粒土、粗粒土、细粒土和特殊土四类,并进一步细分为12种土。土的颗粒组成特征用不同粒径粒组在土中的百分含量表示。表1-4所列为不同粒组的划分界限及范围。

粒组划分表(单位:mm)　　　　　表1-4

200	60	20	5	2	0.5	0.25	0.075	0.002
巨粒组		粗粒组					细粒组	
漂石(块石)	卵石(小块石)	砾(角砾)粒			砂粒		粉粒	黏粒
		粗	中	细	粗	中	细		

公路用土分类的基本代号见表1-5。

土的基本代号表　　　　　表1-5

土类、代号、特征	巨粒土	粗粒土	细粒土	有机土
成分代号	漂石 B 块石 Ba 卵石 Cb 小块石 Cba	砾 G 角砾 Ga 砂 S	粉土 M 黏土 C 细粒土(C 和 M 合称)F 粗细粒土合称 Sl	有机质土 O
级配和液限 高低代号		级配良好 W 级配不良 P	高液限 H 低液限 L	

1.2.5 颗粒分析试验(筛分法)

1)目的和适用范围

本方法适用于分析粒径大于0.075mm的土颗粒组成。对于粒径大于60mm的土样,本方法不适用。

2)仪器设备

(1)标准筛:粗筛(圆孔)孔径为60mm、40mm、20mm、10mm、5mm、2mm;细筛孔径为2.0mm、1.0mm、0.5mm、0.25mm、0.075mm。

(2)天平:称量5 000g,感量5g;称量1 000g,感量1g;称量200g,感量0.2g。

(3)摇筛机。

(4)其他:烘箱、筛刷、烧杯、木碾、研钵及杵等。

3)试样

从风干、松散的土样中,用四分法按照下列规定取出具有代表性的试样:

(1)小于2mm颗粒的土100~300g。

(2)最大粒径小于10mm的土300~900g。

(3)最大粒径小于20mm的土1 000~2 000g。

(4)最大粒径小于40mm的土2 000~4 000g。

(5)最大粒径大于40mm的土4 000g以上。

4)试验步骤

(1)对于无凝聚性的土:

①按规定称取试样,将试样分批过 2mm 筛。

②将大于 2mm 的试样按从大到小的次序,通过大于 2mm 的各级粗筛,将留在筛上的土分别称量。

③2mm 筛下的土如数量过多,可用四分法缩分至 100~800g。将试样从大到小的次序通过小于 2mm 的各级细筛,可用摇筛机进行振摇。振摇时间一般为 10~15min。

④由最大孔径的筛开始,顺序将各筛取下,在白纸上用手轻叩摇晃,至每分钟筛下数量不大于该级筛余质量的 1% 为止。漏下的土粒应全部放入下一级筛内,并将留在各筛上的土样用软毛刷刷净,分别称量。

⑤筛后各级筛上和筛底土总质量与筛前试样质量之差,不应大于 1%。

⑥如 2mm 筛下的土不超过试样总质量的 10%,可省略细筛分析,如 2mm 筛上的土不超过试样总质量的 10%,可省略粗筛分析。

(2)对于含有黏土粒的砂砾土:

①将土样放橡皮板上,用木碾将黏结的土团充分碾散,拌匀、烘干、称量。如土样过多时,用四分法称取代表性土样。

②将试样置于盛有清水的搪瓷盆中,浸泡并搅拌,使粗细颗粒分散。

③将浸润后的混合液过 2mm 筛,边冲边洗过筛,直至筛上仅留大于 2mm 以上的土粒为止。然后,将筛上洗净的砂砾风干称量,按以上方法进行粗筛分析。

④通过 2mm 筛下的混合液存放在盆中,待稍沉淀,将上部悬液过 0.075mm 洗筛,用带橡皮头的玻璃棒研磨盆内浆液,再加清水、搅拌、研磨、静置、过筛,反复进行,直至盆内悬液澄清。最后,将全部土粒倒在 0.075mm 筛上,用水冲洗,直到筛上仅留大于 0.075mm 净砂为止。

⑤将大于 0.075mm 的净砂烘干称量,并进行细筛分析。

⑥将大于 2mm 颗粒及 2~0.075mm 的颗粒质量从原称量的总质量中减去,为小于 0.075mm 颗粒质量。

⑦如果小于 0.075mm 颗粒质量超过总土质量的 10%,有必要时,将这部分土烘干、取样,另做密度计分析或移液管分析。

5)结果整理

(1)按式(1-24)计算小于某粒径颗粒质量百分数:

$$X = A/B \times 100\% \tag{1-24}$$

式中:X——小于某粒径颗粒的质量百分数(%),计算至 0.01;

　　A——小于某粒径的颗粒质量(g);

　　B——试样的总质量(g)。

(2)当小于 2mm 的颗粒如用四分法缩分取样时,按式(1-25)计算试样中小于某粒径的颗粒质量占总土质量的百分数:

$$X = a/b \times p \times 100\% \tag{1-25}$$

式中:X——小于某粒径颗粒的质量百分数(%),计算至 0.01;

　　a——通过 2mm 筛的试样中小于某粒径的颗粒质量(g);

　　b——通过 2mm 筛的土样中所取试样的质量(g);

　　p——粒径小于 2mm 的颗粒质量百分数(%)。

(3)在半对数坐标纸上,以小于某粒径的颗粒质量百分数为纵坐标,以粒径(mm)为横坐标,绘制颗粒大小级配曲线,求出各粒组的颗粒质量百分数,以整数(%)表示。

(4)必要时按式(1-26)计算不均匀系数：
$$C_u = d_{60}/d_{10} \tag{1-26}$$

式中：C_u——不均匀系数；

d_{60}——限制粒径，即土中小于该粒径的颗粒质量为60%的粒径(mm)；

d_{10}——有效粒径，即土中小于该粒径的颗粒质量为10%的粒径(mm)。

(5)精密度和允许差：筛后各级筛上和筛底土总质量与筛前试样质量之差，不应大于1%。

1.2.6 颗粒分析试验(移液管法)

1)目的和适用范围

本试验方法适用于粒径小于0.075mm且相对密度大的土。

2)仪器设备

分析天平(感量0.001g)、移液管、恒温水槽、1 000mL量筒、50mL小烧杯(高型)等。

3)试验步骤

(1)取代表性试样，黏质土为10～15g,砂类土为20g,制取悬液。

(2)将盛土样悬液的量筒放入恒温水槽，使悬液恒温至适当温度；试验中悬液温度变化不得大于±0.5℃。按式(1-27)计算粒径小于0.05mm、0.01mm、0.005mm和其他所需粒径下沉一定深度所需的静置时间。

$$t = L \bigg/ \left(\frac{2}{9} \times 10^{-4} \times g \times r^2 \times \frac{\rho_s - \rho_{wt}}{\eta} \right) \tag{1-27}$$

式中：t——某粒径土粒下沉一定深度所需的静置时间(s)；

g——重力加速度,981cm/s^2；

r——土粒半径(cm)；

ρ_s——土粒密度(g/cm^3)；

ρ_{wt}——t℃时水的密度(g/cm^3)；

η——纯水的动力黏滞系数(10^{-6}kPa·s)；

L——移液管浸入悬液深度(10cm)。

(3)准备好50mL小烧杯，称量，准确至0.001g。

(4)准备好移液管，活塞应放在关闭位置上，旋转活塞应放在与移液管及吸球相通的位置上。

(5)用搅拌器将悬液上下各搅拌约30次，时间为1min,使悬液分布均匀。停止搅拌，立即开动秒表。

(6)根据各粒径的静置时间提前约10s,将移液管放入悬液中，浸入深度为10cm,靠连接自来水管所产生的负压或用吸球来吸取悬液。

(7)吸入悬液，至略多于25mL,旋转活塞180°,使与放液管相通，再将多余悬液从放液口放出。

(8)将移液管下口放入已称量的小烧杯中，再旋转活塞180°,使与移液管相通，同时用吸球将悬液(25mL)全部注入小烧杯内，在移液管上口预先倒入蒸馏水，此时开活塞，使水流入移液管中，再将这部分水连同管内剩余颗粒冲入小烧杯内。

(9)将烧杯内悬液浓缩至半干，放入烘箱内在105～110℃温度下烘至恒量。称量小烧杯连同土的质量，准确至0.001g。

4)结果整理

土中小于某粒径的颗粒含量百分数按式(1-28)或式(1-29)计算：

$$X = (A \times 1\,000)/(25 \times B) \times 100\% \tag{1-28}$$

或者

$$X = C/B \times 100\%, \quad C = A \times 1\,000/25 \tag{1-29}$$

式中：X——小于某粒径颗粒的质量百分数(%)，计算至0.1；

A——25mL悬液中小于某粒径的颗粒烘干质量(g)；

B——试样总质量(g)；

C——1 000mL悬液中小于某粒径的颗粒总质量(g)。

1.3 土的相对密实度及界线含水率

1.3.1 土的相对密实度

密实度是反映砂类土松紧状态的指标，常用相对密实度来表示，也称为无凝聚性土的相对密实度。砂类土天然结构(即土粒排列松紧)的状况，对其工程性质有极大的影响。砂类土在最松散状况下的孔隙比为最大孔隙比e_{max}；经振动或捣实后，砂砾间相互靠拢压密，其孔隙比为最小孔隙比e_{min}；在天然状态下的孔隙比为e。

土的相对密实度就是指最大孔隙比和天然孔隙比之差与最大孔隙比和最小孔隙比之差的比值，一般用小数或百分数表示，按式(1-30)计算。

$$D_r = \frac{e_{max} - e}{e_{max} - e_{min}} \tag{1-30}$$

当$D_r = 0$，即$e = e_{max}$时，表示砂类土处于最疏松状态；当$D_r = 1$，即$e = e_{min}$时，表示砂类土处于最紧密状态。

1.3.2 土的界限含水率

1)稠度、稠度状态和界限含水率

土的软硬程度特性称为稠度。土随着含水率的增高，从固体状态变为半固体状态到可塑状态转变为流动状态，这些不同的物理状态称为土的稠度状态。通常把土的稠度状态分为固态、半固态、塑态、液态等。

黏性土由一种稠度状态转变到另一种稠度状态的分界含水率称为界限含水率(表1-6)。

表1-6 土的稠度及界限含水率

稠度状态	稠度特征	界限含水率	含水率减小方向	土体积缩小方向
流塑的	呈层状流动	液限w_L	↓	↓
可塑的	塑性可变	塑限w_p		
半干硬的	不易变形	缩限w_s		
干硬的	坚硬难变形		土体积不变	

工程上常用的分界含水率有缩限、塑限、液限，它对黏性土的分类和工程性质的评价有重要意义。

(1)缩限(w_s)：黏性土呈半固态不断蒸发水分，则体积不断缩小，直到体积不再变化时的界限含水率称为缩限。

(2)塑限(w_P):黏性土由半固态转到可塑状态的界限含水率称为塑限。

(3)液限(w_L):黏性土由可塑状态转到流动状态的界限含水率称为液限。

2)塑性指数(I_P)

土的塑性是指土在一定外力作用下可以塑造成任何形状而不改变其整体性,当外力取消后,在一段时间内仍保持其已变形后的形态而不恢复原状的性能,也称为土的可塑性。塑性状态是黏性土的一种特殊状态,因此,黏性土又称为塑性土。判断土的可塑性强弱的指标采用塑性指数I_P,即土的液限与塑限之差,按式(1-31)计算。

$$I_P = w_L - w_P \tag{1-31}$$

黏性土塑性指数的大小,主要取决于土中黏粒、胶粒及矿物成分的亲水性,即土中黏粒、胶粒含量越多,亲水性越强,土的塑性指数越大,可塑性越强;反之则越小。

3)液性指数(I_L)

黏性土的液性指数,又称相对稠度,是天然含水率和塑限的差值与液限和塑限的差值之比,按式(1-32)计算。

$$I_L = (w - w_P)/(w_L - w_P) \tag{1-32}$$

黏性土的液性指数是反映土的稠度的指标。对于某种黏性土,其液限w_L和塑限w_P都是一定值,土的天然含水率越大,液性指数越大,土越稀软。在工程上,为了更好地掌握天然土的稠度状态,将液性指数划分为5级,见表1-7。

黏性土相对稠度状态 表1-7

液性指数值	$I_L \leq 0$	$0 < I_L \leq 0.25$	$0.25 < I_L \leq 0.75$	$0.75 < I_L \leq 1$	$I_L > 1$
相对稠度状态	干硬状态	硬塑状态	易塑状态	软塑状态	流动状态
	半固体状态	塑性状态			液流状态

4)天然稠度(w_c)

黏性土的液限和天然含水率的差值与液限和塑限的差值之比,称为天然稠度,按式(1-33)计算。

$$w_c = (w_L - w)/(w_L - w_P) \tag{1-33}$$

在公路工程中,常用天然稠度来区分黏性土的状态,它与液性指数的关系是$w_c + I_L = 1$。

土从液体状态向塑性体状态过渡的界限含水率称为液限。土由塑性体状态向脆性固体状态过渡的界限含水率称为塑限。当土达到塑限后继续变干,土的体积随含水率的减少而收缩,但达某一含水率后,体积不再收缩,这个界限含水率称为缩限。土处于塑性状态的含水率范围即液限与塑限之差值称为塑性指数I_P,反映了土中黏泥含率的大小;液性指数I_L反映天然含水率与界限含水率的关系,反映土的状态。

1.3.3 砂土的相对密度试验

1)目的与适用范围

(1)相对密度是砂紧密程度的指标,等于其最大孔隙比与天然孔隙比之差和最大孔隙比与最小孔隙比之差的比值。

(2)本试验的目的是求无凝聚性土的最大与最小孔隙比,用于计算相对密度,以了解该土在自然状态或经压实松紧情况和土粒结构的稳定性。

(3)本方法适用于颗粒直径小于5mm的土,且粒径2~5mm的试样质量不大于试样总质量的15%。

2)仪器设备

量筒、长颈漏斗、锥形塞、砂面拂平器、电动最小孔隙比仪、振动仪、击锤及台秤等。

3)试验步骤

(1)最大孔隙比的测定：

①取代表性试样约1.5kg,充分风干(或烘干),用手搓揉或用圆木棍在橡皮板上碾散,并拌和均匀。

②将锥形塞杆自漏斗下口穿入,并向上提起,使锥体堵住漏斗管口,一并放入体积1 000cm³量筒中,使其下端与量筒底相接。

③称取试样700g,准确至1g,均匀倒入漏斗中,将漏斗与塞提高,移动塞杆使锥体略离开管口,管口应经常保持高出砂面约1~2cm,使试样缓缓且均匀分布地落入量筒中。

④试样全部落入量筒后取出漏斗与锥形塞,用砂面拂平器将砂面拂平,勿使量筒振动,然后测读砂样体积,估读至5mL。

⑤以手掌或橡皮塞堵住量筒口,将量筒倒转,缓慢地转动量筒内的试样,并回到原来位置,如此重复几次,记下体积的最大值,估读至5mL。

⑥取上述两种方法测得的大体积值,计算最大孔隙比。

(2)最小孔隙比的测定：

①取代表性试样约4kg,按本方法最大孔隙比测定步骤处理。

②分三次倒入容器进行振击,先取上述试样600~800g(其数量应使振击后的体积略大于容器容积的1/3)倒入1 000mL容器内,用振动仪以150~200次/min的速度敲打容器两侧,并在同一时间内,用击锤于试样表面锤击30~60次/min,直至砂样体积不变为止(一般5~10min)。敲打时要用足够的力量使试样处于振动状态;振击时,粗砂可用较少击数,细砂应用较多击数。

③如用电动最小孔隙比试验仪时,当试样同上法装入容器后,开动电动机,进行振击试验。

④按本方法②步骤进行后两次加土的振动和键击,第三次加土时应先在容器口安装套环。

⑤最后一次振毕,取下套环,用修土刀齐容器顶面削去多余试样,称量准确至1g,计算其最小孔隙比。

4)结果整理

(1)按式(1-34)、式(1-35)计算最小与最大干密度：

$$\rho_{min} = m/V_{max} \tag{1-34}$$

$$\rho_{max} = m/V_{min} \tag{1-35}$$

式中：ρ_{min}——最小干密度(g/cm³);

ρ_{max}——最大干密度(g/cm³);

m——试样质量(g);

V_{max}——试样最大体积(cm³);

V_{min}——试样最小体积(cm³)。

(2)按式(1-36)、式(1-37)计算最小与最大孔隙比：

$$e_{min} = \frac{\rho_w G_s}{\rho_{dmax}} - 1 \tag{1-36}$$

$$e_{max} = \frac{\rho_w G_s}{\rho_{dmin}} - 1 \tag{1-37}$$

式中：e_{min}——最小孔隙比；

e_{max}——最大孔隙比；

G_s——土粒相对密度(g)；

ρ_{dmin}——最小干密度(g/cm^3)；

ρ_{dmax}——最大干密度(g/cm^3)。

(3)按式(1-38)或式(1-39)计算相对密实度：

$$D_r = \frac{e_{max} - e_0}{e_{max} - e_{min}} \quad (1-38)$$

$$D_r = \frac{(\rho_d - \rho_{dmin})\rho_{dmax}}{(\rho_{dmax} - \rho_{dmin})\rho_d} \quad (1-39)$$

式中：D_r——相对密实度；

ρ_{dmin}——最小干密度(g/cm^3)；

ρ_{dmax}——最大干密度(g/cm^3)；

e_0——天然孔隙比或填土的相应孔隙比；

e_{min}——最小孔隙比；

e_{max}——最大孔隙比；

ρ_d——天然干密度或填土的相应干密度(g/cm^3)。

(4)精密度和允许差：最小与最大干密度，均须进行两次平行测定，取其算术平均值，其平行差值不得超过$0.03g/cm^3$。

1.3.4 界限含水率试验(液限和塑限联合测定法)

1)目的和适用范围

(1)本试验的目的是联合测定土的液限和塑限，为划分土类，计算天然稠度、塑性指数，以供公路工程设计和施工使用。

(2)本试验适用于粒径不大于0.5mm、有机质含量不大于试样总质量5%的土。

2)仪器设备

圆锥仪、盛土杯、天平、调土皿、称量盒、干燥器、吸管及凡士林等。

3)试验步骤

(1)取有代表性的天然含水率或风干土样进行试验。如土中含有大于0.5mm的土粒或杂物时，应将风干土样用带橡皮头的研杵研碎或用木棒，在橡皮板上将土粒压碎，然后过0.5mm的筛。

(2)取代表性土样200g，分开放入三个盛土皿中，加不同数量的蒸馏水，使土样的含水率分别控制在液限(a点)、略大于塑限(c点)和二者的中间状态(b点)附近。用调土刀调匀，密封放置18h以上。

(3)将制备好的土样充分搅拌均匀，分层装入盛土杯中，试杯装满后，刮成与杯边齐平。

(4)给圆锥仪锥尖涂少许凡士林，将装好土样的试杯放在联合测定仪上，使锥尖与土样表面刚好接触，然后按动落锥开关，测记经过5s锥的入土深度h。

(5)去掉锥尖入土处的凡士林，测盛土杯中土的含水率w。

(6)重复以上步骤，对已制备的其他两个含水率的土样进行测试。

4）结果整理

（1）在双对数坐标纸上，以含水率 w 为横坐标，锥入深度 h 为纵坐标，点绘 a、b、c 三点含水率的 $h-w$ 图，如图1-3所示。连此三点应呈一条直线。如三点不在同一直线上，要通过 a 点与 b、c 两点连成两条直线，根据液限 a 点含水率在图上查得 h_P，以此 h_P 再在图上的 ab 及 ac 两直线上求出相应的两个含水率，当两个含水率的差值小于2%时，以该两点含水率的平均值与 a 值连成一直线。当两个含水率的差值不小于2%时，应重做试验。

（2）液限确定方法：

①若采用76g锥做液限试验，则在 $h-w$ 图上，查得纵坐标入土深度 $h=17mm$ 所对应的横坐标的含水率 w，即为该土样的液限 w_L。

②若采用100g锥做液限试验，则在 $h-w$ 图上，查得纵坐标入土深度 $h=20mm$ 所对应的横坐标的含水率 w，即为该土样的液限 w_L。

（3）塑性的确定方法：

①求出的液限，通过76g锥入土深度 h 与含水率 w 的关系曲线（图1-3），查得锥入土深度为2mm所对应的含水率即为该土样的塑限 w_P。

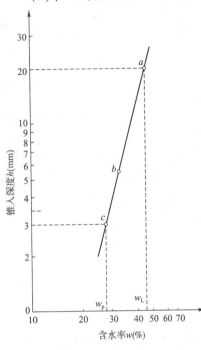

图1-3 锥入深度与含水率 $h-w$ 图

②求出的液限，通过液限 w_L 与塑限入土深度 h_P 的关系曲线（图1-4），查得 h_P，再由图1-3求出入土深度为 h_P 时所对应的含水率，即为该土样的塑限 w_P。

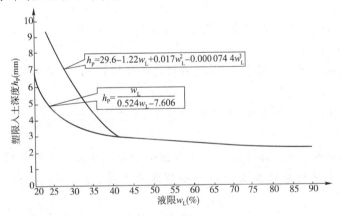

图1-4 $h_P - w_L$ 关系曲线

对于细粒土，用下式计算塑限入土深度 h_P：

$$h_P = w_L/(0.524w_L - 7.606) \tag{1-40}$$

对于砂类土，用下式计算塑限入土深度 h_P：

$$h_P = 29.6 - 1.22w_L + 0.017w_L^2 - 0.000\ 074\ 4w_L^3 \tag{1-41}$$

1.3.5 界限含水率试验（液限碟式仪法）

在欧美等国家，大都采用碟式液限仪测定液限。在一圆碟内盛土皿，表面刮平，用刻槽刮刀在土膏中刮一底宽为2mm的槽,转动摇柄(2次/s)使仪器圆碟上抬10mm,然后自由下落在硬橡皮垫板上,记录土槽合拢长13mm的下落次数,然后测定该土样的含水率,而液限即相当于土碟下落25次正好合拢长13mm时土的含水率。

1.3.6 界限含水率试验（缩限试验）

1）目的和适用范围

（1）土的缩限是扰动的黏质土在饱和状态下,因干燥收缩至体积不变时的含水率。

（2）本试验适用于粒径小于0.5mm和有机质含量不超过5%的土。

2）仪器设备

收缩皿（或环刀）、天平、电热恒温烘箱、蜡、烧杯、细线、针、卡尺等。

3）试验步骤

（1）制备土样：取具有代表性的土样,制备成含水率大于液限的土膏。

（2）在收缩皿内涂一薄层凡士林,将土样分层装入皿内,每次装入后将皿底拍击试验台,直至驱尽气泡为止。

（3）土样装满后,用刀或直尺刮去多余土样,立即称收缩皿加湿土质量。

（4）将盛满土样的收缩皿放在通风处风干,待土样颜色变淡后,放入烘箱中烘至恒量,然后放在干燥器中冷却。

（5）称收缩皿和干土总质量,准确至0.01g。

（6）用蜡封法测定试验体积。

4）结果整理

（1）缩限：含水率达液限的土在105～110℃水分继续蒸发至体积不变时的含水率,叫作缩限,用式(1-42)计算：

$$w_s = w - \frac{(V_1 - V_2)}{m_s} \times \rho_w \times 100\% \quad (1\text{-}42)$$

式中：w_s——缩限（%）；

w——试验前试样含水率（%）；

V_1——湿试件体积（即收缩皿容积）（cm³）；

V_2——干试件体积（cm³）；

m_s——干试件质量（g）；

ρ_w——水的密度,等于1g/cm³。

（2）收缩指数：液限与缩限之差称收缩指数,按式(1-43)计算：

$$I_S = w_L - w_s \quad (1\text{-}43)$$

式中：I_S——收缩指数（%）；

w_L——土的液限（%）。

（3）精密度和允许差：本试验需进行二次平行测定,取其算术平均值,精确至0.1%。平行差值,高液限不得大于2%,低液限土不得大于1%。

1.3.7 天然稠度试验

1）目的与适用范围

（1）土的液限和天然含水率之差与塑性指数之比,称为土的天然稠度。

(2)本试验采用直接法和间接法。直接法是按烘干法测定原状土的天然含水率,用稠度公式计算土的天然稠度。间接法是用液塑限联合测定仪测定天然结构土体的锥入深度,并用联合测定结果确定土的天然稠度。

2)仪器设备

液塑限联合测定仪、环刀、削土刀、钢丝锯、凡士林、含水率试验设备等。

3)试验步骤

(1)按含水率试验中烘干法的试验步骤测定原状土的天然含水率。

(2)切削具有天然含水率、土质均匀的试件1块,整平上下面。对于软黏土,若能用环刀切入土体时,将切入环刀后的土体整平上下面。

(3)测定制备好试样的液限和塑限。

4)结果整理

(1)土的天然稠度按式(1-44)计算:

$$w_c = (w_L - w)/I_P \tag{1-44}$$

(2)土体的含水率 w 和锥入深度 h 为曲线关系,用式(1-45)、式(1-46)表示:

$$\lg h = \alpha + \beta \lg w \tag{1-45}$$

或者

$$\lg h = \alpha + \beta \lg(w_L - I_P w_c) \tag{1-46}$$

其中:

$$\beta = (\lg 20 - \lg h_P)/(\lg w_L - \lg w_P)$$

$$\alpha = \lg 20 - \beta \lg w_L$$

(3)在联合测定法中,w_L、w_P、h_P 和 I_P 均为已知,测得锥入深度 h 后,由式(1-46)或查该式绘制的诺谟图,即可求得稠度 w_c。

1.4 土的动力特性与击实试验

1.4.1 击实的工程意义

在工程建设中,经常遇到填土压实、软弱地基的强夯和换土碾压等问题,常采用既经济又合理的压实方法,使土变得压实,在短期内提高土的强度,以达到改善土的工程性质的目的。土作为筑路材料,需要在模拟现场施工条件下,获得路基土压实的最大干密度和相应的最佳含水率。击实试验就是为了这种目的,利用标准化的击实仪具,求得试验土的密度和相应含水率的关系。所以击实试验是控制路基压实质量不可缺少的重要试验项目。

1.4.2 击实试验原理

击实是指采用人工或机械对土施加夯压能量(如打夯、碾压、振动碾压等方式),使土颗粒重新排列紧密,对于粗粒土因颗粒的紧密排列,增强了颗粒表面摩擦力和颗粒之间嵌挤形成的咬合力;对细粒土,则因为颗粒间的靠紧而增强颗粒间的分子引力,从而使土在短时间内得到新的结构强度。在击实的过程中,由于击实功系瞬时作用土体,土体内的气体部分排除,而所含的水量则基本不变。击实试验分轻型击实和重型击实。两者的本质区别是击实功不同,重型击实法的单位击实功为轻型击实法的4.5倍。

1.4.3 击实特性

(1)击实曲线有个峰值,说明在一定的击实功作用下,只有当土的含水率为某一定值(最佳含水率)时,土才被击实至最大干密度。

(2)当土含水率偏干时,含水率的变动对干密度的影响要比含水率偏湿时的影响更为明显。

(3)击实曲线的右上侧为饱和曲线,击实曲线必然位于饱和曲线的左下侧。因为击实作用不能将土中封闭的气体排出,即击实土不可能达到完全饱和状态。

(4)不同土类的击实特性不同。含粗粒越多的土,其最大干密度值越大,而最佳含水率越小。

1.4.4 影响压实的因素

(1)含水率对整个压实过程的影响。严格控制最佳含水率是压实的关键。但是,不同的土类其最佳含水率和最大干密度也是不同的。一般粉粒和黏粒含量多,土的塑性指数愈大,土的最佳含水率也愈大,同时其最大干密度愈小。因此,一般砂性土的最佳含水率小于黏性土,而砂性土的最大干密度也大于黏性土。

(2)击实功对最佳含水率和最大干密度的影响。对同一种土用不同的击实功进行击实试验后表明:击实功愈大,土的最大干密度也愈大,而土的最佳含水率则愈小。但是这种增大击实功是有一定限度的,超过这个限度,即使增加击实功,土的干密度的增加也不明显。

(3)不同压实机械对压实的影响。如光面压路机、羊足碾和振动压路机等,它们的压实效果各不相同,对作用于不同土类时,其效果也不同。

(4)土类和土粒级配的影响。在路基、路面基层材料等的施工中表明,粒料的级配对所能达到的密实度有明显的影响。均匀颗粒的砂,单一尺寸的砾石和碎石,都很难碾压密实,只有在良好级配的条件下才能达到要求的密实度,也才能满足强度和稳定性的要求。

1.4.5 击实试验

1)目的与适用范围

(1)本试验适用于细粒土。

(2)本试验分轻型击实和重型击实。内径100mm试筒适用于粒径不大于20mm的土,内径152mm试筒适用于粒径不大于40mm的土。

2)仪器和设备

(1)标准击实仪:轻、重型试验方法和设备的主要参数应符合表1-8规定。

击实试验方法种类　　　　　　表1-8

试验方法	类别	锤底直径 (cm)	锤质量 (kg)	落高 (cm)	试样尺寸 内径 (cm)	试样尺寸 高 (cm)	试样尺寸 容积 (cm^3)	层数	每层击数	击实功 (kJ/m^3)	最大粒径 (mm)
轻型	Ⅰ-1	5	2.5	30	10	12.7	997	3	27	598.2	20
轻型	Ⅰ-2	5	2.5	30	15.2	12	2 177	3	59	598.2	40
重型	Ⅱ-1	5	4.5	45	10	12.7	997	5	27	2 687.0	20
重型	Ⅱ-2	5	4.5	45	15.2	12	2 177	3	98	2 677.2	40

(2)烘箱及干燥器。

(3)天平:感量0.01g。

(4)台秤:称量10kg,感量5g。
(5)圆孔筛:孔径40mm、20mm和5mm各1个。
(6)拌和工具:400mm×600mm、深70mm的金属盘、土铲。
(7)其他:喷水设备、碾土器、盛土盘、量筒、推土器、铝盒、修土刀等。

3)试样

(1)本试验可分别采用不同的方法准备试样,各方法可按表1-9准备试样。

试料用量　　　　　　　　　　　　　表1-9

使用方法	类别	试筒内径(cm)	最大粒径(mm)	试料用量(kg)
干土法,试样不重复使用	b	10	20	至少5个试样,每个3个
		15.2	40	至少5个试样,每个6个
湿土法,试样不重复使用	c	10	20	至少5个试样,每个3个
		15.2	40	至少5个试样,每个6个

(2)干土法(土不重复使用)。按四分法至少准备5个试样,分别加入不同量的水(按2%~3%含水率递增),拌匀后焖料一夜备用。

(3)湿土法(土不重复使用),对于高含水率土,可省略过筛步骤,捡除大于38mm的粗石子即可,保持天然含水率的第一个土样,可立即用于击实试验,其余几个试样,将土分成小土块,分别风干,使含水率按2%~3%递减。

4)试验步骤

(1)根据工程要求,按表1-8规定选择轻型或重型试验方法,根据土的性质(含易击碎风化石数量多少,含水率高低),按表1-9规定选用干土法(土重复或不重复使用)或湿土法。

(2)将击实筒放在坚硬的地面上,取制备好的土样分3~5次倒入筒内。小筒按三层法时,每次800~900g(其量应使击实后的试样等于或略高于筒高的1/3);按五层法时,每次400~500g(其量应使击实后的土样等于或略高于筒高的1/5)。对于大试筒,先将垫块放入筒内底板上,按五层法时,每层需试样900g(细粒土)至1100g(粗粒土);按三层法时,每层需试样1700g左右。整平表面,并稍加压紧,然后按规定的击数进行第一层土的击实,击实时击锤应自由垂直落下,锤迹必须均匀分布于土样面,第一层击实完后,将试样层面"拉毛",然后再装入套筒,重复上述方法进行其余各层土的击实。小试筒击实后,试样不应高出筒顶面5mm,大试筒击实后,试样不应高出筒顶面6mm。

(3)用修土刀沿套筒内壁削刮,使试样与套筒脱离后,扭动并取下套筒,齐筒顶细心削平试样,拆除底板,擦净筒外壁,称量,准确至1g。

(4)用推土器推出筒内试样,从试样中心处取样测其含水率,计算至0.1%。测定含水率用试样的数量按表1-10规定取样(取出有代表性的土样)。

测定含水率用试样的数量　　　　　　　　表1-10

最大粒径(mm)	试样质量(g)	个数	最大粒径(mm)	试样质量(g)	个数
<5	15~20	2	约20	约250	1
约5	约50	1	约40	约500	1

(5)对于干土法(土不重复使用),将试样搓散,然后进行洒水、拌和,但不需闷料,每次约增加2%~3%的含水率,其中有两个大于和两个小于最佳含水率,所需加水量按式(1-47)计算:

$$m_w = m_i/(1 + 0.01 w_i) \times 0.01(w - w_i) \tag{1-47}$$

式中：m_w——所需的加水量(g)；

m_i——含水率w_i时土样的质量(g)；

w_i——土样原有含水率(%)；

w——要求达到的含水率(%)。

按上述步骤进行其他含水率试样的击实试验。

5) 结果整理

(1) 按式(1-48)计算击实后各点的干密度：

$$\rho_d = \rho/(1 + 0.01w) \tag{1-48}$$

式中：ρ_d——干密度(g/cm³)，计算至0.01；

ρ——湿密度(g/cm³)；

w——含水率(%)。

(2) 以干密度为纵坐标，含水率为横坐标，绘制干密度与含水率的关系曲线，曲线上峰值点的纵、横坐标分别为最大干密度和最佳含水率，如曲线不能绘出明显的峰值点，应进行补点或重做。

(3) 按式(1-49)计算饱和曲线的饱和含水率w_{max}，并绘制饱和含水率与干密度的关系曲线图。

$$w_{max} = [G_s\rho_w(1 + w) - \rho]/G_s\rho \times 100\% \tag{1-49}$$

式中：w_{max}——饱和含水率(%)，计算至0.01；

ρ——试样的湿密度(g/cm³)；

ρ_w——水在4℃的密度(g/cm³)；

G_s——试样相对密度，对于粗粒土，则为土中粗细颗粒的混合相对密度；

w——含水率(%)。

(4) 当试样中有大于40mm颗粒时，应先取出大于40mm颗粒，并求得其百分率p，把小于40mm部分做击实试验，按下面公式分别对试验所得的最大干密度和最佳含水率进行校正(适用于大于40mm颗粒的含量小于30%，大于5%时)。

最大干密度按式(1-50)校正：

$$\rho'_{dm} = 1 \bigg/ \left(\frac{1 - 0.01P}{\rho_{dm}} + \frac{0.01P}{\rho_w G'_s} \right) \tag{1-50}$$

式中：ρ'_{dm}——校正后的最大干密度(g/cm³)；

ρ_{dm}——用粒径小于40mm的土样试验所得的最大干密度(g/cm³)；

P——试料中粒径大于40mm颗粒的百分数(%)；

G'_s——粒径大于40mm颗粒的毛体积相对密度，计算至0.01。

最佳含水率按式(1-51)校正：

$$w'_0 = w_0(1 - 0.01P) + 0.01Pw_2 \tag{1-51}$$

式中：w'_0——校正后的最佳含水率(%)；

w_0——用粒径小于40mm的土样试验所得的最佳含水率(%)；

P——试料中粒径大于40mm颗粒的百分数(%)；

w_2——粒径大于40mm颗粒的吸水量(%)。

1.5 土体压缩性指标及强度指标

1.5.1 土体压缩原理和有效应力原理

土的体积变形常表现为体积缩小,这种在外力作用下土体积缩小的特性称为土的压缩性。

1)压缩机理

由于土是固体颗粒的集合体,具有碎散性,因而土的压缩性比钢材、混凝土等其他材料大得多,并具有下列两个特点:

(1)土体的压缩变形主要是由于孔隙的减小所引起的。土是三相体,土体受外力引起的压缩,包括三部分:①土粒固体部分的压缩;②土体内孔隙中水的压缩;③水和空气从孔隙中被挤出及封闭气体被压缩。

(2)饱和土的压缩,需要一定时间才能完成。

2)有效应力原理

饱和土体所受到的总应力为有效应力与孔隙水压力之和,称为有效应力原理或有效应力概念。土的变形和强度只随有效应力而变化。因此,只有通过有效应力的分析,才能准确确定土的变形和安全度。

1.5.2 与强度有关的工程问题

目前,与强度有关的工程问题主要有以下三方面。首先是土作为材料构成的土工构筑物的稳定问题,如路堤等填方边坡以及天然土坡(包括挖方边坡)等的稳定性问题;其次是土作为工程构筑物的环境的问题,即土压力问题,如挡土墙、地下结构等的周围土体,它的强度破坏将对墙体造成过大的侧向土压力,以致可能导致这些工程建筑物发生滑动、倾覆等破坏事故;最后是土作为建筑物地基的承载力问题,如果基础下地基土体产生整体滑动或者其局部剪坏区发展导致过大的甚至不均匀的地基变形,都会造成上部结构的破坏或影响其正常使用的事故发生。所以,土的强度问题及其原理,将为土工的设计和验算提供理论依据和计算指标。

1.5.3 室内压缩试验与压缩性指标

试验室用压缩仪(固结仪)进行压缩试验,是研究土压缩性的基本方法。压缩试验,是研究土体一维变形特性的测试方法。通常"压缩"描述的是非饱和土体,"固结"描述的是饱和土体。将试样放在限制侧向变形的压缩容器中,分级施加垂直压力,测试并记录加压后不同时间的压缩变形,直至各级压力下的变形量趋于某一稳定标准为止;然后将各级压力下最终变形与相应的压强绘出曲线,从而求得压缩指标值。

压缩试验要注意的问题:

(1)荷重等级,一般情况下可按试验规范确定的荷重率加荷,对特别研究的具体过程也可按自定的荷重率加荷。

(2)稳定时间,沉降的稳定时间主要取决于试样的透水性和流变性,稳定不同的时间会得到不同的压缩曲线,《公路土工试验规程》(JTG E40—2007)确定稳定时间为24h。

压缩性指标,通常取天然结构的原状土样,进行侧限压缩试验测定。侧限压缩试验通常称固结试验。压缩性指标包括压缩系数、压缩指数、体积压缩系数(压缩模量的倒数)、压缩模量。根据压缩试验所得的 $e-P$ 和 $e-\lg P$ 曲线可以整理这些压缩指标。

在假定土体为各向同性的线弹性体前提下,压缩曲线所反映的非线性压缩规律被简化成线形的关系,即在一般的压力变化范围内,用一段割线近似地代替该段曲线,此时则有:

$$e_1 - e_2 = a(P_1 - P_2) \quad (1-52)$$

式(1-52)便是土的压缩定律的表达式。用文字表述即为:当压力变化不大时,孔比变化与压力变化成正比。比例常数 a 是割线的斜率,称为土的压缩系数,单位为 kPa^{-1}。压缩系数 a,表示单位压力增量作用下土的孔隙比的减小。因此,压缩系数 a 越大,土的压缩性就越大。已知一个土样,其压缩系数非定值而是一个变量。

压缩指数: $\quad C_c = (e_1 - e_2)/(\lg P_2 - \lg P_1) \quad (1-53)$

体积压缩系数: $\quad m_v = a/(1 + e_1) \quad (1-54)$

压缩模量: $\quad E_s = (1 + e_1)/a \quad (1-55)$

1.5.4 先期强度固结压力与土层天然固结状态判断

土层历史上所曾经承受过的最大固结压力,称为先期固结压力 P_c。目前,先期固结应力还被用来判断天然土层的固结状态。天然土层可区分为下列三种固结状态。

(1)超固结状态:指的是该天然土层在地质历史上受到过的固结压力 P_c 大于目前的上覆压力的情况。

(2)正常固结状态:指的是土层在历史上最大固结压力作用下压缩稳定,但沉积后土层厚度无大变化,也没有受到过其他荷载的继续作用时的状态。

(3)欠固结状态:土层历史上曾在 P_c 作用下压缩稳定,固结完成;以后由于某种原因使土层继续沉积或加载,形成目前大于 P_c 的自重压力 γ_z,但因时间不长,γ_z 作用下的压缩固结还没有完成,还在继续压缩中。因此这种固结状态的土层 $P_c < \gamma_z$,是为欠固结。

在 $e-\lg p$ 曲线上,对应于曲线过渡到直线段的拐弯点的压力值是土层历史上所曾经承受过的最大固结压力,即先期固结压力 P_c。γ_z 为自重压力,定义 $OCR = P_c/\gamma_z$。则:

当 P_c 大于目前的上覆压力情况,P_c 大于 γ_z 为超固结状态,$OCR > 1$。

当 P_c 就是目前的上覆压力情况,P_c 等于 γ_z 为正常固结状态,$OCR = 1$。

当 P_c 小于目前的上覆压力情况,P_c 小于 γ_z 为欠固结状态,$OCR < 1$。

1.5.5 三轴压缩试验

三轴压缩试验是将圆形土样安装在三轴仪中,土样施加周围压力后施加竖向压力,直至土样破坏。三轴压缩试验是测定土的抗剪强度指标 c、φ 值的方法之一。根据土样固结排水的不同条件,可分为不固结不排水剪切、固结不排水剪切、固结排水剪切。不固结不排水(UU)试验是在施加周围压力和增加轴向压力直至破坏过程中均不允许试验排水。本试验适用于测定黏质土和砂类土的总抗剪强度参数 C_u、φ_u。固结不排水(CU 或 $\overline{CU}$)试验是使试样先在某一周围压力作用下排水固结,然后在保持不排水的情况下,增加轴向压力直至破坏。本试验适用于测定黏质土和砂类土的总抗剪强度参数 C_{cu}、φ_{cu} 或有效抗剪强度参数 c'、φ' 和孔隙压力系数。固结排水试验是使试样先在某一周围压力作用下排水固结,然后在允许试样充分排水的情况下增加轴向压力直至破坏。本试验适用于测定黏质土和砂类土的抗剪强度参数 C_d、φ_d。

1.5.6 黄土湿陷试验

黄土湿陷试验,包括:相对下沉系数试验、自重湿陷系数试验、溶滤变形系数试验、湿陷起始压力试验。相对下沉系数试验目的是测定黄土(黄土类土)的大孔隙比和相对下沉系数。自重湿陷系数试验目的是测定黄土(黄土类土)的自重湿陷系数。溶滤变形系数试验目的是测定黄土(黄土类土)的湿陷变形系数和溶滤变形系数。湿陷起始压力试验目的是测定黄土(黄土类土)的湿陷起始压力。

1.5.7 固结试验

1) 试验目的和适用范围

(1) 本试验的目的是测定土的单位沉降量、压缩系数、压缩模量、压缩指数、回弹指数、固结系数以及原状土的先期固结压力等。

(2) 本试验方法适用于饱和的黏质土,当只进行压缩时,允许用非饱和土。

2) 仪器设备

(1) 固结仪:试样面积 $50cm^2$,高 2cm。

(2) 环刀:直径为 61.8mm 和 79.8mm,高度为 20mm。环刀应具有一定的刚度,内壁应保持较高的光洁度,宜涂一薄层硅脂或聚四氟乙烯。

(3) 透水石:由氧化铝或不受土腐蚀的金属材料组成,其透水系数应大于试样的渗透系数。用固定式容器时,顶部透水石直径小环刀内径 0.2~0.5mm,当用浮环式容器时,上下部透水石直径相等。

(4) 变形量测设备:量程 10mm,最小分度为 0.01mm 的百分表或零级位移传感器。

(5) 其他:天平、秒表、烘箱、钢丝锯、刮土刀、铝盒等。

3) 试样

(1) 根据工程需要切取原状土样或制备所需温度密度的扰动土样,切取原状土样时,应使试样在试验时的受压情况与天然土层受荷方向一致。

(2) 用钢丝锯将土样修成略大于环刀直径的土柱。然后用手轻轻将环刀垂直下压,边压边修,直至环刀装满土样为止,再用刮刀修平两端,同时注意刮平试样时,不得用刮刀往复涂抹土面。在切削过程中,应细心观察试样并记录其层次、颜色和有无杂质等。

(3) 擦净环刀外壁,称环刀与土总质量,准确至 0.1,并取环刀两面修下的土样测定含水率,试样需要饱和时,应进行抽气饱和。

4) 试验步骤

(1) 将切好土样的环刀外壁涂一薄层凡士林,然后将刀口向下放入护环内。

(2) 将底板放入容器内,底板上放透水石,将土样环刀和护环放入容器内,土样上面覆透水石、滤纸,然后放下加压导环和传压活塞,使各部密切接触,保持平稳。

(3) 将压缩容器置于加压框架正中,密合传压活塞和横梁,预加 1.0kPa 压力,使固结仪各部分密切接触,装好百分表,并调整读数至零。

(4) 去掉预加荷载,立即加第一级荷载。加砝码时应避免冲击和摇晃,在加砝码的同时,立即开动秒表。荷载等级一般规定为 50kPa、100kPa、300kPa、和 400kPa。有时可以根据土的软硬程度。第一级荷载可考虑用 25kPa。

(5) 如系饱和试样,则在施加第一级荷载后,立即向容器中注水至满,如系非饱和试样,须以湿棉纱围住上下透水面四周,避免水分蒸发。

(6) 如需确定原状土的先期固结压力时,荷载率宜小于 1,可采用 0.5 或 0.25 倍,最后一级荷载应大于 1 000kPa,使 $e\sim\lg P$ 曲线下端出现直线段。

(7)如需测定沉降速率、固结系数等指标，一般按 0s、15s、1min、2min、4min、6min、9min、12min、16min、20min、25min、35min、45min、60min、90min、2h、4h、10h、23h、24h，至稳定为止。

当不需测定沉降速度时，则施加每级压力后 24h，测记试样高度变化作为稳定标准，当试样渗透系数大于 10^{-5} cm/s 时，允许以主固结完成作为相对稳定标准。按此步骤逐级加压至试验结束。

(8)试验结束后拆除仪器，小心取出完整土样，称其质量，并测定其终结含水率（如不需测定试验后的饱和度，则不必测定终结含水率），并将仪器洗干净。

5）结果整理

(1)按式(1-56)计算试验开始时的孔隙比：
$$e_0 = \rho_s(1 + 0.01 w_0)/\rho_0 - 1 \tag{1-56}$$

(2)按式(1-57)计算单位沉降量：
$$S_i = \sum \Delta h_i / h_0 \times 1\,000 \tag{1-57}$$

(3)按式(1-58)计算各级荷载下变形稳定后的孔隙比 e_i：
$$e_i = e_0 - (1 + e_0) \times S_i / 1\,000 \tag{1-58}$$

(4)按式(1-59)计算某一荷载范围的压缩系数 a_v：
$$a_v = (e_i - e_{i+1})/(P_{i+1} - P_i) = [(S_{i+1} - S_i)(1 + e_0)/1\,000]/(P_{i+1} - P_i) \tag{1-59}$$

(5)按式(1-60)、式(1-61)计算某一荷载范围内的压缩模量 E_s 和体积压缩系数 m_v：
$$E_s = [(P_{i+1} - P_i)/(S_{i+1} - S_i)/1\,000] \tag{1-60}$$
$$m_v = 1/E_s = a_v/(1 + e_i) \tag{1-61}$$

以上式中：e_0——试验开始时试样的孔隙比；

ρ_s——土粒密度（数值上等于土粒相对密度）(g/cm³)；

w_0——试验开始时试样的含水率(g/cm³)；

ρ_0——试验开始时试样的密度(g/cm³)；

S_i——某一级荷载下的沉降量(mm/m)；

$\sum \Delta h_i$——某一级荷载下的总变形量(mm)，等于该荷载下百分表读数（即试样和仪器的变形量减去该荷载下的仪器变形量）；

h_0——试样起始时的高度(mm)；

e_i——某一荷载正压缩稳定后的孔隙比；

P_i——某一荷载值(kPa)。

(6)以单位沉降量 S_i 或孔隙比 e 为纵坐标，以压力 P 为横坐标，单位沉降量或孔隙比与压力的关系曲线如图1-5所示：

(7)按式(1-62)计算压缩指数 C_c 及回弹指数 C_s。
$$C_c = (e_i - e_{i+1})/(\lg P_{i+1} - \lg P_i) \tag{1-62}$$

6）试验说明与注意事项

(1)试验室用压缩仪（固结仪）进行压缩试验是研究土压缩性的基本方法。压缩试验就是研究土体一维变形特性的测试方法。

(2)将试样放在限制侧向变形的压缩容器中，分级施

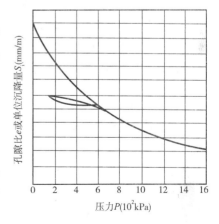

图1-5 S_i—P 关系曲线

加垂直压力,测记加压后不同时间的压缩变形,直至各级压力下的变形量趋于某一稳定标准为止。然后将各级压力下最终变形与相应的压强绘出曲线,从而求得压缩指标值。

1.5.8 直接剪切试验(黏质土的慢剪试验)

1)目的和适用范围

本试验方法适用于测定黏质土的抗剪强度指标。

2)仪器设备

(1)应变控制式直剪仪:由剪切盒、垂直加荷设备、剪切传动装置、测力计和位移量测系统组成。

(2)环刀:内径61.8mm,高20mm。

(3)位移量测设备:百分表,百分表量程为10mm,分度值为0.01mm,传感器的精度应为零级。

3)试样

对原状土试样制备或扰动土试样制备和饱和。每组试样制备不得少于4个。

4)试验步骤

(1)对准剪切容器上下盒,插入固定销,在下盒内放透水石和滤纸,将带有试样的环刀刃向上,对准剪切盒口,在试样上放滤纸和透水石,将试样小心地推入剪切盒口。

(2)移动传动装置,使上盒前端钢珠刚好与测力计接触,依次加上传压板,加压框架,安装垂直位移量测装置,测记初始读数。

(3)根据工程实际和土的软硬程度施加各级垂直压力,然后向盒内注水;当试样为非饱和试样时,应在加压板周围包以湿棉花。

(4)施加垂直压力,每1h测记垂直变形一次,试样固结稳定时的垂直变形值时为:黏质土垂直变形每1h不大于0.005mm。

(5)拔去固定销,以小于0.02mm/min速度进行剪切,并每隔一定时间测记测力计读数,直至剪损。

(6)试样剪损时间可按式(1-63)估算:

$$t_f = 50\, t_{50} \tag{1-63}$$

式中:t_f——达到剪损所经历的时间(min);

t_{50}——固结度达到50%所需的时间(min)。

(7)当测力计百分表读数不变或后退时,继续剪切至剪切位移为4mm时停止,记下破坏值。当剪切过程中测力计百分表无峰值时,剪切至剪切位移达6mm时停止。

(8)剪切结束,吸去盒内吸水,退掉剪切力和垂直压力,移动压力框架,取出试样,测定其含水率。

5)结果整理

(1)剪切位移按式(1-64)计算:

$$\Delta L = 20n - R \tag{1-64}$$

式中:ΔL——剪切位移,0.01mm,计算至0.1;

n——手轮转数;

R——百分表读数。

(2)剪应力按式(1-65)计算:

$$\tau = CR \tag{1-65}$$

式中：τ——剪应力(kPa)；

C——测力计校正系数(kPa/0.01mm)。

(3) 以剪应力 τ 为纵坐标，剪切位移 ΔL 为纵坐标，绘制 $\tau-\Delta L$ 的关系曲线，如图1-6所示。

(4) 以垂直压力 P 为横坐标，抗剪强度 S 为纵坐标，将每一试样的最大抗剪强度点绘在坐标纸上，并连成一直线。此直线倾角为摩擦角 φ，纵坐标上的截距为凝聚力 c，如图1-7所示。

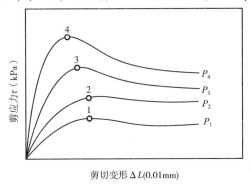

图1-6 剪应力 τ 与剪切位移 ΔL 关系曲线

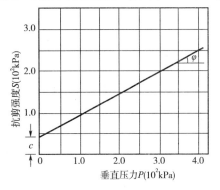

图1-7 抗剪强度与垂直压力的关系曲线

1.5.9 直接剪切试验（黏质土的固结快剪试验）

1) 目的和适用范围

本试验方法适用于渗透系数小于 10^{-6}cm/s 的黏质土。

2) 仪器设备

(1) 应变控制式直剪仪：由剪切盒、垂直加荷设备、剪切传动装置、测力计和位移量测系统组成。

(2) 环刀：内径61.8mm，高20mm。

(3) 位移量测设备：百分表，百分表量程为10mm，分度值为0.01mm，传感器的精度应为零级。

3) 试样

对原状土试样制备或扰动土试样制备和饱和。每组试样制备不得少于4个。

4) 试验步骤

(1) 对准剪切容器上下盒，插入固定销，在下盒内放透水石和滤纸，将带有试样的环刀刃向上，对准剪切盒口，在试样上放滤纸和透水石，将试样小心地推入剪切盒口。

(2) 移动传动装置，使上盒前端钢珠刚好与测力计接触，依次加上传压板，加压框架，安装垂直位移量测装置，测记初始读数。

(3) 根据工程实际和土的软硬程度施加各级垂直压力，然后向盒内注水；当试样为非饱和试样时，应在加压板周围包以湿棉花。

(4) 施加垂直压力，每1h测记垂直变形一次，试样固结稳定时的垂直变形值为：黏质土垂直变形每1h不大于0.005mm。

(5) 拔去固定销，固结快剪试验的剪切速度为0.8mm/min，在3~5min内剪损。并每隔一定时间测记测力计百分表读数，直至剪损。

(6) 试样剪损时间可按式(1-66)估算：

$$t_f = 50\, t_{50} \tag{1-66}$$

式中：t_f——达到剪损所经历的时间(min)；

t_{50}——固结度达到50%所需的时间(min)。

(7)当测力计百分表读数不变或后退时，继续剪切至剪切位移为4mm时停止，记下破坏值。当剪切过程中测力计百分表无峰值时，剪切至剪切位移达6mm时停止。

(8)剪切结束，吸去盒内吸水，退掉剪切力和垂直压力，移动压力框架，取出试样，测定其含水率。

5)结果整理

与黏质土慢剪试验相同。

1.5.10 直接剪切试验（砂类土的直剪试验）

1)目的和适用范围

本试验方法适用于砂类土。

2)仪器设备

(1)应变控制式直剪仪：由剪切盒、垂直加荷设备、剪切传动装置、测力计和位移量测系统组成。

(2)环刀：内径61.8mm，高20mm。

(3)位移量测设备：百分表，百分表量程为10mm，分度值为0.01mm，传感器的精度应为零级。

3)试样

(1)取过2mm筛的风干砂1 200g，并按规程制备砂样。

(2)根据预定的试样干密度称取每个试样的风干砂质量，准确至0.1g，每个试样质量按式(1-67)计算：

$$m = V\rho_d \tag{1-67}$$

式中：m——每一试件所需风干砂的质量(g)；

V——试样体积(cm^3)；

ρ_d——规定干密度(g/cm^3)。

4)试验步骤

(1)对准剪切容器上下盒，插入固定销，放入透水石。

(2)将试样倒入剪切容器内，放上硬木块，用手轻轻敲打，使试样达到预定干密度，取出硬木板，拂平砂面。

(3)拔去固定销，固结快剪试验的剪切速度为0.8mm/min，在3～5min内剪损，并每隔一定时间测记测力计百分表读数，直至剪损。

(4)试样剪损时间可按式(1-68)估算：

$$t_f = 50\, t_{50} \tag{1-68}$$

式中：t_f——达到剪损所经历的时间(min)；

t_{50}——固结度达到50%所需的时间(min)。

(5)当测力计百分表读数不变或后退时，继续剪切至剪切位移为4mm时停止，记下破坏值。当剪切过程中测力计百分表无峰值时，剪切至剪切位移达6mm时停止。

(6)剪切结束，吸去盒内吸水，退掉剪切力和垂直压力，移动压力框架，取出试样，测定其含水率。

(7) 试验结束后,顺次卸除垂直压力、加压框架、钢珠、传压板,清除试样,并擦洗干净;以备下次应用。

5) 结果整理

(1) 剪切位移按式(1-69)计算:

$$\Delta L = 20n - R \tag{1-69}$$

式中:ΔL——剪切位移,0.01mm,计算至0.1;

　　　n——手轮转数;

　　　R——百分表读数。

(2) 剪应力按式(1-70)计算:

$$\tau = CR \tag{1-70}$$

式中:τ——剪应力(kPa);

　　　C——测力计校正系数(kPa/0.01mm)。

(3) 如欲求砂类土在每一干密度下的抗剪强度,则以抗剪强度 S 为纵坐标,垂直压力 P 为横坐标,绘制在一定干密度下的抗剪强度与垂直压力的关系曲线,如图1-8所示。

(4) 如欲求砂类土在某一垂直压力下的抗剪强度,则以干密度 ρ_d 为横坐标,抗剪强度 S 为纵坐标,绘制一定垂直压力抗剪强度与干密度的关系曲线,如图1-9所示。

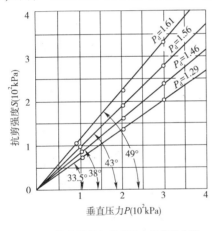

图1-8　抗剪强度与垂直压力的关系曲线

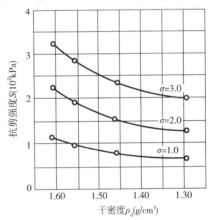

图1-9　抗剪强度与干密度的关系曲线

1.5.11　无侧限抗压试验

1) 目的和适用范围

(1) 无侧限抗压强度是试件在无侧向压力的条件下,抵抗轴向压力的极限强度。

(2) 本试验适用于测定饱和软黏土的无侧限抗压强度及灵敏度。

2) 仪器设备

(1) 应变控制式允许膨胀压缩仪:包括测力计、加压框架及升降螺杆,根据土的软硬程度,选用不同量程的测力计。

(2) 切土盘。

(3) 重塑筒:筒身可拆为两半,内径4cm,高10cm。

(4) 百分表:量程10mm,分度值0.01mm。

(5)其他:天平(感量0.1g)、秒表、卡尺、直尺、削土刀、钢丝锯、塑料布、金属垫板、凡士林等。

3)试样

(1)将原状土样按天然层次放在桌上,用削刀或钢丝锯削成稍大于试件直径的土柱,放入切土盘的上下盘之间,再用削土刀或钢丝锯沿侧面自上而下细心切削。同时边转动圆盘,直至达到要求的直径为止。取出试件,按要求的高度削平两端。端面要平整,且与侧面垂直,上下均匀。如试件表面因有砾石或其他杂物而空洞时,允许用土填补。

(2)试件直径和高度应与重塑筒直径和高度相同,一般直径为40mm,高为10cm。试件直径与高度之比应大于2,按软土的软硬程度采用2.0~2.5。

4)试验步骤

(1)将切削好的试件立即称量,准确至0.1g。同时取切削下的余土测定含水率。用卡尺测量其高度及上、中、下各部位直径,按式(1-71)计算其平均直径D_0:

$$D_0 = (D_1 + 2D_2 + D_3)/4 \tag{1-71}$$

式中:D_0——试件平均直径(cm);

D_1、D_2、D_3——试件上、中、下各部位的直径(cm)。

(2)在试件端抹一薄层凡士林,如为防止水分蒸发,试件侧面也可抹一层薄凡士林。

(3)将制备好的试件放在允许膨胀压缩仪下加压板上,转动手轮,使其与上加压板刚好接触,调测力计百分表读数为零点。

(4)以轴向应变1%~3%/min的速度转动手轮(6~12r/min),使试验在8~20min内完成。

(5)应变在3%以前,每0.5%应变记读百分表读数一次,应变达3%以后,每1%应变记读百分表读数一次。

(6)当百分表达到峰值或读数达到稳定,再继续剪3%~5%应变值即可停止试验。如读数无稳定值,则轴向应变达20%的即可停止试验。

(7)试验结束后,迅速反转手轮,取下试件,描述破坏情况。

(8)若需测定灵敏度,则将破坏后的试件去掉表面凡士林,再加少许土,包以塑料布,用手捏搓,破坏其结构,重塑力与重塑前尺寸相等,然后立即重复(3)~(7)步骤进行试验。

5)结果整理

(1)按式(1-72)、式(1-73)计算轴向应变:

$$\varepsilon_1 = \Delta h/h_0 \tag{1-72}$$

$$\Delta h = n\Delta L - R \tag{1-73}$$

式中:ε_1——轴向应变(%);

h_0——试件起始高度(cm);

Δh——轴向变形(cm);

n——手轮转数;

ΔL——手轮每转一转,下加压板上升高度,准确至0.01mm;

R——百分表读数(0.01mm)。

(2)按式(1-74)计算试件平均断面积:

$$A_a = A_0/(1-\varepsilon_1) \tag{1-74}$$

式中:A_a——校正后试件的断面积(cm^2);

A_0——试件起始面积(cm^2)。

(3)应变控制式允许膨胀压缩仪上试件所受轴向应力按式(1-75)计算：
$$\sigma = 10CR/A_a \qquad (1-75)$$
式中：σ——轴向压力(kPa)；
　　C——测力计校正系数(N/0.01mm)；
　　R——百分表读数(0.01mm)。

(4)以轴向应力为纵坐标，轴向应变为横坐标，绘制应力—应变曲线。以最大轴向应力作为无侧限抗压强度。若最大轴向应力不明显，取轴向应变15%处的应力作为该试件的无侧限抗压强度q_u。

(5)按式(1-76)计算灵敏度S_t：
$$S_t = q_u/q_u' \qquad (1-76)$$
式中：q_u——原状试件的无侧限抗压强度(kPa)；
　　q_u'——重塑试件的无侧限抗压强度(kPa)。

1.5.12 承载比(CBR)试验

1)目的和适用范围

(1)本试验方法只适用于在规定的试筒内制件后，对各种土和路面基层、底基层材料进行承载比试验。

(2)试样的最大粒径宜控制在20mm以内，最大不得超40mm且含量不超过5%。

2)仪器设备

(1)圆孔筛：孔径40mm、20mm及5mm筛各1个。

(2)试筒：内径152mm、高170mm的金属圆筒；套环：高50mm；筒内垫块：直径151mm、高50mm；夯击底板：同击实仪。也可用击实试验的大击实筒。

(3)夯锤和导管：夯锤的底面直径50mm，总质量4.5kg。夯锤在导管内的总行程为450mm，夯锤的形式和尺寸与重型击实试验法所用的相同。

(4)贯入杆：端面直径50mm、长约100mm的金属柱。

(5)路面材料强度仪或其他载荷装置：能量不小于50kN，能调节贯入速度至每分钟贯入1mm，可采用测力计式。

(6)百分表：3个。

(7)试件顶面上的多孔板(测试件吸水时的膨胀量)。

(8)多孔底板(试件放上后浸泡水中)。

(9)测膨胀量时支承百分表的架子。

(10)荷载板：直径150mm，中心孔直径52mm，每块质量1.25kg，共4块，并沿直径分为两个半圆块。

(11)水槽：浸泡试件用，槽内水面应高出试件顶面25mm。

(12)其他：台称，感量为试件用量的0.1%；拌和盘、直尺、滤纸、脱模器等与击实试验相同。

3)试样

(1)将具有代表性的风干试料(必要时可在50℃烘箱内烘干)，用木碾捣碎，但应尽量注意不使土或粒料的单个颗粒破碎。土团均应捣碎到通过5mm的筛孔。

(2)采取有代表性的试料50kg，用40mm筛筛除大于40mm的颗粒，并记录超尺寸颗粒的百分数。将已过筛的试料按四分法取出约25kg。再用四分法将取出的试料分成4份，每份质量6kg,供击实试验和制试件之用。

(3)在预定做击实试验的前一天,取有代表性的试料测定其风干含水率。测定含水率用的试样数量可参照击实试验中的数量。

4)试验步骤

(1)称试筒本身质量(m_1),将试筒固定在底板上,将垫块放入筒内,并在垫块上放一张滤纸,安上套环。

(2)将1份试料,按规定的层数和每层的击数,求试料的最大干密度和最佳含水率。

(3)将其余3份试料,按最佳含水率制备3个试件。将一份试料平铺于金属盘内,按事先计算的该份试料应加的水量均匀地喷洒在试料上。用小铲将试料充分拌和到均匀状态,然后装入密闭容器或塑料口袋内浸润备用。浸润时间:重黏土不得少于24h;轻黏土可缩短到12h;砂土可缩短到1h;天然砂砾可缩短到2h左右。

(4)将试筒放在坚硬的地面上,取备好的试样3~5次倒入筒内(视最大料径而定)。按五层法时,每层需试样900g(细粒土)至1 100g(粗粒土)。按三层法时,每层需试样1 700g左右(其量应使击实后的试样高出1/3筒高1~2mm)。整平表并稍加压紧,然后按规定的击数进行第一层试样的击实,击实时锤应自由垂直落下,锤迹必须均匀分布于试样表面上。第一层击实完后,将试样层面"拉毛",然后再装入套筒,重复上述方法进行其余每层试样的击实。大试筒击实后,试样不宜高出筒高10mm。

(5)卸下套环,用直刮刀沿试筒顶修平击实的试件,表面不平整处用细料修补。取出垫块,称试筒和试件的质量(m_2)。

(6)泡水测膨胀量的步骤如下:

①在试件制成后,取下试件顶面的破残滤纸,放一张好滤纸,并在上安装附有调节杆的多孔板,在多孔板上加4块荷载板。

②将试筒与多孔板一起放入槽内(先不放水),并用拉杆将模具拉紧,安装百分表,并读取初读数。

③向水槽内放水,使水自由进到试件的顶部和底部。在泡水期间,槽内水面应保持在试件顶面以上大约25mm。通常试件要泡水4昼夜。

④泡水终了时,读取试件上百分表的终读数,并用下式计算膨胀量:

$$膨胀量 = 泡水后试件高度变化/原试件高(120mm) \times 100\%$$

⑤从水槽中取出试件,倒出试件顶面的水,静置15min,让其排水,然后卸去附加荷载和多孔板、底板和滤纸,并称量(m_3),以计算试件的湿度和密度的变化。

(7)贯入试验:

①将泡水试验终了的试件放到路面材料强度试验仪的升降台上,调整偏球座,使贯入杆与试件顶面全面接触,在贯入杆周围放置4块荷载板。

②先在贯入杆上施加45N荷载,然后将测力和测变形的百分表的指针都调整至零点。

③加荷使贯入杆以1~1.25mm/min的速度压入试件,记录测力计内百分表某些整读数(如20、40、60)时的贯入量,并注意使贯入量为250×10^{-2}mm时,能有5个以上的读数。因此,测力计内的第一个读数应是贯入量30×10^{-2}mm左右。

5)结果整理

(1)以单位压力(P)为横坐标,贯入量L为纵坐标,绘制关系曲线,如图1-10所示。图上曲线1是合适的。曲线2开始段是凹曲线,需进行修正。修正时,在变曲率点引一切线,与纵

坐标交于 O' 点即为修正后的原点。

(2)一般采用贯入量为 2.5mm 时的单位压力与标准压力之比作为材料的承载比(CBR),即:

$$CBR = P/7\,000 \times 100\% \qquad (1-77)$$

式中:CBR——承载比(%);
 P——单位压力(kPa)。

同时计算贯入量为 5mm 时的承载比(CBR):

$$CBR = P/10\,500 \times 100\% \qquad (1-78)$$

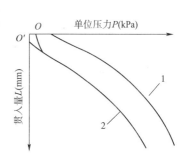

图 1-10 单位压力与贯入量的关系曲线

如贯入量为 5mm 时的承载比大于 2.5mm 时的承载比,则试验要重作。如结果仍然如此,则采用 5mm 时的承载比。

(3)试件的湿密度用式(1-79)计算:

$$\rho = (m_2 - m_1)/2\,177 \qquad (1-79)$$

式中:ρ——试件的湿密度(g/cm³);
 m_2——试筒和试件的合质量(g);
 m_1——试筒的质量(g);
 2 177——试筒的容积(cm³)。

(4)泡水后试件的吸水量按式(1-80)计算:

$$w_a = m_3 - m_2 \qquad (1-80)$$

式中:w_a——泡水后试件的吸水量(g);
 m_3——泡水后试筒和试件的合质量(g);
 m_2——试筒和试件的合质量(g)。

6)精度和允许差

(1)如根据 3 个平行试验结果计算得的承载比变异系数 C_v 大于 12%,则去掉一个偏离大的值,取其余 2 个结果的平均值。如 C_v 小于 12%,且 3 个平行试验结果计算的干密度偏差小于 0.03g/cm³,则取 3 个结果的平均值。如 3 个试件结果计算的干密度偏差超过 0.03g/cm³,则去掉一个偏离大的值,取其余 2 个结果的平均值。

(2)承载比小于 100,相对偏差不大于 5%;承载比大于 100,相对偏差不大于 10%。

1.5.13 回弹模量试验

1)目的与适用范围

本试验适用于不同湿度和密度的细粒土。

2)仪器设备

(1)杠杆压力仪:最大压力 1 500N。
(2)承载板:直径 50mm,高 80mm。
(3)试筒:内径 152mm、高 170mm 的金属圆筒;套环,高 50mm;筒内垫块,直径 151mm,高 50mm;夯击底板与击实仪相同。
(4)量表:千分表两块。
(5)秒表一只。

3)试样

击实试验方法制备试样,根据工程要求选择轻型或重型法,视最大粒径用小筒或大筒进行击实试验,得出最佳含水率和最大干密度,然后按最佳含水率用上述试筒击实制备试件。

4)试验步骤

(1)安装试样:将试件和试筒的底面放在杠杆压力仪的底盘上,将承载板放在试件中央(位置)并与杠杆压力仪的加压球座对正;将千分表固定在立柱上,将表的测头安放在承载板的表架上。

(2)预压:在杠杆仪的加载架上施加砝码,用预定的最大单位压力 P 进行预压。含水率大于塑限的土,P = 50~100kPa,含水率小于塑限的土,P = 100~200kPa。预压进行 1~2 次,每次预压 1min。预压后调整承载板位置,并将千分表调到接近满量程的位置,准备试验。

(3)测定回弹量:将预定最大单位压力分成 4~6 份,作为每级加载的压力。每级加载时间为 1min 时,记录千分表读数,同时卸载,让试件恢复变形,卸载 1min 时,再次记录千分表读数,同时施加下一级荷载。如此逐级进行加载卸载,并记录千分表读数,直至最后一级荷载。为使试验曲线开始部分比较准确,第一、二级荷载可用每份的一半,试验的最大压力也可略大于预定压力。

5)结果整理

(1)按式(1-81)计算每级荷载下的回弹变形 l:

$$l = 加载读数 - 卸载读数 \tag{1-81}$$

(2)以单位压力 P 为横坐标(向右),回弹变形 l 为纵坐标(向下),绘制 $P \sim l$ 曲线,如图 1-11 所示。

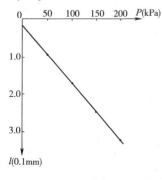

图 1-11 单位压力与回弹变形的关系曲线

(3)按式(1-82)计算每级荷载下的回弹模量:

$$E = \pi PD/4l \times (1 - \mu^2) \tag{1-82}$$

式中:E——回弹模量(kPa);

P——承载板上的单位压力(kPa);

D——承载板直径(cm);

l——相应于单位压力的回弹变形(cm);

μ——土的泊松比,取 0.35。

(4)每个试样的回弹模量由 $P \sim l$ 曲线上直线段的数值确定。

(5)对于较软的土,如果 $P \sim l$ 曲线不通过原点,允许用初始直线段与纵坐标轴的交点当作原点,修正各级荷载下的回弹变形和回弹模量。

6)精密度和允许差

土的回弹量由三个平行试验的平均值确定,每个平行试验结果与均值回弹模量相差不应不超过 5%。

1.6 土的化学性质试验及水理性质试验

1.6.1 膨胀试验

土的膨胀过程与收缩相反。水分子浸入水膜较薄的地方,将土粒推开,土体因而膨胀。我国《公路土工试验规程》(JTG E40—2007)介绍了自由膨胀率试验、有荷载膨胀率试验、无荷载膨胀率试验和膨胀力试验。

自由膨胀率为松散的烘干的土粒在水中和空气中分别自由堆积的体积之差与在空气中自由堆积的体积之比,以百分数表示,用以判定无结构力的松散土粒在水中的膨胀特性。自由膨胀率试验方法适宜于膨胀土的自由膨胀率测定。

有荷载膨胀率试验适用于测定原状土或击实黏质土在特定荷载的膨胀率,或荷载与膨胀的关系曲线。测量指标是荷载膨胀率。

无荷载膨胀率试验用于测定试样在无荷载有侧限条件下,浸水后在高度方向上的单向膨胀与高度的比值,这一比值称膨胀率,以百分数表示。无荷载膨胀率试验适用于测定原状土或击实土样的无荷载膨胀率,供评价黏质土膨胀势能时参考。

膨胀力是土体在吸水膨胀时所产生的内应力。膨胀力试验适用于测定原状土和击实土样在体积不变时由于膨胀所产生的最大内应力,采用加荷平衡法。

1.6.2 收缩试验

1) 目的和适用范围

本试验方法适用于原状土的击实黏质土。

2) 仪器设备

(1) 收缩仪。

(2) 环刀:内径61.8mm,高20mm。

(3) 卡尺、推土块、凡士林、干燥缸及蜡封小工具等。

3) 试样

按规程制备试样,将试样推出环刀(当试样不紧密时,采用风干脱环法),置于多孔板上,称试样和多孔板的质量,准确至0.1g。

4) 试验步骤

(1) 装好百分表,记下初读数。

(2) 在室温不高于30℃条件下进行收缩试验,根据试样温度及收缩速度,宜每隔1~4h测记百分表读数,并称整套装置和试样质量,准确至0.1g。两天后,每隔6~24h测记百分表读数,并称质量,至两次百分表读数不变,在收缩曲线的Ⅰ阶段内应取不得少于4个数据。

(3) 试验结束,取出试样,并在105~110℃下烘干,称干土质量,准确至0.1g。

(4) 按蜡封法测定烘干试样体积。

5) 结果整理

(1) 按式(1-83)计算起始和收缩过程的含水率:

$$w = (m_t/m_s - 1) \times 100\% \tag{1-83}$$

式中:w——起始或某时刻的含水率(%);

m_t——某时刻称得的试样质量(g);

m_s——干土质量(g)。

(2) 按式(1-84)计算线缩率:

$$e_{sL} = (R_t - R_0)/H_0 \times 100\% \tag{1-84}$$

式中:e_{sL}——线缩率(%);

H_0——试样原高度(mm);

R_t——收缩过程中某时刻百分表读数(mm);

R_0——百分表初读数(mm)。

(3)体缩率按式(1-85)计算:

$$e_s = (V_0 - V_1)/V_0 \times 100\% \qquad (1-85)$$

式中:e_s——体缩率(%);
V_0——试样原体积(环刀容积)(cm^3);
V_1——试样烘干后的体积(cm^3)。

(4)以线缩率为纵坐标,含水率为横坐标,绘制关系曲线,如图1-12所示。如Ⅰ和Ⅱ阶段的转折点明显,则与其相应的横坐标值即为原状土的缩限w_s'。否则,延长Ⅰ、Ⅱ阶段的直线段,两者交点相应的横坐标值即为原状土的近似缩限。

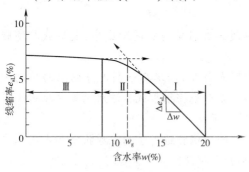

图1-12 含水率与线缩率的关系曲线

1.6.3 毛细管水上升高度试验

1)目的和适用范围

(1)土的毛细管水上升高度是水在土孔隙中因毛细管作用而上升的最大高度。

(2)本试验的目的是测定土的毛细管水上升高度和速度,用于估计地下水位升高时路基被浸湿的可能性和浸湿的程度。

(3)结合道路工程的特点,本规程采用直接观测法,本试验适用于确定对道路发生危害的路基土的强烈毛细管水上升高度,即在含水率与上升高度的关系曲线上,取含水率等于塑限时的下部高度为强烈毛细管水上升高度。

2)仪器设备

毛细管试验仪、天平(感量0.01g)、烘箱、漏斗、捣棒等。

3)试验步骤

(1)装好毛细管试验仪,将底座的垫圈和铜丝网垫好,然后有机玻璃管拧紧,同时将管上排气孔和小孔全部拧上盖,对于毛细水上升高度较大的土,如需要两根或两根以上的管时,应先准备好接口、螺栓,以便随时拼接。

(2)取具有代表性的风干土样5kg左右(每个管需土2.0~2.5kg),借漏斗分数次装入有机玻璃管中,并用捣棒不断振捣,使其密实度均匀。当装满一根管后,若需要继续拼接时,用胶布将两管包好,外用接口接上,拧紧固定螺栓,继续将土样装入,同时边用捣棒振捣,直至装满为止。顶端盖上铝盖。

(3)将有机玻璃管放入装好的试验架上,固定管身,使其垂直。

(4)将盛水筒装满水,盖上盖子,拧上弹簧,接上塑料管,挂上挂绳。

(5)用水平尺控制盛水筒水面比有机玻璃管零点高出0.5~1.0cm,然后固定挂绳于挂钩上,这时筒内水面高度将始终保持不变。

(6)接通塑料管和有机玻璃管底部的接口,然后开启排气小孔,使空气排出,直到孔内有水流出时,拧紧螺帽。

(7)从小孔有水排出时计起,经30min、60min,以后每隔数小时,根据管中土的颜色,测记该时的毛细管水上升高度,直至上升稳定为止。

(8)若需要了解强烈毛细管水上升高度,可将筒壁小洞盖打开,依次用小勺取出土样,测其含水率。

4）结果整理

(1) 在半对数纸上,以毛细管水上升高度 h 为纵坐标,以时间 t 为横坐标,绘制毛细管水上升高度 h 与时间 t 的关系曲线。

(2) 另绘制毛细管水上升高度与含水率的关系曲线。在横坐标上找出含水率等于该土塑限之点,从该点引垂线,交曲线于 A 点,再由 A 点引水线,交纵坐标于 B 点,B 点的纵坐标即代表该土的强烈毛细管水上升高度。

1.6.4 酸碱度试验

1) 目的和适用范围

本方法适用于各类土。

2) 仪器设备

(1) 酸度计:应附玻璃电极、甘汞电极或复合电极,以及电磁搅拌器等。

(2) 电动振荡器。

(3) 天平:称量100g,感量0.01g。

3) 试剂

(1) pH4.01 标准缓冲溶液:称 10.21g 经 $105 \sim 110℃$ 烘干的苯二甲酸氢钾溶于水后定容至 1L。

(2) pH6.87 标准缓冲溶液:称 3.53g 经 $105 \sim 110℃$ 烘干的 Na_2HPO_4(分析纯)和 3.39g KH_2PO_4(分析纯)溶于水中,定容至 1L。

(3) pH9.18 标准缓冲溶液:3.8g 硼砂溶于无 CO_2 的冷水中,定容至 1L。此溶液的 pH 值易于变化。所以应储存于密闭的塑料瓶中(宜保存使用 2 个月)。

(4) 饱和氯化钾(KCL)溶液:向少量纯水中加入 KCL,边加入边搅拌,直至不继续溶解为止。

4) 试验步骤

(1) 酸度计的校正:在测定土样前应按照所用仪器的使用说明书校正酸度计。

(2) 土悬液的制备:称取通过 1mm 筛的风干土样 10g,放入具塞的广口瓶中,加水 50mL(土水比为1:5)。在振荡器上振荡 3min,静置 30min。

(3) 土悬液 pH 值的测定:将 $25 \sim 30mL$ 的土悬液盛于 50mL 烧杯中,将该烧杯移至电磁搅拌器上。再向该烧杯中加一只搅拌子;然后将已校正完毕的玻璃电极、甘汞电极(或复合电极)插入杯中,开动电磁搅拌器搅拌 2min,从酸度计的表盘(或数字显示器)上直接测定 pH 值,准确至 0.01。测记土悬液温度,进行温度补偿操作。

(4) 测定完毕,应关闭酸度计和电磁搅拌器的电源,用水冲洗电极,并用滤纸吸干电极上的水。若一批试验完后第二天仍继续测定的话,可将玻璃电极部分浸泡在纯水中。

5) 精密度和允许差

酸碱度试验 pH 值的测定结果要求两次称样平行测定结果允许偏差为 0.1。

1.6.5 烧失量试验

1) 目的和适用范围

本方法适用于各类土。

2)仪器设备

(1)高温炉:自动控制温达1 300℃。

(2)分析天平:称量100g。

(3)瓷坩埚、干燥器、坩埚钳等。

3)试验步骤

(1)先将空坩埚放入已升温至950℃的高温炉中灼烧0.5h,取出稍冷(0.5~1min),放入干燥器中冷却0.5h,称量。

(2)称取通过1mm筛孔的烘干土(在100~105℃烘干8h)1~2g(称准到0.000 1g),放入已灼烧至恒量的坩埚放入未升温的高温炉内,斜盖上坩埚盖。放入干燥器内,冷却0.5h后称量,重复灼烧量,至前后两次质量相差小于0.5mg,即为恒量。至少一次平行试验。

4)结果整理

烧失量按式(1-86)计算:

$$烧失量(\%) = [m - (m_2 - m_1)]/m \times 100\% \tag{1-86}$$

式中:m——烘干土样质量(g);

m_1——空坩埚质量(g);

m_2——灼烧后土样+坩埚质量(g)。

1.6.6 有机质含量试验

1)目的和适用范围

(1)本试验目的在于了解土中有机质的含量。

(2)本测定方法适用于有机质含量不超过15%的土,测定方法采用重铬酸钾容量法—油浴加热法。

2)仪器设备

(1)分析天平:称量200g。

(2)电炉:附自动控温调节器。

(3)油浴锅:应带铁丝笼。

3)试剂

(1)0.075mol/L1/6$K_2Cr_2O_7$ – H_2SO_4溶液:用分析天平称取经105~110℃烘干并研细的重铬酸钾44.1231g,溶于800mL蒸馏水中(必要时可加热),缓缓加入浓硫酸1 000mL,边加入边搅拌,冷却至室温用水定容至2L。

(2)0.2mol/L硫酸亚铁(或硫酸亚铁铵)溶液:称取硫酸亚铁($FeSO_4 \cdot 7H_2O$ 分析纯)56g或硫酸亚铁铵[$(NH_4)_2SO_4 FSO_4 \cdot 6H_2O$]80g,溶于蒸馏水中,加15mL浓硫酸(密度1.84g/mL化学纯)。然后蒸馏水稀释至1L,密封储于棕色瓶中。

(3)邻菲啰啉指示剂:称取邻菲啰啉($C_{12}N_8N_2 \cdot H_2O$)1.485g,硫酸亚铁($FeSO_4 \cdot 7H_2O$)0.695g,溶于100mL蒸馏水中,此时试剂与Fe^{2+}形成棕色络合物,即$[Fe(C_{12}H_8N_2)_3]^{2+}$。储于棕色滴瓶中。

(4)石蜡(固体)或植物2kg。

(5)浓硫酸(H_2SO_4),(密度1.84g/mL)化学纯。

(6)灼烧过的浮石粉或土样:取浮石或矿质土约200g,磨细并通过0.25mm筛,分散装入数个瓷蒸发皿中,在700~800℃的高温炉内灼烧1~2h,把有机质完全烧尽后备用。

4)试验步骤

(1)用分析天平准确称取通过100目筛的风干土样0.100~0.500g,放入一干燥的硬质试管中,用滴定管准确加入0.075mol/L1/6K$_2$Cr$_2$O$_7$标准溶液10mL(在加入3mL时摇动试管使土样分散),并在试管口插入一小玻璃漏斗,以冷凝蒸出之水汽。

(2)将8~10个已装入土样和标准溶液的试管插入铁丝笼中(每笼中均有1~2个空白试管),然后将铁丝笼放入温度为185~190℃的石蜡油浴锅中,试管内的兴衰成败应低于油面。要求放入扣油浴锅内油温下降至170~180℃,以后应注意控制电炉,使油温维持在170~180℃,待试管内试液沸腾时开始计时,煮沸5min,取出试管稍冷,并擦净试管外部油液。

(3)将试管内试样倾入250mL锥形瓶中,用水洗净试管内部及小玻璃漏斗,使锥形瓶中的溶液总体积达60~70mL,然后加入邻菲咯啉指示剂3~5滴,摇匀,用硫酸亚铁(或硫酸亚铁铵)标准溶液滴定,溶液由橙黄色经蓝绿色突变为橙红色时即为终点,记下硫酸亚铁(或硫酸亚铁铵)标准溶液的用量,精确至0.01mL。

(4)空白标定:即用灼烧土代替土样,其他操作均匀与土样试验相同,记录硫酸亚铁用量。

5)结果整理

有机质含量按式(1-87)计算:

$$\text{有机质含量}(\%) = [C \times (V' - V) \times 0.003 \times 1.724 \times 1.1]/m_s \times 100\% \tag{1-87}$$

式中:C——硫酸亚铁标准溶液的浓度(mol/L);

V'——空白标定时用去的硫酸亚铁标准溶液的量(mL);

V——测定土样时所用去的硫酸亚铁标准溶液的量(mL);

m_s——土样质量(将风干土换算为烘干土)(g);

0.003——1/4碳原子的摩尔质量(g/mol);

1.724——有机碳换算成有机质的系数;

1.1——氧化校正系数。

1.6.7 渗透试验(常水头渗透试验)

1)目的和适用范围

(1)本试验方法适用于砂类土和含水率砾石的无凝聚性土。

(2)试验用水应采用实际作用于土的天然水。如有困难,允许用蒸馏水或一般经过滤的清水,但试验前必须用抽气法或煮沸法脱气。试验时水温宜高于试验室温度3~4℃。

2)仪器设备

(1)常水头渗透仪:其中有封底圆筒高40cm,内径10cm,与筒边连接处有铜丝布;玻璃测压管内径为0.6cm,用橡皮管与测压孔相连。

(2)其他:木槌、秒表、天平等。

3)试验步骤

(1)将仪器装好,接通调节管和供水管,使水流到仪器底部,水位略高于金属孔板,关止水夹。

(2)取具有代表性土样3~4kg,称量,准确至1g,并测其风干含水率。

(3)将土样分层装入仪器,每层厚2~3cm,用木槌轻轻击实到一定厚度,以控制孔隙比。如土样含黏粒比较多,应在金属孔板上加铺约2cm厚的粗砂作为缓冲层,以防细粒被水冲走。

(4)每层试样装好后,慢慢开启止水夹,水由筒底向上渗入,使试样逐渐饱和。水面不得高出试样顶面。当水与试样顶面齐平时，关闭止水夹。饱和时水流不可太急，以免冲动试样。

(5) 如此分层装入试样、饱和，至高出测压孔 3～4cm 为止，量出试样顶面至筒顶高度，计算试样高度，称剩余土质量，准确至 0.1g，计算装入试样总质量。在试样上面铺 1～2cm 砾石作缓冲层，放水，至水面高出砾石层 2cm 左右时，关闭止水夹。

(6) 将供水管和调节管分开，将供水管置入圆筒内，开启止水夹，使水由圆筒上部注入，至水面与溢水孔齐平为止。

(7) 静置数分钟，检查各测压管水位是否与溢水孔齐平，如不齐平，说明仪器有集气或漏气，需挤测压管上的橡皮管，或用吸球在测压管上部将集气吸出，调至水位齐平为止。

(8) 调节管的管口位置，水即渗过试样，经调节管流出。此时调节止水夹，使进入筒内的水量多于渗出水量，溢水孔始终有余水流出，以保持筒中水面不变。

(9) 测压管水位稳定后，测记水位，计算水位差。

(10) 开动秒表，同时用量筒摘取一定时间的渗透水量，并重复一次，接水时调节管出水口不浸入水中。

(11) 测记进水和出水处水温，取其平均值。

(12) 降低调节管管口至试样中部及下部 1/3 高度处，改变水力坡降 H/L，重复 (8)～(11) 步骤进行测定。

4) 结果整理

(1) 按式 (1-88)、式 (1-89) 计算干密度及孔隙比：

$$\rho_d = m_s/Ah \quad m_s = m/(1+w_h) \tag{1-88}$$

$$e = G_s/\rho_d - 1 \tag{1-89}$$

式中：ρ_d——干密度 (g/cm³)；

e——试样孔隙比；

m_s——试样干质量 (g)；

m——风干试样总质量 (g)；

w_h——风干含水率 (%)；

A——试样断面积 (cm²)；

h——试样高度 (mm)；

G_s——土粒相对密度。

(2) 按式 (1-90) 计算渗透系数：

$$k_t = QL/AHt \tag{1-90}$$

式中：k_t——水温 T℃时试样渗透系数 (cm/s)；

Q——时间 t 内的渗透水量 (cm³)；

L——两测压孔中心之间的试样高度 (等于测压孔中心间距：$L = 10$cm)；

H——平均水位差 (cm)，$H = (H_1 + H_2)/2$；

t——时间 (s)。

(3) 标准温度下的渗透系数按式 (1-91) 计算：

$$k_{20} = k_t \times \eta_t/\eta_{20} \tag{1-91}$$

式中：k_{20}——标准水温 (20℃) 时试样的渗透系数 (cm/s)；

η_t——t℃水的动力黏滞系数；

η_{20}——20℃水的动力黏滞系数。

(4)根据需要,可在半对数坐标纸上绘制以孔隙比为纵坐标,渗透系数为横坐标的 $e-k$ 关系曲线。

5)精密度和允许差

一个试样多次测定时,应在所测结果中取 3~4 个允许差值符合规定的测值,求平均值,作为该试样在某孔隙比 e 时的渗透系数,允许差值不大于 2×10^{-n}。

1.7 土样的采集、运输和保管

1.7.1 土样的要求

(1)采取原状土或扰动土视工程对象而定,凡属桥梁、涵洞、隧道、挡土墙、房层建筑物的天然地基以及挖方边坡、渠道等,应采取原状土样;如为填土路基、堤坝、取土坑(场)或只要求土的分类试验者,可采取扰动土样。

(2)土样可在试坑、平洞、竖井、天然地面及钻孔中采取。取原状土样时,必须保持土样的原状结构及天然含水率,并使土样不受扰动。用钻机取土时,土样的直径不得小于 10cm,并使用专门的薄壁取土器;在试坑中或天然地面下挖取原状土时,可用有上、下盖的铁壁取土筒,打开下盖,扣在欲取的土层上,边挖筒周围土,边压土筒至筒内装满土样,然后挖断筒底土层(或左、右摆动即断),取出土筒,翻转削平筒内土样,若周围有空隙,可用原土填满,盖好下盖,密封取土筒。采取扰动土时,应先清除表层土,然后分层用四分法取样,对于盐渍土,一般应分别在 0~0.05m、0.05~0.25m、0.25~0.50m、0.50~0.75m、0.75~1.0m 垂直深度处,分层取样,同时,应测记采样季节、时间和气温。

(3)土样数量按相应试验项目规定采取。

(4)取土记录和编号。无论采用什么方法取样,均应用"取样记录簿"记录并扯下其一半作为标签,贴在取土筒上(原状土)或折叠后放入取土袋内。"取样记录簿"宜用韧质纸并必须用铅笔填写各项记录。对取样方法、扰动或原状、取样方向以及取土过程中出现的现象等,应记入取样说明栏内。

1.7.2 土样的包装和运输

(1)原状土或需要保持天然含水率的扰动土,在取样之后,应立即密封取土筒,即先用胶布贴封取土筒上的所有缝隙,在两端盖上用红油漆写明"上""下"字样,以示土样层位。在筒壁贴上"取样记录簿"中扯下的标签,然后用纱布包裹,再浇注熔蜡,以防水分散失。

(2)密封后的原状土在装箱之前应放于阴凉处,不需保持天然含水率的扰动土,最好风干稍加粉碎后装入袋中。

(3)土样装箱时,应与"取样记录簿"对照清点,无误后再装入,并在记录簿存根上注明装入箱号,对原状土应按上、下部位将筒立放,木箱中筒间空隙宜以稻(麦)草或软物填紧,以免在运输过程中受震、受冻。木箱上应编号并写明"小心轻放""切勿倒置""上""下"等字样。对已取好的扰动土样的土袋,在对照清点后可以装入麻袋内,扎紧袋口,麻袋上写明编号并拴上标签(如同行李签),签上注明麻袋号数、麻袋内共装的土袋数和土袋号。

(4)盐渍土的扰动土样宜用塑料袋装,为防止记录标签在袋内湿烂,可用另一小塑料袋装标签,再放入土袋中;或将标签折叠后放在盛土的塑料袋口,并将塑料袋折叠收口,用橡皮圈绕扎袋口标签以下,再将放标签的袋口向下折叠,然后再以未绕完的橡皮圈绕完的橡皮圈绕扎系紧,每一盐渍土剖面所取的5个塑料袋土,可以合装于一个稍大的布袋内。同样在装入布袋前要与记录簿存根清点对照,并将布袋号补记在原始记录簿中。

1.7.3 土样的接受与管理

(1)土样运到试验单位,应主动附送"试验委托书",委托书内各栏根据"取样记录簿"的存根填写清楚,若还有其他试验要求,可在委托书内注明。

(2)试验单位在接到土样之后,即按照"试验委托书"清点土样,核对编号并检查所送土样是否满足试验项目的需要等。同时,每清点一个土样,即在委托书中的试验室编号栏内进行统一编号,并将此编号记入原标签上,以免与其他工程所送土样编号相重而发生错误。

(3)土样清点验收后,即根据"试验委托书"登记于"土样收发登记簿"内,并将土样交负责试验人员妥善保存,按要求逐项进行试验。土样试验完毕,将余土仍装入原装内,待试验结果发出,并在委托单位收到报告书一个月后,仍无人查询,即可将土样处理。若有疑问,尚可用余土复试。试验结果报告书发出时,即在原来"土样收发登记簿"内注明发出日期。

1.7.4 土样和试样制备

1)细粒土扰动土样的制备程序

(1)将扰动土样进行土样描述,如颜色、土类、气味及夹杂物等,如有需要,将扰动土样充分拌匀,取代表性土样进行含水率测定。

(2)将块状扰动土放在橡皮板上用木碾或粉碎机碾散,但切勿压碎颗粒,如含水率较大不能碾散时,应风干至可碾散时为止。

(3)根据试验所需土样数量,将碾散后的土样过筛,物理性试验如液限、塑限、缩限等试验,而过0.5mm筛,水理及力学试验土样,需过2mm筛;击实试验土样,需过5mm筛。按规定过筛后,取出足够数量的代表性试样,然后分别装入容器内,标以标签。标签上应注明工程名称、土样编号、过筛孔径、用途、制备日期和人员等,以备各项试验之用,若含有多量粗砂少量细粒土(泥砂或黏土)的松散土样,应加水润湿松散后,用四分法取出代表性试验,若系净砂,则可用匀土器取代表性试样。

(4)为配制一定含水率的试样,取过2mm筛的足够试验用的风干土1~5kg,按下述步骤(5)计算所需的加水量,然后将所取土样平铺于不吸水的盘内,用喷雾设备喷洒预计的加水量,并充分拌和,然后装入容器内盖紧,润湿一昼夜备用(砂类土浸润时间可酌量缩短)。

(5)测定湿润土样不同位置的含水率(至少2个以上),要求差值不大于±1%。

(6)对不同土层的土样制备混合试样时,应根据各土层厚度,按比例计算相应质量配合,然后按本规程(1)~(4)步骤进行扰动土的制备工序。

2)扰动土样制备的计算

(1)按式(1-92)计算干土质量:

$$m_s = m/(1 + 0.01 w_h) \tag{1-92}$$

式中:m_s——干土质量(g);

　　m——风干土质量(或天然土质量)(g);

　　w_h——风干含水率(或天然含水率)(%)。

(2)按式(1-93)计算制备土样所需加水量:

$$m_w = m/(1+0.01w_h) \times 0.01(w-w_h) \tag{1-93}$$

式中：m_w——土样所需加水量(g)；

　　　m——风干含水率时的土样质量(g)；

　　　w_h——风干含水率(%)。

(3)按式(1-94)计算制备扰动土样所需总土质量：

$$m = (1+0.01w_h)\rho_d V \tag{1-94}$$

式中：m——制备土样所需总土质量(g)；

　　　ρ_d——制备土样所要求的干密度(g/cm^3)；

　　　V——计算出击实土样或压模土样体积(cm^3)。

(4)按式(1-95)计算制备扰动土样应增加的水量：

$$\Delta m_w = 0.01(w-w_h)\rho_d V \tag{1-95}$$

式中：Δm_w——制备扰动土样应增加的水量(cm^3)。

3)粗粒土扰动土样的制备程序

(1)无凝聚性的松散砂土、砂砾及砾石等按细粒土中(3)步骤制备土样，然后取具有代表性足够试验用的土样作颗粒分析所用，其余过5mm筛，筛上筛下土样分别储存，供作相对密度及最大、最小孔隙比等试验用，取一部分过2mm筛的土样备力学性质之用。

(2)如砂砾土有部分黏土黏附在砾石上，可用毛刷仔细刷尽捏碎过筛，或先用水浸泡，然后用2mm筛将浸泡过的土样在筛上冲洗，取筛上及筛下具有代表性试样作颗粒分析用。

(3)将过筛土样或冲洗下来的土浆风干至碾散为止，再按细粒土中(1)~(4)步骤操作。

4)扰动土样试件的制备程序

根据工程要求，将扰动土制备成所需的试件进行物理力学等试验之用。

根据试件高度要求分别选用击实法和压样法，高度小的采用单层击实法，高度大的采用压样法。

(1)击实法：

①根据工程要求，选用相应的夯击功进行击实。

②按试件所要求的干质量、含水率，按前述方法制备湿土样，并称制备好的湿土样质量，准确至0.1g。

③将试验用的切土环刀内壁涂一薄层凡士林，刀口向下，放在试件上，用切土刀将试件削成略大于环刀直径的土柱。然后将环刀垂直向下压，边压边削，至土样伸出环刀为止，削平环刀两端，擦净环刀外壁，称环土合质量，准确至0.1g，并测定环刀两端所削下土样的含水率。

④试件制备应尽量迅速，以免水分蒸发。

⑤试件制备的数量视试验需要而定，一般应多制备1~2组备用，同一组试件或平行试件的密度，含水率与制备标准之差值，分别在±0.1g/cm^3或2%范围之内。

(2)压样法：

①按击实法②中的规定，将湿土倒入压模内，拂平土样表面，以静压力将土压至一定高度，用推土器将土样推出。

②按击实法③~⑤的规定进行操作。

5)原状土试件制备程序

按土样上下层次小心开启原状土包装皮，将土样取出放正，整平两端。在环刀壁涂一薄层凡士林，刀口向下，放在土样上，无特殊要求时，切土方向与天然土层层面垂直。

按击实法③中的操作步骤切取试件,试件与环刀要密合,否则应重取。

切削过程中,应细心观察并记录试件的层次、气味、颜色,有无杂质,土质是否均匀,有无裂缝等。

如连续切取数个试件,应注意使含水率不发生变化。

视试件本身及工程要求,决定试件是否进行饱和,如不立即进行试验或饱和时,则将试验暂存于保湿器内。

切取试件后,剩余的原状土样用蜡纸包好置于保护器内,以备补做试验之用。切削的余土做物理性试验。平行试验或同一组试件密度差值不大于±0.1g/cm³,含水率差值不大于2%。

6) 试件饱和

(1) 土的孔隙逐渐被水填充的过程称为饱和。孔隙被水充满时的土,称为饱和土。

(2) 根据土的性质,决定饱和方法:

①砂类土:可直接在仪器内浸水饱和。

②较易透水的黏性土:即渗透系数大于10^{-4}cm/s时,采用毛细管饱和法较为方便。

③不易透水的黏性土:即渗透系数小于10^{-4}cm/s时,采用真空饱和法。如土的结构性较弱,抽气可能发生扰动,不宜采用。

7) 化学试验的土样制备

(1) 把土样平铺在搪瓷盘、木板或厚纸上,摊成薄层,放于室内阴凉通风处风干,不时翻拌,并将大块土捏散,促使其均匀风干。风干场所力求干燥清洁,并要防止酸碱蒸汽的侵蚀和尘埃落入。

(2) 风干土样用木棍压碎,仔细检查砂砾,过2mm孔径的筛,筛出土块重新压碎,使全部通过为止。过筛后的土样经四分法缩减至200g左右,放在瓷研钵中研细,使其全部通过1mm的筛子,取其中3/4(用二次四分法,每次取一半)供一般化学试验之用,其余1/4重新研细,使全部通过0.5mm的筛子,由四分法分出1/2,置于105~110℃烘箱中烘至恒温,储于干燥器中,供碳酸盐等分析之用。

(3) 剩余1/2,压成扁平薄层,划成许多小方格,用角匙按分格规律均匀挑取样品10g左右,放入玛瑙研钵中仔细研碎,使其全部通过0.1mm筛子,最后也在105~110℃烘箱中烘8h,放在干燥器内,供矿质成分全量分析之用。

8) 结果整理

按式(1-96)、式(1-97)计算饱和度:

$$S_r = [(\rho - \rho_d)G_s]/e\rho_d \tag{1-96}$$

或

$$S_r = wG_s/e \tag{1-97}$$

式中:S_r——饱和度(%);

ρ——饱和后的密度(g/cm³);

ρ_d——土的干密度(g/cm³);

G_s——土粒相对密度;

e——土的孔隙比;

w——饱和后的含水率。

模块2 集料试验

2.1 粗集料的基本概念

2.1.1 集料、粗集料及细集料等的定义

(1)集料

在混合料中起骨架和填充作用的粒料,包括碎石、砾石、机制砂、石屑、砂等。

(2)粗集料

在沥青混合料中,粗集料是指粒径大于2.36mm的碎石、破碎砾石、筛选砾石和矿渣等;在水泥混凝土中,粗集料是指粒径大于4.75mm的碎石、砾石和破碎砾石。

(3)细集料

在沥青混合料中,细集料是指粒径小于2.36mm的天然砂、人工砂及石屑;在水泥混凝土中,细集料是指粒径小于4.75mm的天然砂、人工砂。

(4)天然砂

由自然风化、水流冲刷、堆积形成粒径小于4.75mm的岩石颗粒,按生存环境分河砂、海砂、山砂等。

(5)人工砂

经人为加工处理得到的符合规格要求的细集料,通常指石料加工过程中采取真空抽吸等方法除去大部分土和细粉,或将石屑水洗得到的洁净的细集料。从广义上分类,机制砂、矿渣砂和煅烧砂都属于人工砂。

(6)机制砂

由碎石及砾石经制砂机反复破碎加工至粒径小于2.36mm的人工砂,也称破碎砂。

(7)石屑

采石场加工碎石时通过最小筛孔(通常为2.36mm或4.75mm)的筛下部分,也称筛屑。

(8)混合砂

由天然砂、人工砂、机制砂或石屑等按一定比例混合形成的细集料的统称。

(9)填料

在沥青混合料中起填充作用的粒径小于0.075mm的矿物质粉末。通常是石灰岩等碱性料加工磨细得到的矿粉,水泥、消石灰、粉煤灰等矿物质有时也可作为填料使用。

2.1.2 标准筛的概念

标准筛是对颗粒性材料进行筛分试验用的、符合标准形状和尺寸规格要求的系列样品筛。标准筛筛孔为正方形(方孔筛),筛孔尺寸依次为75mm、63mm、53mm、37.5mm、31.5mm、

26.5mm、19mm、16mm、13.2mm、9.5mm、4.75mm、2.36mm、1.18mm、0.6mm、0.3mm、15mm、0.075mm。

2.1.3　集料的划分方法

根据不同的方式可将集料划分成不同类型。
(1)按集料形成过程分为自然风化、地质作用形成的卵石(砾石)和人工机械加工而成的碎石。
(2)按粒径大小分为粗集料和细集料(又称砂)。
(3)按化学成分分为酸性集料和碱性集料。

2.1.4　集料最大粒径

集料最大粒径指集料的100%都要求通过的最小的标准筛筛孔尺寸。

2.1.5　集料的公称最大粒径

集料的公称最大粒径指集料可能全部通过或允许有少量不通过(一般容许筛余不超过10%)的最小标准筛筛孔尺寸,通常比集料最大粒径小一个粒级。

2.2　粗集料的密度

2.2.1　粗集料的各种密度定义

密度是在一定条件下测量的单位体积的质量,单位为 t/m^3 或 g/cm^3,通常以 ρ 表示。对材料内部没有孔隙的匀质材料,测定的密度只有一种。但对于工程上用的粗细集料,由于材料状态及测定条件的不同,便衍生出各种各样的"密度"来。计算密度用的质量有干燥质量与潮湿质量的不同,计算用的体积也因所包含集料内部的孔隙情况不同,因而计算结果就不一样,由此得出不同的密度定义。

(1)真实密度:矿粉的密度接近于真实密度,它是规定条件下,材料单位体积(全部为矿质材料的体积,不计任何内部孔隙)的质量,也叫真密度。
(2)堆积密度:单位体积(含物质颗粒固体及其闭口、开口孔隙体积及颗粒间空隙体积)物质颗粒的质量。有干堆积密度及湿堆积密度之分。
(3)表观密度(视密度):单位体积(含材料的实体矿物成分及闭口孔隙体积)物质颗粒的干质量。
(4)表观相对密度(视比重):表观密度与同温度水的密度之比值。
(5)表干密度(饱和面干毛体积密度):单位体积(含材料的实体矿物成分及其闭口孔隙、开口孔隙等颗粒表面轮廓线所包围的全部毛体积)物质颗粒的饱和面干质量。
(6)表干相对密度(饱和面干毛体积相对密度):表干密度与同温度水的密度之比值。
(7)毛体积密度:单位体积(含材料的实体矿物成分及其闭口孔隙、开口孔隙等颗粒表面轮廓线所包围的毛体积)物质颗粒的干质量。
(8)毛体积相对密度:毛体积密度与同温度水的密度之比值。

根据各种密度的定义,集料颗粒密度存在如下关系:真实密度>表观密度(视密度)>表干密度>毛体积密度>堆积密度。

2.2.2 粗集料密度及吸水率试验(网篮法)

1)目的与适用范围

本方法适用于测定各种粗集料的表观相对密度、表干相对密度、毛体积相对密度、表观密度、表干密度、毛体积密度,以及粗集料的吸水率。

2)仪具与材料

(1)天平或浸水天平:可悬挂吊篮测定集料的水中质量,称量应满足试样数量称量要求,感量不大于最大称量的0.05%。

(2)吊篮:耐锈蚀材料制成,直径和高度为150mm左右,四周及底部用1~2mm的筛网编制或具有密集的孔眼。

(3)溢流水槽:在称量水中质量时能保持水面高度一定。

(4)烘箱:能控温在105℃±5℃。

(5)毛巾、温度计、标准筛、盛水容器(如搪瓷盘)、刷子等。

3)试验准备

(1)将试样用标准筛过筛除去其中的细集料,对较粗的粗集料可用4.75mm筛过筛。对2.36~4.75mm集料,或者混在4.75mm以下石屑中的粗集料,则用2.36mm标准筛过筛,用四分法或分料器法缩分至要求的质量,分两份备用,对沥青路面用粗集料,应对不同规格的集料分别测定,不得混杂,所取的每一份集料试样应基本上保持原有的级配。在测定2.36~4.75mm的粗集料时,试验过程中应特别小心,不得丢失集料。

(2)经缩分后供测定密度和吸水率的粗集料质量应符合表2-1的规定。

测定密度所需要的试样最小质量　　　　表2-1

公称最大粒径(mm)	4.75	9.5	16	19	26.5	31.5	37.5	63	75
每一份试样的最小质量(kg)	0.8	1	1	1	1.5	1.5	2	3	3

(3)将每一份集料试样浸泡在水中,并适当搅动,仔细洗去附在集料表面的尘土和石粉,经多次漂洗干净至水完全清澈为止。清洗过程中不得散失集料颗粒。

4)试验步骤

(1)取试样一份装入干净的搪瓷盘中,注入洁净的水,水面至少应高出试样20mm,轻轻至搅动石料,使附着在石料上的气泡完全逸出。在室温下保持浸水24h。

(2)将吊篮挂在天平的吊钩上,浸入溢流水槽中,向溢流水槽中注水,水面高度至水槽的溢流孔,将天平调零,吊篮的筛网应保证集料不会通过筛孔流失,对2.36~4.75mm粗集料应更换小孔筛网,或在网篮中加放入一个浅盘。

(3)调节水温在15~25℃范围内。将试样移入吊篮中。溢流水槽中的水面高度由水槽的溢流孔控制,维持不变,称取集料的水中质量 m_w。

(4)提起吊篮,稍稍滴水后,较粗的粗集料可以直接倒在拧干的湿毛巾上。将较细的粗集料(2.36~4.75mm)连同浅盘一起取出,稍稍倾斜搪瓷盘,仔细倒出余水,将粗集料倒在拧干的湿毛巾上,用毛巾吸走从集料中漏出的自由水。此步骤需特别注意不得有颗粒丢失,或有小颗粒附在吊篮上。再用拧干的湿毛巾轻轻擦干集料颗粒的表面水,至表面看不到发亮的水迹,即为饱和面干状态。当粗集料尺寸较大时,宜逐颗擦干,注意对较粗的粗集料,拧湿毛巾时不要太用劲,防止拧得太干,对较细的含水较多的粗集料,毛巾可拧得稍干些,擦颗粒的表面水时,既要将表面水擦掉,又不能将颗粒内部的水吸出,整个过程中不得有集料丢失,且已擦干的集料不得继续在空气中放置，以防止集料干燥。

(5)立即在保持表干状态下，称取集料的表干质量m_f。

(6)将集料置于浅盘中，放入105℃±5℃的烘箱中烘干至恒重。取出浅盘，放在带盖的容器中冷却至室温，称取集料的烘干质量m_a。

(7)对同一规格的集料应平行试验两次，取平均值作为试验结果。

5)计算

(1)表观相对密度γ_a、表干相对密度γ_s、毛体积相对密度γ_b分别按式(2-1)~式(2-3)计算至小数点后3位。

$$\gamma_a = m_a/(m_a - m_w) \tag{2-1}$$

$$\gamma_s = m_f/(m_f - m_w) \tag{2-2}$$

$$\gamma_b = m_a/(m_f - m_w) \tag{2-3}$$

式中：γ_a——集料的表观相对密度，无量纲；

γ_s——集料的表干相对密度，无量纲；

γ_b——集料的毛体积相对密度，无量纲；

m_a——集料的烘干质量(g)；

m_f——集料的表干质量(g)；

m_w——集料的水中质量(g)。

(2)集料的吸水率以烘干试样为基准，按式(2-4)计算，精确至0.01%。

$$w_x = (m_f - m_a)/m_a \times 100 \tag{2-4}$$

式中：w_x——粗集料的吸水率(%)。

(3)粗集料的表观密度(视密度)ρ_a、表干密度ρ_s、毛体积密度ρ_b，按式(2-5)~式(2-7)计算，准确至小数点后3位。不同水温条件下测量的粗集料表观密度需进行水温修正，不同试验温度下水的密度ρ_T及水的温度修正系数α_T按《公路工程集料试验规程》(JTG E42—2005)附录B选用。

$$\rho_a = \gamma_a \times \rho_T \text{ 或 } \rho_a = (\gamma_a - \alpha_T) \times \rho_w \tag{2-5}$$

$$\rho_s = \gamma_s \times \rho_T \text{ 或 } \rho_s = (\gamma_s - \alpha_T) \times \rho_w \tag{2-6}$$

$$\rho_b = \gamma_b \times \rho_T \text{ 或 } \rho_b = (\gamma_b - \alpha_T) \times \rho_w \tag{2-7}$$

式中：ρ_a——粗集料的表观密度(g/cm³)；

ρ_s——粗集料的表干密度(g/cm³)；

ρ_b——粗集料的毛体积密度(g/cm³)；

ρ_T——试验温度T时水的密度(g/cm³)；

α_T——试验温度T时的水温修正系数；

ρ_w——水在4℃时的密度(1.0g/cm³)。

6)精密度或允许差

重复试验的精密度，对表观相对密度、表干相对密度、毛体积相对密度，两次结果相差不得超过0.02，对吸水率不得超过0.2%。

2.3 粗集料的吸水性和耐候性

2.3.1 集料的吸水性

吸水性是衡量一定条件下，集料(石料)吸水能力的大小。可用吸水率和饱水率两项指标表示：

（1）吸水率：石料在室温(20℃±2℃)和大气压条件下，自由吸 24h(粗集料)、48h(石料)试样最大吸水质量占烘干(105℃±5℃)集料试样质量的百分率。

（2）饱水率：石料在室温(20℃±2℃)和煮沸法或真空抽气法饱和试件的条件下，石料试样最大吸水量占烘干集料试样质量的百分率。饱水率比吸水率大，饱水率的计算方法与吸水率相似。

2.3.2 集料的耐候性

集料在自然环境下的使用过程中，首先要承受周围环境温度改变引起的温度应力作用，其次是承受因正、负气温的交替冻融引起内部组织结构受到的破坏作用，评价集料这种抵抗自然破坏因素的性能为耐候性。该性能用抗冻性和坚固性两项指标来评价。

岩石的抗冻性是用来评估岩石在饱和状态下经受规定次数的冻融循环后抵抗破坏的能力，岩石抗冻性对于不同的工程环境气候有不同的要求。冻融次数规定：严寒地区为25次，在寒冷地区为15次。寒冷地区，均应进行岩石的抗冻性试验。

坚固性试验是测量岩石材料抗冻性的一种简易快速方法。有条件者均应采用直接冻融法进行岩石的抗冻性试验。

2.3.3 砂石材料空隙率对耐候性的影响

岩石的抗冻性与其矿物成分、结构特征有关，而同岩石的吸水率指标关系更加密切。岩石的抗冻性主要取决于岩石中大开口孔隙的发育情况、亲水性和可溶性矿物的含量及矿物颗粒间的连接力。大开口孔隙越多，亲水性和可溶性矿物的含量越高时，岩石的抗冻性越低；反之，越高。一般来说，孔隙率越大，岩石材料的耐候性越差。

2.4 粗集料的颗粒形状

2.4.1 针片状颗粒对集料应用所造成的影响

粗集料的颗粒形状，对水泥混凝土和沥青混凝土的性能有显著的影响。通常，集料颗粒有浑圆状、多棱角状、针状和片状四种类型的形状，其中，较好的是接近球体或立方体的浑圆状和多棱角状颗粒。而呈细长和扁平的针状和片状颗粒对水泥混凝土和沥青混凝土的和易性、强度和稳定性等性能有不良影响，因此，在集料中应限制针片状颗粒含量。在水泥混凝土中，针状颗粒是集料中颗粒长度大于所属粒级平均粒径的2.4倍的颗粒。

片状颗粒是指集料颗粒厚度小于所属粒级平均粒径的0.4倍的颗粒。在沥青混合料中，针、片状颗粒是指用游标卡尺测定的粗集料颗粒的最大长度(或宽度)方向与最小厚度(或直径)方向的尺寸之比大于3倍的颗粒。

2.4.2 针对两种不同应用目的的针片状颗粒的定义方法

对于水泥混凝土，《建筑用卵石碎石》(GB/T 14685—2001)规定，颗粒的长度大于该颗粒所属相应粒级的平均粒径2.4倍者为针状颗粒；厚度小于平均粒径0.4倍者为片状颗粒。测定方法：规准仪法。

对于沥青混凝土,《公路工程集料试验规程》(JTG E42—2005)指出,用游标卡尺测定粗集料颗粒的最大长度方向与最小直径方向的尺寸之比,大于3为针状颗粒;最大宽度与最小厚度的尺寸之比,大于3为片状颗粒。测定方法:游标卡尺法。

用规准仪法测定的针片状颗粒含量要比用游标卡尺法测定的针片状颗粒含量少得多。

2.4.3 水泥混凝土用粗集料针片状颗粒含量试验(规准仪法)

1)目的与适用范围

(1)本方法适用于测定水泥混凝土使用的4.75mm以上的粗集料的针状及片状颗粒含量,以百分率计。

(2)本方法测定的针片状颗粒,是指使用专用规准仪测定的粗集料颗粒的最小厚度(或直径)方向与最大长度(或宽度)方向的尺寸之比小于一定比例的颗粒。

(3)本方法测定的粗集料中针片状颗粒的含量,可用于评价集料的形状及其在工程中的适用性。

2)仪具与材料

(1)水泥混凝土集料针状规准仪和片状规准仪见图2-1、图2-2,片状规准仪的钢板基板厚度3mm,尺寸应符合表2-2的要求。

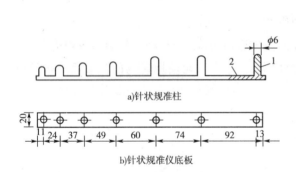

图2-1 水泥混凝土集料针状规准仪(尺寸单位:mm)　　图2-2 水泥混凝土集料片状规准仪(尺寸单位:mm)

水泥混凝土集料针片状颗粒试验的粒级划分
及其相应的规准仪孔宽或间距(单位:mm)　　表2-2

粒级(方孔筛)	4.75~9.5	9.5~16	16~19	19~26.5	26.5~31.5	31.5~37.5
针状规准仪上相对应的立柱之间的间距宽	17.1 (B_1)	30.6 (B_2)	42.0 (B_3)	54.6 (B_4)	69.6 (B_5)	82.8 (B_6)
片状规准仪上相时应的孔宽	2.8 (A_1)	5.1 (A_2)	7.0 (A_3)	9.1 (A_4)	11.6 (A_5)	13.8 (A_6)

(2)天平或台秤:感量不大于称量值的0.1%。

(3)标准筛:孔径分别为4.75mm、9.5mm、16mm、19mm、26.5mm、31.5mm、37.5mm,试验时根据需要选用。

3)试验准备

将试样在室内风干至表面干燥,并用四分法或分料器法缩分至满足表2-3规定的质量,称量m,然后筛分成表2-3所规定的粒级备用。

针片状颗粒试验所需的试样最小质量   表 2-3

公称最大粒径(mm)	9.5	16	19	26.5	31.5	37.5	37.5	37.5
试样的最小质量(kg)	0.3	1	2	3	5	10	10	10

4) 试验步骤

(1) 目测挑出接近立方体形状的规则颗粒,将目测有可能属于针片状颗粒的集料按表2-3所规定的粒级用规准仪逐粒对试样进行针状颗粒鉴定,挑出颗粒长度大于针状规准仪上相应间距而不能通过者,为针状颗粒。

(2) 将通过针状规准仪上相应间距的非针状颗粒逐粒对试样进行片状颗粒鉴定,挑出厚度小于片状规准仪上相应孔宽能通过者,为片状颗粒。

(3) 称量由各粒级挑出的针状颗粒和片状颗粒的质量,其总质量为m_1。

5) 计算

碎石或砾石中针片状颗粒含量按式(2-8)计算,精确至0.1%。

$$Q_e = \frac{m_1}{m_0} \times 100\% \tag{2-8}$$

式中:Q_e——试样的针片状颗粒含量(%);

m_0——试样总质量(g);

m_1——试样中所含针状颗粒与片状颗粒的总质量(g)。

2.4.4 粗集料针片状颗粒含量试验(游标卡尺法)

1) 目的与适用范围

(1) 本方法适用于测定粗集料的针状及片状颗粒含量,以百分率计。

(2) 本方法测定的针片状颗粒,是指用游标卡尺测定的粗集料颗粒的最大长度(或宽度)方向与最小厚度(或直径)方向的尺寸之比大于3倍的颗粒。有特殊要求采用其他比例时,应在试验报告中注明。

(3) 本方法测定的粗集料中针片状颗粒的含量,可用于评价集料的形状和抗压碎能力,以评定石料生产厂的生产水平及该材料在工程中的适用性。

2) 仪具与材料

(1) 标准筛:方孔筛4.75mm。

(2) 游标卡尺:精密度为0.1mm。

(3) 天平:感量不大于1g。

3) 试验步骤

(1) 采集粗集料试样。

(2) 按分料器法或四分法选取1kg左右的试样。对每一种规格的粗集料,应按照不同的公称粒径,分别取样检验。

(3) 用4.75mm标准筛将试样过筛,取筛上部分供试验用,称取试样的总质量m_0,准确至1g,试样数量应不少于800g,并不少于100颗。

(4) 将试样平摊于桌面上,首先用目测挑出接近立方体的颗粒,剩下可能属于针状(细长)和片状(扁平)的颗粒。

(5) 按图2-3所示的方法将欲测量的颗粒放在桌面上成一稳定的状态,图2-3中颗粒平面方向的最大长度为L,侧面厚度的最大尺寸为t,颗粒最大宽度为$\omega(t<\omega<L)$,用卡尺逐颗测

55

量石料的 L 及 t，将 $L/t \geq 3$ 的颗粒(即最大长度方向与最大厚度方向的尺寸之比大于 3 的颗粒)分别挑出作为针片状颗粒。称取针片状颗粒的质量 m_1，准确至 1g。

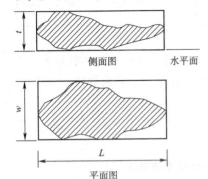

图 2-3 针片状颗粒稳定状态

4)计算

按公式(2-9)计算针片状颗粒含量。

$$Q_e = \frac{m_1}{m_0} \times 100\% \qquad (2-9)$$

式中：Q_e——试样的针片状颗粒含量(%)；
m_0——针片状颗粒的质量(g)；
m_1——试验用的集料总质量(g)。

5)报告

(1)试验要平行测定两次，计算两次结果的平均值，如两次结果之差小于平均值的 20%，取平均值为试验值；如大于或等于 20%，应追加测定一次，取三次结果的平均值为测定值。

(2)试验报告应报告集料的种类、产地、岩石名称、用途。

2.5 粗集料的力学性质

2.5.1 各力学性质的定义及内容

路用粗集料的力学性质主要是指压碎能力，指标为压碎值；磨耗性(与岩石的一致)，指标为磨耗损失；同时包括高等级公路抗滑表层用粗集料专用指标磨光值、磨耗值、冲击值。

(1)压碎值：指在连续施加荷载的试验条件下，集料抵抗被压碎的能力，评价其相对承载能力。压碎值越大，集料抗压碎能力越差。

(2)磨光值：耐磨光性，以满足长期使用时高速行驶车辆对路面抗滑的要求。用石料的磨光值(PSV)来表示，磨光值越高，抗滑性越好。

(3)冲击值：车辆在高速行驶过程中紧急制动或车辆产生颠簸时，对路面产生冲击作用，集料抵抗连续重复冲击荷载作用的性能称为冲击韧性，用集料冲击值(AIV)表示。冲击值越小，表示集料的抗冲击性能越好。

(4)洛杉矶磨耗试验：测定标准条件下粗集料抵抗摩擦、撞击的能力，用磨耗损失表示。一般磨耗损失小的集料坚硬、耐磨，耐久性好。

(5)磨耗值：评定抗滑表层中集料抵抗车轮磨耗的能力。采用道端磨耗试验机测定集料的磨耗值(AAV)。磨耗值越小，表示抗磨耗性越好。

2.5.2 粗集料压碎值试验

1)目的与适用范围

集料压碎值用于衡量石料在逐渐增加的荷载下抵抗压碎的能力，是衡量石料力学性质的指标，以评定其在公路工程中的适用性。

2)仪具与材料

(1)石料压碎值试验仪：由内径 150mm、两端开口的钢制圆形试筒、压柱和底板组成，其形状和尺寸见图 2-4 和表 2-4。试筒内壁、压

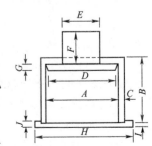

图 2-4 压碎指标值测定仪

柱的底面及底板的上表面等与石料接触的表面都应进行热处理,使表面硬化,达到维氏硬度65,并保持光滑状态。

试筒、压柱和底板尺寸　　　　　表2-4

部　位	符　号	名　　称	尺寸(mm)
试筒	A	内径	150±0.3
	B	高度	125~128
	C	壁厚	≥12
压柱	D	压头直径	149±0.2
	E	压杆直径	100~149
	F	压柱总长	100~110
	G	压头厚度	≥25
底板	H	直径	200~220
	I	厚度(中间部分)	6.4±0.2
	J	边缘厚度	10±0.2

(2)金属棒:直径10mm,长450~600mm,一端加工成半球形。

(3)天平:称量2~3kg,感量不大于1g。

(4)标准筛:筛孔尺寸为13.2mm、9.5mm、2.36mm的方孔筛各一个。

(5)压力机:500kN,应能在10min内达到400kN。

(6)金属筒:圆柱形,内径112.0mm,高179.4mm,容积1 767cm^3。

3)试验准备

(1)采用风干石料,用13.2mm和9.5mm标准筛过筛,取9.5~13.2mm的试样3组各3 000g,供试验用。如石料过于潮湿需加热烘干时,烘箱温度不得超过100℃,烘干时间不超过4h。试验前,石料应冷却至室温。

(2)每次试验的石料数量,应满足按下述方法夯击后石料在试筒内的深度为100mm。

在金属筒中确定石料数量的方法如下:

将试样分3次(每次数量大体相同)均匀装入试模中,每次均将试样表面整平,用金属棒的半球面端从石料表面上均匀捣实25次。最后用金属棒作为直刮刀将表面仔细整平。称取量筒中试样质量m_0,以相同质量的试样进行压碎值的平行试验。

4)试验步骤

(1)将试筒安放在底板上。

(2)将要求质量的试样分3次(每次数量大体相同)均匀装入试模中,每次均将试样表面整平,用金属棒的半球面端从石料表面上均匀捣实25次。最后用金属棒作为直刮刀将表面仔细整平。

(3)将装有试样的试模放到压力机上,同时将压头放入试筒内石料面上,注意使压头摆平,勿楔挤试模侧壁。

(4)开动压力机,均匀地施加荷载,在10min左右的时间内达到总荷载400kN,稳压5s,然后卸荷。

(5)将试模从压力机上取下,取出试样。

(6)用2.36mm标准筛筛分经压碎的全部试样,可分几次筛分,均需筛到在1min内无明显的筛出物为止。

(7)称取通过2.36mm筛孔的全部细料质量 m_1,准确至1g。

5)计算

石料压碎值按式(2-10)计算,精确至0.1%。

$$Q'_a = \frac{m_1}{m_0} \times 100\% \qquad (2-10)$$

式中:Q'_a——石料压碎值(%);

m_1——试验前试样质量(g);

m_0——试验后通过2.36mm筛孔的细料质量(g)。

2.5.3 粗集料磨耗试验(洛杉矶法)

1)目的与适用范围

(1)测定标准条件下粗集料抵抗摩擦、撞击的能力,以磨耗损失(%)表示。

(2)本方法适用于各种等级规格集料的磨耗试验。

2)仪具与材料

(1)洛杉矶磨耗试验机:圆筒内径710mm±5mm,内侧长510mm±5mm,两端封闭,投料口的钢盖通过紧固螺栓和橡胶垫与钢筒紧闭密封。钢筒的回转速率为30~33r/min。

(2)钢球:直径约46.8mm,质量为390~445g,大小稍有不同,以便按要求组合成符合要求的总质量。

(3)台秤:感量5g。

(4)标准筛:符合要求的标准筛系列以及筛孔为1.7mm的方孔筛一个。

(5)烘箱:能使温度控制在105℃±5℃范围内。

(6)容器:搪瓷盘等。

3)试验步骤

(1)将不同规格的集料用水冲洗干净,置烘箱中烘干至恒重。

(2)对所使用的集料,根据实际情况按表2-5选择最接近的粒级类别,确定相应的试验条件,按规定的粒级组成备料、筛分。其中,水泥混凝土用集料宜采用A级粒度;沥青路面及各种基层、底基层的粗集料,表2-5中的16mm筛孔也可用13.2mm筛孔代替。对非规格材料,应根据材料的实际粒度,从表2-5中选择最接近的粒级类别及试验条件。

粗集料洛杉矶试验条件　　　　表2-5

粒度类别	粒级组成(mm)	试样质量(g)	试样总质量(g)	钢球数量(个)	钢球总质量(g)	转动次数(转)	适用的粗集料	
							规格	公称粒径(mm)
A	26.5~37.5 19.0~26.5 16.0~19.0 9.5~16.0	1 250±25 1 250±25 1 250±10 1 250±10	5 000±10	12	5 000±25	500		
B	19.0~26.5 16.0~19.0	2 500±10 2 500±10	5 000±10	11	4 850±25	500	S6 S7 S8	15~30 10~30 10~25

续上表

粒度类别	粒级组成（mm）	试样质量（g）	试样总质量（g）	钢球数量（个）	钢球总质量（g）	转动次数（转）	适用的粗集料 规格	适用的粗集料 公称粒径（mm）
C	9.5~16.0 4.75~9.5	2 500±10 2 500±10	5 000±10	8	3 320±20	500	S9 S10 S11 S12	10~20 10~15 5~15 5~10
D	2.36~4.75	5 000±10	5 000±10	6	2 500±15	500	S13 S14	3~10 3~5
E	63~75 53~63 37.5~53	2 500±50 2 500±50 5 000±50	10 000±100	12	5 000±25	1 000	S1 S2	40~75 40~60
F	37.5~53 26.5~37.5	5 000±50 5 000±25	10 000±75	12	5 000±25	1 000	S3 S4	30~60 25~50
G	26.5~37.5 19~26.5	5 000±50 5 000±25	10 000±50	12	5 000±25	1 000	S5	20~40

（3）分级称量（准确至 5g），称取总质量 m_1，装入磨耗机圆筒中。

（4）选择钢球，使钢球的数量及总质量符合表2-5的规定，将钢球加入钢筒中，盖好筒盖，紧固密封。

（5）将计数器调整到零位，设定要求的回转次数。对水泥混凝土集料，回转次数为500转，对沥青混合料集料，回转次数应符合表2-5的要求。开动磨耗机，以30~33r/min转速转动至要求的回转次数为止。

（6）取出钢球，将经过磨耗后的试样从投料口倒入接受容器中。

（7）将试样用1.7mm的方孔筛过筛，筛去试样中被撞击磨碎的细屑。

（8）用水冲干净留在筛上的碎石，置105℃±5℃烘箱中烘干至恒重（通常不少于4h），准确称量 m_2。

4）计算

按式（2-11）计算粗集料洛杉矶磨耗损失，精确至0.1%。

$$Q = \frac{m_1 - m_2}{m_1} \times 100\% \tag{2-11}$$

式中：Q——洛杉矶磨耗损失（%）；

m_1——装入圆筒中试样质量（g）；

m_2——试验后在1.7mm筛上洗净烘干的试样质量（g）。

5）报告

（1）试验报告应记录所使用的粒级类别和试验条件。

（2）粗集料的磨耗损失取两次平行试验结果的算术平均值为测定值，两次试验的差值应不大于2%，否则须重做试验。

2.5.4 粗集料磨耗试验(道瑞试验)

1)目的与适用范围

本试验用于评定公路路面表层所用粗集料抵抗车轮撞击及磨耗的能力。

2)仪具与材料

(1)道瑞磨耗试验机:主要由直径不小于600mm的经过加工的圆形铸铁或钢研磨平板组成,圆平板(或称转盘)能以28~30r/min的速度作水平旋转。

(2)标准筛:方孔筛13.2mm、9.5mm、1.18mm、0.9mm、0.6mm、0.45mm、0.3mm。

(3)烘箱:要求能控温105℃±5℃。

(4)天平:感量不大于0.1g。

(5)磨料:石英砂,粒径0.3~0.9mm,其中0.45~0.6mm的含量不少于75%;应干燥而且未使用过,每块试件约需用石英砂3kg。

(6)胶结料:环氧树脂(6010)和固化剂(793)。在保证同等黏结性能的条件下可用其他型号代替。

(7)作为脱模剂的肥皂水和作为清洁剂的丙酮。

(8)细砂:0.1~0.3mm、0.1~0.45mm。

(9)其他:医用洗耳球、调剂匙、镊子、油灰刀、小毛刷、量筒20mL、烧杯100mL、电炉、小号医用托盘或其他容器。

3)试验步骤

(1)试样准备:

①将试样筛分,取9.5~13.2mm的部分用于制作试件。

②试样在使用前应清洗除尘,并保持表面干燥状态加热干燥时,加热时间不得超过4h,加热温度不得超过110℃,且必须在做试件前将其冷却至室温。

(2)试件制作:

①试模准备。清洁试模,然后拧紧端板螺钉;在试模内表面用细毛刷涂刷少量肥皂水,将试模放在烘箱内烘干。

②排料。用镊子夹起集料,单层排放在试模内,且较平的面放在模底;试模中应排放尽可能多的粒料,在任何情况下集料颗粒都不得少于24粒;集料颗粒须具有代表性。

③吹砂。集料颗粒之间的空隙要用细砂(0.1~0.3mm)充填,充填高度约为集料颗粒高度的3/4,充填时先用调剂匙均匀撒布,然后再用洗耳球吹实找平,并吹去多余的砂。

④拌制环氧树脂砂浆。先将环氧树脂和固化剂搅匀,然后加入0.1~0.45mm干砂拌和均匀。砂浆按环氧树脂:固化剂:细砂=1g:0.25mL:3.8g的比例配制。2块试件约需环氧树脂30g,固化剂7.5mL,干细砂114g。

⑤填模成型。将拌制好的环氧树脂砂浆填入试模,尽量填充密实,但注意不可碰动排好的集料,然后用烧热的油灰刀在试模表面来回刮抹,使砂浆表面平整。

⑥养生。在垫板的一面涂上肥皂水,然后将填好砂浆的模子倒放在垫板上(以防砂浆渗到集料表面)。常温下的养生时间一般为24h。

⑦拆模。拧松端板螺钉,卸下2个端板,用橡皮锤轻敲将试件取出,用刮刀或砂纸去除多余的砂浆,用细毛刷清除松散的砂。

4)试验步骤

(1)分别称出2块试件的质量m_1,准确至0.1g。在操作之前应使机器在溜砂状态下空转一圈,以便在转盘上留有一层砂。

(2)将2块试件分别放入2个托盘内,注意确保试件与托盘之间紧密配合。称出试件、托盘和配重的质量并将合计质量调整到2kg±10g。

(3)将试件连同托盘放入磨耗机内,使其径向相对,试件中心到研磨转盘中心的距离为260mm,集料裸露面朝向转盘;然后将相应的配重放在试件上。

(4)以28~30r/min的转速转动转盘100圈,同时将符合如上要求的研磨石英砂装入料斗,使其连续不断地溜在试件前面的转盘上。溜砂宽度要能覆盖整个试件的宽度,溜砂速率为700~900g/min(料斗溜砂缝隙约为1.3mm)。

用橡胶刮片将砂清除出转盘,刮片的安装要使得橡胶边轻轻地立在转盘上,刮片宽度应与研磨转盘的外缘环部宽度相等。

(5)将集料斗中回收的砂过1.18mm的筛,重复使用数次,直至整个试验完成时废弃。

(6)取出试件,检查有无异常情况。

(7)重复上述步骤,再磨400圈,可分4个100圈重复4次磨完,也可连续1次磨完。在作连续磨时必须经常掀起磨耗机的盖子观察溜砂情况是否正常。

(8)转完500转后从磨耗机内取出试件,牵开托盘,用毛刷清除残留的砂,称出试件的质量m_2,准确至0.1g。

如果由于集料易磨耗而磨到砂浆衬时要中断试验,记录转数。相反,有些非常硬的集料可能会划伤研磨盘,在这种情况下应对研磨转盘进行刨削处理。

5)计算

每块试件的集料磨耗值按式(2-12)计算:

$$AAV = \frac{3(m_1 - m_2)}{\rho_s} \qquad (2-12)$$

式中:AAV——集料的道瑞磨耗值;

m_1——磨耗前试件的质量(g);

m_2——磨耗后试件的质量(g);

ρ_s——集料的表干密度(g/cm³)。

2.5.5 粗集料磨光值试验

1)目的与适用范围

(1)集料磨光值是利用加速磨光机磨光集料,用摆式摩擦系数测定仪测定的集料经磨光后的摩擦系数值,以PSV表示。

(2)本方法适用于各种粗集料的磨光值测定。

2)仪具与材料

(1)加速磨光试验机,如图2-5所示。

(2)摆式摩擦系数测定仪,简称摆式仪,如图2-6所示。

(3)磨光试件测试平台:供固定试件及摆式摩擦系数测定仪用。

(4)天平:感量不大于0.1g。

(5)烘箱:装有温度控制器。

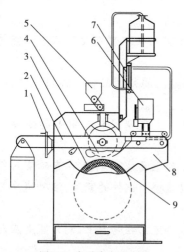

图2-5 加速磨光试验机

1-荷载调整系统;2-调整臂(配重);3-道路轮;4-橡胶轮;5-细料储砂斗;6-粗料储砂斗;7-供水系统;8-机体;9-试件(14块)

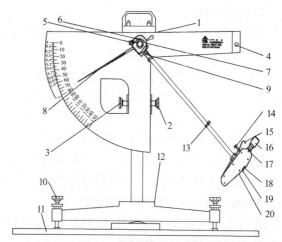

图2-6 摆式摩擦系数测定仪

1-紧固把手;2、3-升降把手;4-释放开关;5-转向节螺盖;6-调节螺母;7-针簧片或毡垫;8-指针;9-连接螺母;10-调平螺栓;11-底座;12-水准泡;13-卡环;14-定位螺钉;15-举升柄;16-平衡锤;17-并紧螺母;18-滑溜块;19-橡胶片;20-止滑螺钉

(6)黏结剂:能使集料与砂、试模牢固黏结,确保在试验过程中不致发生试件摇动或脱落。

(7)丙酮。

(8)砂:<0.3mm,洁净、干燥。

(9)金刚砂:30号(棕刚玉粗砂)、280号(绿碳化硅细砂),用作磨料,只允许一次性使用,不得重复使用。

(10)橡胶石棉板、油灰刀、洗耳球、各种工具等。

3)试验准备

(1)试验前应按相关试验规程对摆式仪进行检查或标定。

(2)将集料过筛,剔除针片状颗粒,取9.5～13.2mm的集料颗粒用水洗净后置于温度为105℃±5℃的烘箱中烘干。

(3)将试模拼装并涂上脱模剂(或肥皂水)后烘干。安装试模端板时要注意使端板与模体齐平(使弧线半滑)。

(4)用清水淘洗小于0.3mm的砂,置105℃±5℃的烘箱中烘干成为干砂。

(5)预磨新橡胶轮:新橡胶轮正式使用前要在安装好试件的道路轮上进行预磨,C轮用粗金刚砂预磨6h,X轮用细金刚砂预磨6h,然后才能投入正常试验。

4)试件制备

(1)排料:每种集料宜制备6～10块试件,从中挑选4块试件供两次平行试验用。将9.5～13.2mm集料颗粒尽量紧密地排列于试模中(大面、平面向下)。排料时应除去高度大于试模的不合格颗粒。采用4.75～9.5mm的粗集料进行磨光试验时,各道工序需更加仔细。

(2)吹砂:用小勺将干砂填入已排妥的集料间隙中,并用洗耳球轻轻吹动干砂,使之填充密实。然后再吹去多余的砂,使砂与试模台阶大致齐平,但台阶上不得有砂。用洗耳球吹动干砂时不得碰动集料,且不使集料试样表面附有砂粒。

(3)配制环氧树脂砂浆:将固化剂与环氧树脂按一定比例配料、拌匀制成黏结剂,再与干砂按1:4～1:4.5的质量比拌匀制成环氧树脂砂浆。

(4)填充环氧树脂砂浆:用小油灰刀将拌好的环氧树脂砂浆填入试模中,并尽量填充密实,但不得碰动集料。然后用热油灰刀在试模上刮去多余的填料,并将表面反复抹平,使填充的环氧树脂砂浆与试模顶部齐平。

(5)养护:通常在40℃烘箱中养护3h,再自然冷却9h拆模;如在室温下养护,时间应更长,使试件达到足够强度。有集料颗粒松动脱落,或有环氧树脂砂浆渗出表面时,试件应予废弃。

5)磨光试验

(1)试件分组:每轮1次磨14块试件,每种集料为2块试件,包括6种试验用集料和1种标准集料。

(2)试件编号:在试件的环氧树脂砂浆衬背和弧形侧边上用记号笔对6种集料编号为1~12,1种集料赋以相邻两个编号,标准试件为13号、14号。

(3)试件安装:按表2-6的序号将试件排列在道路轮上,其中1号位和8号位为标准试件。试件应将有标记的一侧统一朝外(靠活动盖板一侧),每两块试件间加垫一片或数片1mm厚的橡胶石棉板垫片,垫片与试件端部断面相仿,但略低于试件高度2~3mm。然后盖上道路轮外侧板,边拧螺钉边用橡胶锤敲打外侧板,确保试件与道路轮紧密配合,以避免磨光过程中试件断裂或松动。随后将道路轮安装到轮轴上。

试件在道路轮上的排列次序 表2-6

位置号	1	2	3	4	5	6	7	8	9	10	11	12	13	14
试件号	12	9	3	7	5	1	11	14	10	4	8	6	2	12

(4)磨光过程操作:

①试件的加速磨光应在室温20℃±5℃的房间内进行。

②粗砂磨光。

③细砂磨光。

(5)磨光值测定:

①在试验前2h和试验过程中应控制室温为20℃±2℃。

②将试件从道路轮上卸下并清洗试件,用毛刷清洗集料颗粒的间隙,去除所有残留的金刚砂。

③将试件表面向下放在18~20℃的水中2h,然后取出试件,用摆式摩擦系数测定仪测定磨光值。

6)计算

(1)按式(2-13)计算两次平行试验4块试件(每轮2块)的算术平均值PSV_{ra},精确到0.1。但4块试件的磨光值读数PSV_r的最大值与最小值之差不得大于4.7,否则试验作废,应重新试验。

$$PSV_{ra} = (PSV_{r1} + PSV_{r2} + PSV_{r3} + PSV_{r4})/4 \quad (2-13)$$

(2)按式(2-14)计算两次平行试验4块标准试件(每轮2块)的算术平均值PSV_{bra},准确到0.1。但4块标准试件磨光值读数的平均值PSV_{bra}必须在46~52的范围内,否则试验作废,应重新试验。

$$PSV_{bra} = (PSV_{br1} + PSV_{br2} + PSV_{br3} + PSV_{br4})/4 \quad (2-14)$$

(3)按式(2-15)计算集料的PSV值,取整数。

$$PSV = PSV_{ra} + 49 - PSV_{bra} \quad (2-15)$$

2.6 粗集料的化学性质

集料是与结合料(水泥或沥青)组成混凝土或混合料而使用于各种结构的,这就要求集料与结合料之间有好的黏结性，在使用中集料有较好的稳定性，而且集料中对结合料有害的物质应尽量少。这些都与集料的化学性质有关。

公路工程上根据石料中氧化硅含量的多少，将其分成表 2-7 中三种。

表 2-7 集料类型划分

石料类型	氧化硅含量(%)	常见石料	石料类型	氧化硅含量(%)	常见石料
酸性石料	>65	花岗岩、石英岩	碱性石料	<52	石灰岩、玄武岩
中性石料	52~65	辉绿岩、闪长岩			

集料的化学组成和酸、碱性对水泥混凝土和沥青混合料的应用有很大影响。在其他条件完全相同的情况下，仅是矿质集料的矿物成分不同时，水泥混凝土水泥中的碱与某些碱活性集料发生化学反应，可引起混凝土膨胀、开裂、甚至破坏。

对沥青混合料的影响则是与沥青的黏附性较差，严重影响沥青混合料的抗水破坏等路用性能。

2.7 粗集料的技术要求

2.7.1 沥青混凝土混合料对粗集料的技术要求

(1)粗集料应该洁净、干燥、表面粗糙，质量应符合表 2-8 的规定。当单一规格集料的质量指标达不到表中要求，而按照集料配比计算的质量指标符合要求时，工程上允许使用。对受热易变质的集料，宜采用经拌和机烘干后的集料进行检验。

表 2-8 沥青混合料用粗集料质量技术要求

指 标		单 位	高速公路及一级公路		其他等级公路	试验方法
			表面层	其他层次		
石料压碎值	不大于	%	26	28	30	T 0316
洛杉矶磨耗损失	不大于	%	28	30	35	T 0317
表观相对密度	不小于	t/m³	2.60	2.50	2.45	T 0304
吸水率	不大于	%	2.0	3.0	3.0	T 0304
坚固性	不大于	%	12	12	—	T 0314
针片状颗粒含量(混合料)	不大于	%	15	18	20	T 0312
其中粒径大于 9.5mm	不大于	%	12	15	—	
其中粒径小于 9.5mm	不大于	%	18	20	—	
水洗法 <0.075mm 颗粒含量	不大于	%	1	1	1	T 0310
软石含量	不大于	%	3	5	5	T 0320

注：1. 坚固性试验可根据需要进行。
　　2. 用于高速公路、一级公路时，多孔玄武岩的视密度可放宽至 2.45t/m³，吸水率可放宽至 3%，但必须得到建设单位的批准，且不得用于 SMA 路面。
　　3. 对 S14 即 3~5 规格的粗集料，针片状颗粒含量可不予要求，<0.075mm 含量可放宽到 3%。

(2)粗集料的粒径规格应按表 2-9 的规定生产和使用。

沥青混合料用粗集料规格 表2-9

规格名称	公称粒径(mm)	通过下列筛孔(mm)的质量百分率(%)											
		106	75	63	53	37.5	31.5	26.5	19.0	13.2	9.5	4.75	2.36	0.6
S1	40~75	100	90~100	—	—	0~15	—	0~5						
S2	40~60		100	90~100	—	0~15	—	0~5						
S3	30~60		100	90~100	—	—	0~15	—	0~5					
S4	25~50			100	90~100	—	—	0~15	—	0~5				
S5	20~40				100	90~100	—	—	0~15	—	0~5			
S6	15~30					100	90~100	—	—	0~15	—	0~5		
S7	10~30					100	90~100	—	—	0~15	—	0~5		
S8	10~25						100	90~100	—	0~15	—	0~5		
S9	10~20							100	90~100	—	0~15	—	0~5	
S10	10~15								100	90~100	0~15	—	0~5	
S11	5~15								100	90~100	40~70	0~15	0~5	
S12	5~10									100	90~100	0~15	0~5	
S13	3~10										100	90~100	40~70	0~20	0~5
S14	3~5											100	90~100	0~15	0~3

（3）采石场在生产过程中必须彻底清除覆盖层及泥土夹层。生产碎石用的原石不得含有土块、杂物,集料成品不得堆放在泥土地上。

（4）高速公路、一级公路沥青路面的表面层（或磨耗层）的粗集料的磨光值应符合表2-10的要求。除SMA、OGFC路面外,允许在硬质粗集料中掺加部分较小粒径的磨光值达不到要求的粗集料,其最大掺加比例由磨光值试验确定。

粗集料与沥青的黏附性、磨光值的技术要求 表2-10

雨量气候区	1（潮湿区）	2（湿润区）	3（半干区）	4（干旱区）	试验方法
年降雨量(mm)	>1 000	1 000~500	500~250	<250	附录A
粗集料的磨光值PSV不小于高速公路、一级公路表面层	42	40	38	36	T 0321
粗集料与沥青的黏附性不小于高速公路、一级公路表面层高速公路、一级公路及其他等级公路的各个层次	5 4	4 4	4 3	3 3	T 0616 T 0663

（5）粗集料与沥青的黏附性应符合表2-10的要求,当使用不符要求的粗集料时,宜掺加消石灰、水泥或用饱和石灰水处理后使用,必要时可同时在沥青中掺加耐热、耐水、长期性能好的抗剥落剂,也可采用改性沥青的措施,使沥青混合料的水稳定性检验达到要求。掺加外加剂的剂量由沥青混合料的水稳定性检验确定。

（6）破碎砾石应采用粒径大于50mm、含泥量不大于1%的砾石轧制,破碎砾石的破碎面应符合表2-11的要求。

粗集料对破碎面的要求　　　　表 2-11

路面部位或混合料类型	具有一定数量破碎面颗粒的含量(%)		试验方法
	1 个破碎面	2 个或 2 个以上破碎面	
沥青路面表面层、高速公路、一级公路其他等级公路	100 80	90 60	T 0361
沥青路面中下面层、基层、高速公路、一级公路其他等级公路	90 70	80 50	
SMA 混合料	100	90	
贯入式路面	80	60	

（7）筛选砾石仅适用于三级及三级以下公路的沥青表面处治路面。

（8）经过破碎且存放期超过 6 个月以上的钢渣可作为粗集料使用。除吸水率允许适当放宽外,各项质量指标应符合表 2-8 的要求。钢渣在使用前应进行活性检验,要求钢渣中的游离氧化钙含量不大于 3%,浸水膨胀率不大于 2%。

2.7.2　水泥混凝土混合料对粗集料的技术要求

（1）粗集料应使用质地坚硬、耐久、洁净的碎石、碎卵石和卵石,并应符合表 2-12 的规定。高速公路、一级公路、二级公路及有抗冻（盐）要求的三、四级公路混凝土路面使用的粗集料级别应不低于Ⅱ级,无抗（盐）冻要求的三、四级公路混凝土路面、碾压混凝土及贫混凝土基层可使用Ⅲ级粗集料。有抗（盐）冻要求时,Ⅰ级集料吸水率不应大于 1.0%,Ⅱ级集料吸水率不应大于 2.0%。

碎石、碎卵石和卵石技术指标　　　　表 2-12

项　目	技　术　要　求		
	Ⅰ级	Ⅱ级	Ⅲ级
碎石压碎指标(%)	<10	<15	<20
卵石压碎指标(%)	<12	<14	<16
坚固性（按质量损失计%）	<5	<8	<12
针片状颗粒含量（按质量计%）	<5	<15	<20
含泥量（按质量计%）	<0.5	<1.0	<1.5
泥块含量（按质量计%）	<0	<0.2	<0.5
有机物含量（比色法）	合格	合格	合格
硫化物及硫酸盐（按 SO_3 质量计）	<0.5	<1.0	<1.0
岩石抗压强度	火成岩≥100MPa;变质岩≥80MPa;水成岩≥60MPa		
表观密度	>2 500kg/m³		
松散堆积密度	>1 350kg/m³		
空隙率	<47%		
碱集料反应	经碱集料反应试验后,试件无裂缝、酥裂、胶体外溢等现象,在规定试验龄期的膨胀率应小于 0.10%		

（2）用做路面的混凝土的粗集料不得使用不分级的统料,应按最大公称粒径的不同,采用 2~4 个粒级的集料进行掺配,并应符合表 2-13 合成级配的要求。卵石最大公称粒径不宜大

于19.0mm;碎卵石最大公称粒径不宜大于26.5mm;碎石最大公称粒径不应大于31.5mm。

粗集料级配范围　　　　　　　表2-13

粒径		方筛孔尺寸(mm)							
		2.36	4.75	9.50	16.0	19.0	26.5	31.5	37.5
		累计筛余(以质量计)(%)							
合成级配	4.75~16	95~100	85~100	40~60	0~10				
	4.75~19	95~100	85~90	60~75	30~45	0~5	0		
	4.75~26.5	95~100	90~100	70~90	50~70	25~40	0~5	0	
	4.75~31.5	95~100	90~100	75~90	60~75	40~60	20~35	0~5	0
粒级	4.75~9.5	95~100	80~100	0~15	0				
	9.5~16		95~100	80~100	0~15	0			
	9.5~19		95~100	85~100	40~60	0~15	0		
	16~26.5			95~100	55~70	25~40	0~10	0	
	16~31.5			95~100	85~100	55~70	25~40	0~10	0

2.7.3 基层、底基层材料对粗集料的技术要求

基层、底基层材料对粗集料的技术要求参见模块5——无机结合稳定材料试验中的相关内容。

2.8 细集料的技术性质

在沥青混合料中,细集料是指粒径小于1.36mm的天然砂、人工砂(包括机制砂)及石屑;在水泥混凝土中,细集料是指粒径小于4.75mm的天然砂、人工砂。

2.8.1 沥青混合料用细集料的技术要求

(1)沥青混合料的细集料包括天然砂、机制砂、石屑。细集料必须由具有生产许可证的采石场、采砂场生产。

(2)细集料应洁净、干燥、无风化、无杂质,并有适当的颗粒级配,其质量应符合表2-14的规定。细集料的洁净程度,天然砂以小于0.075mm含量的百分数表示,石屑和机制砂以砂当量(适用于0~4.75mm)或亚甲蓝值(适用于0~2.36mm或0~0.15mm)表示。

沥青混合料用细集料质量要求　　　　　　　表2-14

项　目		单　位	高速公路一级公路	其他等级公路	试验方法
表观相对密度	不小于	t/m³	2.50	2.45	T 0328
坚固性(>0.3mm部分)	小于	%	12	—	T 0340
含泥量(小于0.075mm的含量)	不大于	%	3	5	T 0333
砂当量	不小于	%	60	50	T 0334
亚甲蓝值	不大于	g/kg	25	—	T 0346
棱角性(流动时间)	不小于	s	30	—	T 0345

(3)天然砂可采用河砂或海砂,通常宜采用粗、中砂,其规格应符合表2-15的规定,砂的含

泥量超过规定时应水洗后使用,海砂中的贝壳类材料必须筛除。开采天然砂必须取得当地政府主管部门的许可,并符合水利及环境保护的要求。热拌密级配沥青混合料中天然砂的用量通常不宜超过集料总量的20%,SMA 和 OGFC 混合料不宜使用天然砂。

沥青混合料用天然砂规格 表2-15

筛孔尺寸 (mm)	通过各孔筛的质量百分率(%)		
	粗砂	中砂	细砂
9.5	100	100	100
4.75	90~100	90~100	90~100
2.36	65~95	75~90	85~100
1.18	35~65	50~90	75~100
0.6	15~30	30~60	60~84
0.3	5~20	8~30	15~45
0.15	0~10	0~10	0~10
0.075	0~5	0~5	0~5

(4) 石屑是采石场破碎石料时通过4.75mm 或2.36mm 的筛下部分,其规格应符合表2-16的要求。采石场在生产石屑的过程中应具备抽吸设备,高速公路和一级公路的沥青混合料,宜将S14 与S16 组合使用,S15 可在沥青稳定碎石基层或其他等级公路中使用。

沥青混合料用机制砂或石屑规格 表2-16

规格	公称粒径 (mm)	水洗法通过各筛孔的质量百分率(%)							
		9.5	4.75	2.36	1.18	0.6	0.3	0.15	0.075
S15	0~5	100	90~100	60~90	40~75	20~55	7~40	2~20	0~10
S16	0~3		100	80~100	50~80	25~60	8~45	0~25	0~15

(5) 机制砂宜采用专用的制砂机制造,并选用优质石料生产,其级配应符合S16 的要求。

2.8.2 水泥混凝土用细集料的技术要求

细集料应采用质地坚硬、耐久、洁净的天然砂、机制砂或混合砂,并应符合表2-14的规定。高速公路、一级公路、二级公路及有抗(盐)冻要求的三、四级公路混凝土路面使用的砂应不低于Ⅱ级,无抗(盐)冻要求的三、四级公路混凝土路面、碾压混凝土及贫混凝土基层可采用Ⅲ级砂。特重、重交通混凝土路面宜使用河砂,砂的硅质含量不应低于25%。

细集料的级配要求应符合表2-17的规定,路面和桥面用天然砂宜为中砂,也可使用细度模数在2.0~3.5之间的砂。同一配合比用砂的细度模数变化范围不应超过0.3;否则,应分别堆放,并调整配合比中的砂率后使用。

细集料级配范围 表2-17

砂分级	方筛孔尺寸(mm)					
	0.15	0.30	0.60	1.18	2.36	4.75
	累计筛余(以质量计)(%)					
粗砂	90~100					0~10
中砂	90~100					0~10
细砂	90~100	55~85	16~40	0~25	0~15	0~10

2.8.3 砂中有害成分及分析方法

砂(包括天然砂和机制砂)中有害成分包括含泥量或泥块、云母、轻物质、有机物含量以及SO_3等。

含泥量:指砂中小于0.075mm颗粒的含量,由于它妨碍集料与水泥浆的黏结,影响混凝土的强度和耐久性,通常用水洗法检验。

云母含量:云母呈薄片状,表面光滑,且极易沿节理开裂,它与水泥浆的黏结性极差,影响混凝土的和易性,对混凝土的抗冻、抗渗也不利。检验方法是在放大镜下用针挑拣。

轻物质:指相对密度小于2的颗粒,可用相对密度为1.95~2.00的重液来分离测定。

有机质含量:指砂中混有动植物腐殖质、腐殖土等有机物,它会延缓混凝土凝结时间,并降低混凝土强度,多采用比色法来检验。

SO_3含量:指砂中硫化物及硫酸盐一类物质的含量,它会同混凝土中的水化铝酸钙反应生成结晶,体积膨胀,使混凝土破坏。常用硫酸钡进行定性试验。

2.8.4 颗粒级配及粗细程度

集料由不同粒径的颗粒组成,颗粒级配是指集料中各种粒径颗粒的搭配情况,常用级配曲线表示。粗细程度是指不同粒径混合后的总体粗细程度,常用细度模数表示。集料的级配和粗细程度采用筛分的方法进行测定。

我国规范规定,对沥青路面用细集料采用水洗法筛分方法,而对水泥混凝土用砂,因考虑级配的影响不大,故仍保留原来的干筛方法。通过筛分试验,测定试样在各筛上的筛余质量。然后计算反映集料级配的相关参数,包括分计筛余百分率、累计筛余百分率和通过率。各参数的定义和计算方法如下。

(1)分计筛余百分率a_i:是指某号筛上的筛余质量占试样总质量百分率。

(2)累计筛余百分率A_i:是指某号筛上的分计筛余百分率和大于该筛号的各筛分计筛余百分率之和,即$A_i = a_1 + a_2 + a_3 + a_4 + \cdots + a_i$。

(3)通过百分率P_i:是指通过某号筛的试样质量占试样总质量的百分率,即$P_i = 100 - A_i$,即某号筛的质量通过百分率等于100减去该号筛的累计筛余百分率。

2.8.5 细度模数的计算和含义

集料的筛分分析结果反映了集料的级配情况。集料的粗细程度可用细度模数表征。理论上,细度模数与集料的对数平均粒径成正比。因此,它反映的是集料的平均颗粒大小,常用于细集料粗细程度的评定。细度模数越大,表示砂的颗粒越粗,天然砂的细度模数按式(2-16)计算,精确至0.01。

$$M_X = \frac{(A_{0.15} + A_{0.3} + A_{0.6} + A_{1.18} + A_{2.36}) - 5A_{4.75}}{100 - A_{4.75}} \tag{2-16}$$

式中: M_X——砂的细度模数;

$A_{0.15}$、$\cdots$、$A_{4.75}$——分别为0.15mm、$\cdots$、4.75mm各筛上的累计筛余百分率(%)。

根据细度模数大小将砂分为四级。

粗砂:细度模数在3.7~3.1之间。

中砂:细度模数在3.0~2.3之间。

细砂:细度模数在 2.2~1.6 之间。
特细砂:细度模数在 1.5~0.7 之间。

2.8.6 细集料筛分试验

1)目的与适用范围

测定细集料(天然砂、人工砂、石屑)的颗粒级配及粗细程度,对水泥混凝土用细集料可采用干筛法,如果需要也可采用水洗法筛分;对沥青混合料及基层用细集料必须用水洗法筛分。

2)仪具与材料

(1)标准筛。

(2)摇筛机。

(3)天平:称量1 000g,感量不大于0.5g。

(4)烘箱:能控温在105℃±5℃。

(5)其他:浅盘和硬、软毛刷等。

3)试验准备

根据样品中最大粒径的大小,选用适宜的标准筛,通常为 9.5mm 筛(水泥混凝土用天然砂)或 4.75mm 筛(沥青路面及基层用天然砂、石屑、机制砂等),筛除其中的超粒径材料,然后将样品在潮湿状态下充分拌匀,用分料器法或四分法缩分至每份不少于 550g 的试样两份,在 105℃±5℃ 的烘箱中烘干至恒重,冷却至室温后备用。

4)试验步骤

(1)干筛法试验步骤:

①准确称取烘干试样约500g,即 m_1,精确至0.5g,置于套筛的最上面一只,即4.75mm筛上,将套筛装入摇筛机,摇筛约10min,然后取出套筛,再按筛孔大小顺序,从最大的筛号开始,在清洁的浅盘上逐个进行手筛,直到每分钟的筛出量不超过筛上剩余量的0.1%时为止,将筛出通过的颗粒并入下一号筛,和下一号筛中的试样一起过筛,以此顺序进行至各号筛全部筛完为止。

②称量各筛筛余试样的质量,精确至0.5g。所有各筛的分计筛余量和底盘中剩余量的总量与筛分前的试样总量,相差不得超过后者的1%。

(2)水洗法试验步骤:

①准确称取烘干试样约500g,即 m_1,精确至0.5g。

②将试样置一洁净容器中,加入足够数量的洁净水,将集料全部淹没。

③用搅棒充分搅动集料,将集料表面洗涤干净,使细粉悬浮在水中,但不得有集料从水中溅出。

④用1.18mm筛及0.075mm筛组成套筛,仔细将容器中混有细粉的悬浮液徐徐倒出,经过套筛流入另一容器中,但不得将集料倒出。

⑤重复①~④步骤,直至倒出的水洁净且小于0.075mm的颗粒全部倒出。

⑥将容器中的集料倒入搪瓷盘中,用少量水冲洗,使容器上黏附的集料颗粒全部进入搪瓷盘中,将筛子反扣过来,用少量的水将筛上集料冲入搪瓷盘中。操作过程中不得有集料散失。

⑦将搪瓷盘连同集料一起置 105℃±5℃ 烘箱中烘干至恒重,称取干燥集料试样的总质量即 m_2。精确至0.1%。m_1 与 m_2 之差即为通过0.075mm筛的部分。

⑧将全部要求筛孔组成套筛(但不需0.075mm筛),将已经洗去小于0.075mm部分的干燥集料置于套筛上(通常为4.75mm筛),将套筛装入摇筛机,摇筛约10min,然后取出套筛,再

按筛孔大小顺序,从最大的筛号开始,在清洁的浅盘上逐个进行手筛,直至每分钟的筛出量不超过筛上剩余量的0.1%时为止,将筛出通过的颗粒并入下一号筛,和下号筛中的试样一起过筛,这样顺序进行,直至各号筛全部筛完为止。

⑨称量各筛筛余试样的质量,精确至0.5g。所有各筛的分计筛余量和底盘中剩余量的总质量与筛分前后试样总量 M_2 的差值不得超过后者的1%。

5)计算

(1)计算分计筛余百分率:各号筛的分计筛余百分率为各号筛上的筛余量除以试样总量 m_1 的百分率,精确至0.1%。对沥青路面细集料而言,0.15mm筛下部分即为0.075mm的分计筛余,由⑦测得的 m_1 与 m_2 之差即为小于0.075mm的筛底部分。

(2)计算累计筛余百分率:各号筛的累计筛余百分率为该号筛及大于该号筛的各号筛的分计筛余百分率之和,准确至0.1%。

(3)计算质量通过百分率:各号筛的质量通过百分率等于100减去该号筛的累计筛余百分率,准确至0.1%。

(4)根据各筛的累计筛余百分率或通过百分率,绘制级配曲线。

(5)天然砂的细度模数按式(2-16)计算,精确至0.01。

(6)进行两次平行试验,以试验结果的算术平均值作为测定值。如两次试验所得的细度模数之差大于0.2,应重新进行试验。

2.9 矿料级配

2.9.1 级配理论

对沥青混合料的矿料级配范围,按照粗细集料、沥青与矿粉组成的结合料两大部分的构成,历来有两种不同的理论。

一种是以富勒曲线为代表的最大密度线理论,它是从集料与结合料组成一个密实的整体,形成比较大的密度的角度出发,设计成密级配的沥青混合料,同时它具有适当的空隙率。这种级配通常称为悬浮密实式级配,它意味着集料是分散在结合料胶浆中间,并没有形成很好的嵌挤的混合料。这种级配一般是连续式级配。

另一种是建立在粒子干涉理论的基础上形成的矿料级配原理。它的基本原理是将集料假设为一定规则形状的颗粒,颗粒之间的空隙由次一级的颗粒填充,剩余的空隙再由更小一级的颗粒填充,这样逐级填充的颗粒最后由结合料填充。为了防止填充的颗粒出现干涉现象,即将粗一级颗粒顶开的情况,粗一级集料和细一级集料的比例必须有一定的比例,细一级集料与更细一级的集料也有一定的比例,最后由沥青矿粉结合料填充,留下一定的空隙率。这样才能形成集料与集料之间的良好嵌挤,同时也是密实的混合料。这样形成的级配我们通常称为嵌挤密实型级配。

这种理论的目的是企图制造一种既有充分嵌挤又相对密实(空隙率较小)的混合料,即所谓嵌挤密实式结构。它既具有上一种理论的密实的优点,又弥补了粗集料悬浮、不能形成良好嵌挤的缺点。其原理与现在众所周知的SMA原理一样,所不同的是,SMA是在粗集料嵌挤结构中利用了较多的沥青胶浆来填充,而这种嵌挤密实式结构的机理是一级一级的用粗细集料,后者质量更多取决于设计技术水平和施工实际水平。

但是实际上由理论法计算的矿料级配很难直接用于规范,一方面,计算得到的级配范围很难适用于所有筛孔,使用上有困难;另一方面,在实际使用时往往必须根据路面的结构组成及混合料的使用部位(层次或路面等级等)对级配作不同的调整。这就使选择理论用的系数发生困难,因此由长期实践得出的经验便非常宝贵。

2.9.2 级配曲线的绘制方法和级配范围

我国采用半对数坐标系绘制级配曲线的方法,首先要按对数计算出各种颗粒粒径在横坐标轴上的位置,而表示通过百分率的纵坐标则按普通算术坐标绘制,绘制好纵坐标、横坐标后,最后将计算所得的各颗粒粒径的通过百分率绘制的坐标图上,再将确定的各点连接为光滑的曲线,如图2-7所示。泰勒曲线的标准画法,其指数 $n = 0.45$,横坐标按 $x = d_i^{0.45}$ 计算,如表2-18所示,纵坐标为普通坐标,可利用计算机的电子表格功能绘制。

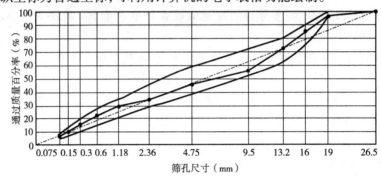

图2-7 混合料矿料组成级配曲线

混合料矿料组成级配曲线数据(按 $x = d_i^{0.45}$ 计算)   表2-18

筛孔 d_i(mm)	0.075	0.15	0.3	0.6	1.18	2.36	4.75
横坐标 x	0.312	0.426	0.582	0.795	1.077	1.472	2.016
筛孔 d_i(mm)	9.5	13.2	16	19	26.5	31.5	37.5
横坐标 x	2.745	3.193	3.482	3.762	4.370	4.723	5.109

由于矿料在轧制过程中的不均匀性,以及混合料配制时的误差等因素影响,所配制的混合料往往不可能与理论级配完全符合,因此允许配料时的合成级配在适当的范围内波动,这就是级配范围。

2.9.3 矿料的级配类型及特点

连续级配:连续级配是某一矿料在标准套筛中进行筛分后,矿料的颗粒由大到小连续分布,每一级都占有适当的比例。

间断级配:在矿料颗粒分布的整个区间里,从中间剔除一个或连续几个粒级,形成一种不连续的级配。

开级配:整个矿料颗粒分布范围较窄,从最大粒径到最小粒径仅在数个粒级上以连续的形式出现,形成所谓的连续开级配。

2.9.4 矿料混合料组成设计方法(图解法)

1)目的与适用范围

适用于多种集料组成的矿料配合比设计。

2)已知条件

(1)所用集料筛分后的各级粒径通过百分率。

(2)技术规范(或理论级配)要求的级配范围,且求出级配范围的通过百分率中间值。

3)设计步骤

(1)绘制级配曲线图:在设计说明书上绘一长方形图框并连接对角线。纵坐标为通过百分率,按算术标尺绘制(0~100%),横坐标为各筛孔位置,按照级配中值要求的各筛孔通过百分率位置,从纵坐标引平行线和对角线相交,从交点向下作垂线,垂足位置就是各相应筛孔位置,如图2-8所示。

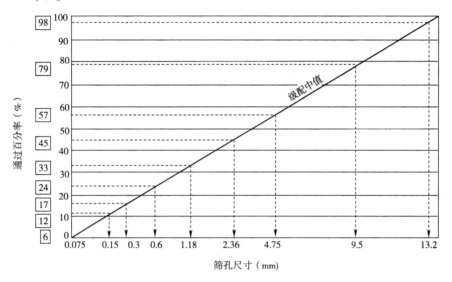

图2-8 级配曲线坐标图

(2)确定各种集料用量:把所用集料的通过量绘在级配曲线坐标图上,按照所用集料的级配曲线相互间的关系,确定所用集料在混合料中的用量,如图2-9所示。

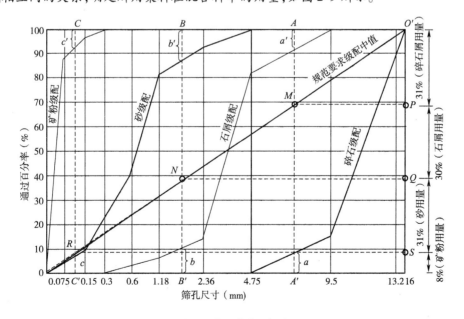

图2-9 级配曲线坐标图

73

①两相邻级配曲线重叠:图2-9中集料A的级配曲线下部与集料B的级配曲线上部搭接。针对这种相邻关系,在两条级配曲线之间引一条垂线AA',要求该垂线与集料A的级配曲线和集料B的级配曲线所截取的截距相等,即$a=a'$。此时垂线AA'与对角线OO'相交于点M,再通过点M引水平线与纵坐标交于P点,OP线段的几何长度(mm)就是集料A的用量比例。

②两相邻级配曲线相接:图2-9中集料B的末端与集料C的首端正好相接。针对这种相邻关系,此时只需从C集料的首端向集料B的末端引垂线BB',该垂线与对角线OO'相交于点N,过N点引水平线与纵坐标交于点Q,则PQ线段的几何长度就是集料B的用量。

③两相邻级配曲线分离:图2-9中集料C的级配曲线与集料D的级配曲线在水平方向彼此分离。此时作一条垂线。CC'平分这段水平距离,要求$b=b'$。垂线CC'与对角线OO'交于点R,通过该点引水平线与纵坐标交于点S,则QS线段的几何长度就代表集料C的用量。剩余的ST即为集料D的用量。

可以说,框图中相邻集料级配曲线的关系只可能是这三种情况,但实际操作过程中以第一种关系即重叠关系最为常见。

(3)合成级配的计算与校核:根据图解过程求得的各集料用量比例,计算出合成级配的结果。当合成级配超出级配范围时,说明图解法得到的比例不是很合适,需要进行各集料的用量调整,直到满足设计级配要求为止。如经数次调整仍不能达到要求,可掺加单粒级集料或调换其他集料,改变原材料颗粒组成后,再继续进行级配设计。

模块 3　水泥及水泥混凝土试验

3.1　水泥的基本概念

3.1.1　水泥的分类

水泥是能与水发生物理化学作用,使其由可塑性浆体硬化成坚硬的人造石材的一种粉末状水硬性胶凝材料。它是重要的建筑材料。水泥按用途与性能划分为通用水泥、专用水泥及特性水泥三类。专用水泥是指专门用途的水泥,如道路硅酸盐水泥;特性水泥是指某种性能比较突出的水泥,如快硬硅酸盐水泥。

通用硅酸盐水泥是以硅酸盐水泥熟料和适量的石膏及规定的混合材料制成的水硬性胶凝材料。通用硅酸盐水泥按混合材料的品种和掺量分为硅酸盐水泥、普通硅酸盐水泥、矿渣硅酸盐水泥、火山灰质硅酸盐水泥、粉煤灰硅酸盐水泥和复合硅酸盐水泥。

(1)硅酸盐水泥:硅酸盐水泥熟料中掺入 0~5% 的石灰石或粒化高炉矿渣等混合料,以及适量石膏混合磨细制成的水泥。其中完全不掺混合料的称为Ⅰ型硅酸盐水泥,混合料掺入量小于5%称为Ⅱ型硅酸盐水泥。

(2)普通硅酸盐水泥:在硅酸盐水泥熟料中掺入活性混合材料掺加量为大于5%且小于20%的混合料及适量石膏加工磨细后得到的水泥(代号 P.O)。

(3)矿渣硅酸盐水泥:在硅酸盐水泥熟料中掺入大于20%且小于70%的粒化高炉矿渣和适量石膏加工磨细制成的水泥,分为 A 型和 B 型。A 型粒化高炉矿渣大于20%且小于50%(代号 P.S.A);B 型粒化高炉矿渣大于50%且小于70%(代号 P.S.B)。

(4)火山灰硅酸盐水泥:在硅酸盐水泥熟料中掺入大于20%且小于40%的火山灰质材料和适量石膏加工磨细制成的水泥(代号 P.P)。

(5)粉煤灰硅酸盐水泥:在硅酸盐水泥熟料中掺入大于20%且小于40%的粉煤灰和适量石膏加工磨细制成的水泥(代号 P.F)。

(6)复合硅酸盐水泥:是由硅酸盐水泥、两种或两种以上规定的混合材料,水泥中混合材料总掺加量大于20%且小于50%,与适量石膏磨细制成的水硬性胶凝材料(代号 P.C)。

3.1.2　水泥的生产

将原料按一定的比例掺配,混合磨细,在水泥生产窑中经 1 450 ℃ 的高温煅烧,形成以硅酸钙为主要成分的水泥熟料;然后在熟料中加入3%左右的石膏(或其他混合料)再加工磨细,就得到硅酸盐水泥。

(1)硅酸盐水泥生产。生产硅酸盐水泥的原料主要有:石灰质原料(如石灰石、白垩等,主要提供氧化钙)和黏土质原料(如黏土、页岩等,主要提供氧化硅及氧化铝与氧化铁),还有少量辅助原料,如铁矿石。煅烧所得的熟料还要加入作缓凝剂用的石膏磨制水泥。

(2)掺加石膏及外掺料的原因。在水泥熟料中加入3%左右的石膏是用来调节水泥的凝结速度,使水泥水化速度的快慢适应实际使用的需要。因此,石膏是水泥组成中必不可少的缓凝剂。但石膏的用量必须严格控制,否则过量的石膏会造成水泥在水化过程中体积上的不安定现象。

水泥熟料中或多或少要掺入一些混合料,这些外加混合料所起的作用是在增加水泥产量、降低生产成本的同时,用来改善水泥的品质。如掺入一定量的混合料,不仅可以促成水泥后期强度的提高,而且还能有效降低水泥的水化热,非常适合大体积混凝土的施工和结构形成的需求。

(3)掺入混合料的分类。掺入的混合料大致可分为活性和非活性两类。

所谓活性混合料是指具有水化胶凝性质的混合料,在一定条件下可与水反应产生水化产物,并在水中硬化,这类混合料有符合要求的粒化高炉矿渣、粒化高炉矿渣粉、粉煤灰、火山灰质混合材料。

非活性混合料不具备与水的反应能力,所起的作用主要是提高产量、降低水化热的作用,活性指标分别低于要求的粒化高炉矿渣、粒化高炉矿渣粉、粉煤灰、火山灰质混合材料、石灰石和砂岩,其中石灰石中的三氧化二铝含量应不大于2.5%。

3.2 水泥细度

3.2.1 水泥细度大小对水泥性能的影响

细度的大小反映了水泥颗粒粗细程度或水泥的分散程度,它对水泥的水化速度、水泥的需水量、和易性、放热速率和强度的形成都有一定的影响。水泥的水化硬化过程都是从水泥颗粒的表面开始的,水泥的颗粒越细,水泥与水发生反应的表面积越大,水化速度就越快。所以水泥的细度越大,水化反应和凝结速度就越快,早期强度就越高,因此水泥颗粒达到较高的细度是确保水泥品质的基本要求。但随着水泥细度的提高,需水量随之增加,水泥水化过程中产生的收缩变形明显加大,且不易长期存放。同时,提高水泥细度必定加大粉末的投入,增加成本。因此,水泥细度应控制在合理范围。

3.2.2 水泥细度测定

水泥细度测定常采用的方法是筛析法,它以80μm标准水泥筛或45μm方孔筛上存留物的多少来表示细度。操作方法又分为水筛和负压筛两种方式。当两种方式所得的结果有争议时,以负压筛为准。

另一种方法是比表面积法,它是以单位质量水泥材料表面积的大小来表示细度。

筛析法试验是通过水泥细度检测,判定水泥颗粒的大小,为评定水泥品质的物理性质的试验之一。

3.2.3 水泥细度试验

1)目的和适用范围

(1)本方法规定用80μm筛检验水泥细度。

(2)本方法适用于通用硅酸盐水泥、道路硅酸盐水泥及采用本方法的其他水泥。

2)试验仪器

(1)试验筛:分负压筛和水筛。

(2)负压筛析仪:能够产生4 000~6 000MPa负压压力。

(3)水筛架和喷头。

①筛析试验前,应把负压筛放在筛盖上,盖上筛盖,接通电源,检查控制系统,调节负压至4 000~6 000MPa范围内。

②称取试样精度至0.01g,置于洁净的负压筛中,放在筛座上,接通电源,开动筛析仪连续筛析2min,在此期间如有试样附着在筛盖上,可轻轻地敲击筛盖使试样落下。筛毕,用天平称量全部筛余物。

(4)水筛法:

①筛析试验前,应检查水中无泥、砂,调整好水压及水筛的位置,使其能正常运转。并控制喷头底面和筛网之间距离为35~75mm。

②称取试样精度至0.01g,置于洁净的水筛中,立即用淡水冲洗至大部分细粉通过后,放在水筛架上,用水压为(0.005±0.02)MPa的喷头连续冲洗3min。筛毕,用少量水把筛余物冲至蒸发皿中,等水泥颗粒全部沉淀后,小心倒出清水,烘干并用天平称量全部筛余物。

③对其他粉状物或采用45~80μm以外规格方孔筛进行筛析试验时,应指明筛子的规格、称样量、筛析时间等相关参数。

3)试验筛的清洗

试验筛必须经常保持洁净,筛孔通畅。使用10次后要进行清洗。金属框筛、铜丝网筛清洗时应用专门的清洗剂,不可用弱酸浸泡。

4)试验结果处理

(1)筛析法测定水泥细度按式(3-1)计算:

$$F = \frac{R_S}{W} \times 100\% \tag{3-1}$$

式中:F——水泥样品的筛余百分率(%);

R_S——标准筛上的筛余量(g);

W——试验用水泥试样质量(g)。

(2)筛余结果的修正:试验筛的筛网会在试样中磨损,因此筛析结果应进行修正。修正的方法是将计算结果乘以该试验筛按附录A标定后得到的有效修正系数,即为最终结果。

合格评定时,每个样品应称取二个试样分别筛析,取筛余平均值为筛析结果。若两次筛余结果绝对误差大于0.5%时(筛余值大于5.0%时可放宽至1.0%)应再做一次试样,取两次相近结果的算术平均值作为最终结果。

(3)负压筛法与水筛法测定的结果发生争议时,以负压筛法为准。

3.2.4 水泥比表面积测定方法(勃氏法)

1)目的和适用范围

比表面积测定可采用勃氏法进行。勃氏法适用于硅酸盐水泥、普通硅酸盐水泥、矿渣硅酸盐水泥、粉煤灰硅酸盐水泥、火山灰硅酸盐水泥、复合硅酸盐水泥、道路硅酸盐水泥以及指定采用本方法的其他粉状物料。此方法不适用于测定多孔材料及超细粉状物料。

2)仪器设备

(1)透气仪:由透气圆筒、压力计、抽气装置等三部分组成。

(2)透气圆筒:由不锈钢制成。圆筒内表面的粗糙度 $R_a=1.60\mu m$,圆筒的上口边应与圆筒主轴垂直,圆筒下部锥度应与压力计上玻璃磨口锥度一致,两者应严密连接。在圆筒内壁,距离圆筒上口边 55mm±10mm 处有一突出的宽度为 0.5~1mm 的边缘,以放置金属穿孔板。

(3)穿孔板:由不锈钢或其他不受腐蚀的金属制成。在其面上,等距离地打有 35 个直径 1mm 的小孔,穿孔板应与圆筒内壁密合。穿孔板两平面应平行。

(4)捣器:用不锈钢制成,插入圆筒时,其间隙不大于 0.1mm。捣器的底面应与主轴垂直,侧面有一个扁平槽,宽度 3.0mm±0.3mm。捣器的顶部有一个支持环,当捣器放入圆筒时,支持环与圆筒上口边接触,这时捣器底面与穿孔圆板之间的距离为 15.0mm±0.5mm。

(5)压力计:U 形压力计由外径为 9mm 的具有标准厚度的玻璃管制成。压力计一个臂的顶端有一锥形磨口与透气圆筒紧密连接,在连接透气圆筒的压力计臂上刻有环形线。从压力计底部往上 280~300mm 处有一个出口管,管上装有一个阀门,连接抽气装置。

(6)抽气装置:用小型电磁泵,也可用抽气球。

(7)滤纸:采用中速定量滤纸。

(8)天平:感量为 1mg。

(9)秒表:分度值为 0.5s。

(10)其他:烘干箱、干燥箱和毛刷等。

3)仪器校准

(1)漏气检查:将透气圆筒上口用橡皮塞塞紧,接到压力计上。用抽气装置从压力计一臂中抽出部分气体,然后关闭阀门,观察是否漏气。如发现漏气,用活塞油脂加以密封。

(2)试料层体积的测定:

①水银排代法:将两片滤纸沿圆筒壁放入透气圆筒内,用一个直径略比透气圆筒小的细长棒往下按,直到滤纸平整放在金属的穿孔板上。然后装满水银,用一小块薄玻璃板轻压水银表面,使水银面与圆筒口平齐,并须保证在玻璃板和水银表面之间没有气泡或空洞存在。从圆筒中倒出水银,称量,精确至 0.05g。重复几次测定,到数值基本不变为止。然后从圆筒中取出一片滤纸,试用约 3.3g 的水泥,将穿孔板放入透气圆筒的边缘上,用一根直径比圆筒略小的细棒把一片滤纸送到穿孔板上,边缘压紧并压实水泥层。再在圆筒上部空间注入水银,同上述方法除去气泡、压平、倒出水银称量,重复几次,直到水银称量值相差小于 0.05g 为止。

②圆筒内试料层体积 V 按式(3-2)计算,精确到 $5\times10^{-9}m^3$:

$$V = 10^{-6} \times (P_1 - P_2)/\rho_{水银} \tag{3-2}$$

式中:V——试料层体积(m^3);

P_1——未装水泥时,充满圆筒的水银质量(g);

P_2——装水泥后,充满圆筒的水银质量(g);

$\rho_{水银}$——试验温度下水银的密度(g/cm^3)。

③试料层体积的测定,至少应进行两次。每次应单独压实,若两次数值相差不超过 $5\times10^{-9}m^3$,则取两者的平均值,精确至 $10^{-10}m^3$,并记录测定过程中圆筒附近的温度。每隔一季度至半年应重新校正试料层体积。

4)试样准备

(1)将 110℃±5℃ 下烘干并在干燥器中冷却到室温的标准试样,倒入 100mL 的密闭瓶内,用力摇动2min,将结块成团的试样振碎,使试样松散。静置2min后,打开瓶盖,轻轻搅拌,使在松散过程中落到表面的细粉,分布到整个试样中。

(2)水泥试样,应先通过0.9mm方孔筛,再在110℃±5℃下烘干,并在干燥器中冷却至室温。

5)确定试验量

校正试验用的标准试样质量和被测定水泥的质量,应达到在制备的试料层中的空隙率为50.0%±0.5%,计算式见式(3-3):

$$W = \rho V(1-\varepsilon) \tag{3-3}$$

式中:W——需要的试样量(kg),精确至1mg;

　　ρ——试样密度(kg/m³);

　　V——按方法测定的试料层体积(m³);

　　ε——试料层空隙率。

6)试料层制备

将穿孔板放入透气圆筒的突缘上,用一根直径比圆筒略小的细棒把一片滤纸送到穿孔板上,边缘压紧。称取按式(3-3)确定的水泥量,精确到0.001g,倒入圆筒。轻敲圆筒的边,使水泥层表面平坦。再放入一片滤纸,用捣器均匀捣实试料直至捣器的支持环紧紧接触圆筒顶边并旋转两周,慢慢取出捣器。

7)透气试验

(1)将装有试料层的透气圆筒连接到压力计上,要保证紧密连接不致漏气,并不振动所制备的试料层。

(2)打开微型电磁泵慢慢从压力计一臂中抽出空气,直到压力计内液面上升到扩大部下端时关闭阀门。当压力计内液体的弯月液面下降到第一个刻度线时开始计时,当液体的弯月面下降到第二条刻度线时停止计时,记录液面从第一条刻度线下降到第二刻度线所需的时间,以秒表记录,并记下试验时的温度。

8)试验结果

(1)当被测物料的密度、试料层中空隙率与标准试样相同,试验时温差不大于±3℃时,可按式(3-4)计算:

$$S_C = \frac{S_S \sqrt{T}}{\sqrt{T_S}} \tag{3-4}$$

如试验时温差大于±3℃时,则按式(3-5)计算:

$$S_C = \frac{S_S \sqrt{T} \sqrt{\eta_S}}{\sqrt{T_S} \sqrt{\eta}} \tag{3-5}$$

式中:S_C——被测试样的比表面积(m²/kg);

　　S_S——标准试样的比表面积(m²/kg);

　　T——被测试样试验时,压力计中液面降落测得的时间(s);

　　T_S——标准试样试验时,压力计中液面降落测得的时间(s);

　　η——被测试样试验温度下的空气黏度;

　　η_S——标准试样试验温度下的空气黏度。

(2)当被测试样的试料层中空隙率与标准试样试料层中空隙率不同,试验时温差不大于±3℃时,可按式(3-6)计算:

$$S_C = \frac{S_S\sqrt{T}(1-\varepsilon_s)\sqrt{\varepsilon^3}}{\sqrt{T_S}(1-\varepsilon)\sqrt{\varepsilon_s^2}} \quad (3\text{-}6)$$

如试验时温差大于±3℃时,则按式(3-7)计算:

$$S_C = \frac{S_S\sqrt{T}(1-\varepsilon_s)\sqrt{\varepsilon^3}\sqrt{\eta_s}}{\sqrt{T_S}(1-\varepsilon)\sqrt{\varepsilon_s^3}\sqrt{\eta}} \quad (3\text{-}7)$$

式中:ε——被测试样试料层中的空隙率;

ε_s——标准试样试料层中的空隙率。

(3)当被测试样的密度和空隙率均与标准试样不同,试验时温差不大于±3℃时,则按式(3-8)计算:

$$S_C = \frac{S_S\sqrt{T}(1-\varepsilon_s)\sqrt{\varepsilon^3}\rho_s}{\sqrt{T_S}(1-\varepsilon)\sqrt{\varepsilon_s^3}\sqrt{\rho}} \quad (3\text{-}8)$$

如试验时温差大于±3℃时,则按式(3-9)计算:

$$S_C = \frac{S_S\sqrt{T}(1-\varepsilon_s)\sqrt{\varepsilon^3}\rho_s\sqrt{\eta_s}}{\sqrt{T_S}(1-\varepsilon)\sqrt{\varepsilon_s^3}\rho\sqrt{\eta}} \quad (3\text{-}9)$$

式中:ρ——被测试样的密度;

ρ_s——标准试样的密度。

(4)水泥比表面积应由两次透气试验结果的平均值确定,精确至$1m^2/kg$。如两次试验结果相差2%以上时,应重新试验。

3.3 水泥净浆标准稠度用水量

3.3.1 水泥净浆稠度和标准稠度的概念

水泥标准稠度是指水泥净浆对标准试杆沉入时所产生的阻力达到规定状态所具有的水和水泥用量百分率。在进行有关性能检测时,不同品种的水泥需要不同的用水量。因此,规定在标准试验条件下达到统一试验状态即标准稠度。

标准法是让标准试杆沉入净浆,当试杆沉入的距离正好离地板6±1mm时的水泥浆就是标准稠度净浆,此时的拌和用水量为该品种水泥标准稠度用水量。

代用法是以稠度仪的试锥贯入的深度正好为28mm±2mm时的水泥浆为标准稠度净浆,此时的拌和水量即为该水泥的标准稠度用水量。

3.3.2 标准稠度用水量测定(标准法)

1)目的和适用范围

(1)本方法规定了水泥标准稠度用水量、凝结时间和体积安定性的测试方法。

(2)本方法适用于硅酸盐水泥、普通硅酸盐水泥、矿渣硅酸盐水泥、粉煤灰硅酸盐水泥、火山灰硅酸盐水泥、复合硅酸盐水泥、道路硅酸盐水泥及指定采用本方法的其他品种水泥。

2)试验仪器

水泥净浆标准稠度仪、试锥、盛装水泥净浆的圆台形试模、标准维卡仪、净浆搅拌机、天平、量筒等。

3)试样及用水

(1)水泥试样应充分拌匀,通过0.9mm方孔筛并记录筛余物情况,但要防止过筛时混进其他水泥。

(2)试验用水必须是洁净的淡水,可用蒸馏水。

(3)水泥净浆拌制。用水泥净浆搅拌机搅拌,搅拌锅和搅拌叶片先用布擦过,将拌和水倒入搅拌锅中,然后5~10s内小心将称好的500g水泥加入水中,防止水和水泥溅出;拌时,先将锅放在搅拌机的锅座上,升至搅拌位置,启动搅拌机,低速搅拌120s,停15s,同时将叶片和锅壁上的水泥浆刮入锅中间,接着高速搅拌120s停机。

4)标准稠度用水量测定步骤

(1)拌和结束后,立即将拌制好的水泥净浆装入已放在玻璃板上的试模中,用小刀插捣,轻轻振动数次,刮去多余的净浆。

(2)抹平后迅速将试模和底板移到维卡仪上,并将其中心定在试杆下,降低试杆直到与水泥净浆表面接触,拧紧螺丝1~2s后,突然放松,使试杆垂直自由地沉入水泥净浆中。在试杆停止沉入或释放试杆30s时记录试杆到底板的距离,升起试杆后,立即擦净。

(3)整个操作应在搅拌后1.5min内完成。以试杆沉入净浆并距底板6mm±1mm的水泥净浆为标准稠度净浆。其拌和水量为该水泥的标准稠度用水量(P),按水泥质量的百分比计。

(4)当试杆距玻璃板小于5mm时,应适当减水,重复水泥浆的拌制和上述过程;若距离大于7mm时,则应适当加水,并重复水泥浆的拌制和上述过程。

试锥法中调整水量法和不变水量法的结果有冲突时,以调整水量法的结果为准。当采用不变水量法测定的试锥下沉深度小于13mm时,此时只能采用调整水量法。

3.3.3 标准稠度用水量测定(代用法)

1)目的和适用范围

(1)本方法规定了水泥标准稠度用水量的测试方法。

(2)本方法适用于硅酸盐水泥、普通硅酸盐水泥、矿渣硅酸盐水泥、粉煤灰硅酸盐水泥、火山灰硅酸盐水泥、复合硅酸盐水泥、道路硅酸盐水泥及指定采用本方法的其他品种水泥。

2)试验仪器

水泥净浆标准代用法维卡仪、试锥、盛装水泥净浆的圆台形试模、净浆搅拌机、天平、量筒等。

3)标准稠度用水量测定

(1)拌和结束后,立即将拌好的净浆装入锥模内,用小刀插捣,振动数次后,刮去多余净浆,抹平后迅速放到试锥下面固定位置上。将试锥降至净浆表面处,拧紧螺丝1~2s后,突然放松,让试锥垂直自由沉入净浆中,到试锥停止下沉或释放试锥30s时记录试锥下沉深度。整个操作应在搅拌后1.5min内完成。

(2)用调整水量法测定时,以试锥下沉深度28mm±2mm时的净浆为标准稠度净浆。其拌和水量为该水泥的标准稠度用水量(P),按水泥质量的百分比计。如下沉深度超出范围,须另称试样,调整水量,重新试验,直至达到28mm±2mm时为止。

(3)用不变水量法测定时,根据测得的试锥下沉深度S(mm),按式(3-10)计算得到标准稠度用水量$P(\%)$:

$$P = 33.4 - 0.185S \tag{3-10}$$

当试锥下沉深度小于13mm时,应改用调整水量法测定。

3.4 水泥凝结时间

3.4.1 水泥凝结时间的定义

硅酸盐水泥水化初期,水化产物的数量较少,水泥浆还具有良好的可塑性。随后水化产物的数量不断增加,自由水分不断减少,水化产物颗粒间逐渐接近,部分颗粒黏结在一起形成了一定的网状结构,水泥浆体失去可塑性,产生凝结。石膏对硅酸盐水泥水化起缓凝剂作用。

随着水化的进一步进行,水化产物不断生成并填充水泥颗粒的空隙。更多的水化产物颗粒间产生黏结作用使所形成的网状结构更加密实,此时水泥浆体逐步产生强度进入硬化阶段。

凝结硬化的影响因素有:水泥的熟料矿物组成及细度、水泥浆的水灰比、环境温度和湿度和龄期以及石膏的掺量。

水和水泥混合后,从最初的可塑状态逐渐成为不可塑状态,要经过一定的时间,水泥的凝结时间就是这种过程时间长短的一种定量的表示方法。它以标准试针沉入标准稠度水泥净浆达到一定深度所需的时间来表示,并分为初凝时间和终凝时间。

初凝时间是指从水泥全部加入水中到水泥浆开始失去塑性所需的时间;终凝时间是指从水泥全部加入水中到完全失去塑性所需的时间。

3.4.2 凝结时间对工程影响

水泥凝结时间的长短对水泥混凝土的施工有着重要意义。初凝时间太短,不利于整个混凝土施工工序的正常进行;但终凝时间过长,又不利于混凝土结构的形成、模具的周转,以及会影响到养护周期时间的长短等。因此,水泥凝结时间要求初凝时间不宜过短,终凝时间不宜过长。

3.4.3 水泥凝结时间的测定

1)目的和适用范围

通过测定水泥从加水时刻起,到水泥开始失去塑性和完全失去塑性产生凝固所需要的时间,以此掌握水泥使用时的适宜施工过程。

2)试验仪器

湿气养护箱、试针,其他仪器同水泥净浆标准稠度试验。

3)试验准备工作

(1)测定前准备工作:调整凝结时间测定仪的试针接触玻璃板,使指针对准零点。

(2)试件的制备:以标准稠度用水量制成标准稠度净浆(记录水泥全部加入水中的时间作为凝结时间的起始时间)一次装满试模,振动数次刮平,立即放入湿气养护箱中。

4)初凝时间测定

(1)记录水泥全部加入水中至初凝状态的时间作为初凝时间,用"min"计。

(2)试件在湿气养护箱中养护至加水后30min时进行第一次测定。测定时,从湿气养护箱中取出试模放到试针下,降低试针与水泥净浆表面接触。拧紧螺丝1~2s后,突然放松,使试杆垂直自由地沉入水泥净浆中。观察试针停止沉入或释放试针30s时指针的读数。

(3)临近初凝时,每隔5min测定一次。当试针沉至距底板4mm±1mm时,为水泥达到初凝状态。

(4)达到初凝时应立即重复测一次,当两次结论相同时才能定为达到初凝状态。

5)终凝时间测定

(1)由水泥全部加入水中至终凝状态的时间为水泥的终凝时间,用"min"计。

(2)为了准确观察试件沉入的状况,在终凝针上安装了一个环形附件。在完成初凝时间测定后,立即将试模连同浆体以平移的方式从玻璃板下翻转180°,直径大端向上、小端向下放在玻璃板上,再放入湿气养护箱中继续养护。

(3)临近终凝时间时每隔15min测定一次,当试针沉入试件0.5min时,即环形附件开始不能在试件上留下痕迹时,为水泥达到终凝状态。

(4)达到终凝时应立即重复测一次,当两次结论相同时才能定为达到终凝状态。

6)注意事项

测定时应注意,在最初测定的操作时应轻轻扶持金属柱,使其徐徐下降,以防止试针撞弯,但结果以自由下落为准;在整个测试过程中试针沉入的位置至少要距试模内壁10mm。每次测定不能让试针落入原针孔,每次测试完毕须将试针擦净并将试模放回湿气养护箱内,整个测试过程要防止试模振动。

3.5 水泥安定性

3.5.1 水泥安定性的定义

安定性是一项表示水泥浆体硬化后是否发生不均匀性体积变化的指标。水泥在凝结硬化过程中,总是伴随一定体积上的变化,这种变化如果轻微均匀,或发生在水泥完全失去塑性之前,将不会影响混凝土的质量。但如果水泥产生不均匀变形或在水泥硬化后变形较大,会使混凝土构件产生变形、膨胀,严重时造成开裂,从而影响混凝土的质量。此时这种水泥称为体积不安定的水泥。

3.5.2 水泥安定性对工程质量的影响

水泥安定性不良是由于水泥中某些有害成分造成的:如掺加石膏时带入的三氧化硫、水泥煅烧时残存的游离氧化镁或游离氧化钙等。这些成分在水泥浆体硬化过程和硬化后继续与水或周围的介质发生反应,反应后形成的产物体积增大,引起水泥石内部的不均匀体积变化。当这种变化形成的应力超出水泥结构所能承受的极限时,将会给整个结构造成极为不利的影响,严重时引起结构的破坏。

3.5.3 水泥安定性试验

1)试验目的

通过安定性试验,检测一些有害成分对水泥在水化凝固过程中是否造成过量的体积上的变化,来判断该有害成分是否对水泥水化形成的结构造成破坏作用。

现行水泥安定性试验可检测出游离氧化钙引起的水泥体积变化,以判断水泥体积安定性是否合格。

2)试验仪器

沸煮箱、雷氏夹、雷氏夹膨胀剂、玻璃板、水抹刀、直尺、黄油,其他仪器同标准稠度用水量试验。

3)雷氏夹法安定性测定(标准法)

(1)测定前的准备工作:每个试样需要两个试件,每个雷氏夹需配备质量约75~80g的玻璃板两块。凡与水泥净浆接触的玻璃板和雷氏夹表面都要稍稍涂上一层油。

(2)雷氏夹试件的制备方法:将预先准备好的雷氏夹放在已稍擦油的玻璃板上,并立刻将已制好的标准稠度净浆装满雷氏夹。装浆时一只手轻轻扶持雷氏夹,另一只手用宽约10mm的小刀插捣数次然后抹平,盖上稍涂油的玻璃板,接着立刻将雷氏夹移至湿气养护箱内养护24h±2h。

(3)沸煮:

①调整好沸煮箱内的水位,使之在整个沸煮过程中都能没过试件,不需中途添补试验用水,同时保证在30min±5min内水能沸腾。

②脱去玻璃板取下试件,先测量雷氏夹指针尖端间的距离A,精确到0.5mm,接着将试件放入水中箅板上,指针朝上,试件之间互不交叉,然后在30min±5min内加热水至沸腾,并恒沸3h±5min。

(4)结果判别:

①沸煮结束后,即放掉箱中的热水,打开箱盖,待箱体冷却至室温,取出试件进行判别。

②测量雷氏夹指针尖端间的距离C,精确至0.5mm,当两个试件煮后增加距离$(C-A)$的平均值不大于5.0mm时,即认为该水泥安定性合格;当两个试件的$(C-A)$值相差超过4.0mm时,应用同一样品立即重做一次试验。再如此,则认为该水泥为安定性不合格。

4)试饼法安定性测定(代用法)

(1)测定前的准备工作:每个样品需准备两块约100mm×100mm的玻璃板。凡与水泥净浆接触的玻璃板都要稍稍涂上一层隔离剂。

(2)试饼的成型方法:将制好的净浆取出一部分分成两等份,使之呈球形,放在预先准备好的玻璃板上,轻轻振动玻璃板并用湿布擦净的小刀由边缘向中央抹动,做成直径70~80mm、中心厚约10mm、边缘渐薄、表面光滑的试饼,接着将试饼放入湿气养护箱内养护24h±2h。

(3)沸煮:

①调整好沸煮箱内的水位,使之在整个沸煮过程中都能没过试件,不需中途添补试验用水,同时保证水在30min±5min内能沸腾。

②脱去玻璃板取下试件,先检查试饼是否完整(如已开裂、翘曲,要检查原因,确定无外因时,该试饼已属不合格品,不必沸煮),在试饼无缺陷的情况下将试饼放在沸煮箱的水中箅板上,然后在30min±5min内加热至水沸腾,并恒沸3h±5min。

(4)结果判别:沸煮结束后,即放掉箱中的热水,打开箱盖,待箱体冷却至室温,取出试件进行判别。目测试饼未发现裂缝,用钢直尺检查也没有弯曲(使钢直尺和试饼底部紧靠,以两者间不透光为不弯曲)的试饼为安定性合格;反之为不合格。当两个试饼判别结果有矛盾时,该水泥的安定性为不合格。

3.6 水泥的力学性质

3.6.1 影响水泥力学强度形成的主要因素

(1)水泥的熟料矿物组成及细度。水泥熟料中各种矿物的凝结硬化特点不同,当水泥中各矿物的相对含量不同时,水泥的凝结硬化特点就不同。水泥磨得越细,水泥颗粒平均粒径小,比表面积大,水化时与水的接触面大,水化速度快,凝结硬化快,早期强度就高。

(2)水泥浆的水灰比。水泥浆的水灰比是指水泥浆中水与水泥的质量之比。当水泥浆中加水较多时,水灰比较大,此时水泥的初期水化反应得以充分进行;但是水泥颗粒间原来被水隔开的距离较远,颗粒间相互连接形成骨架结构所需的凝结时间长,所以水泥浆凝结较慢,且空隙多,降低水泥石的强度。

(3)石膏的掺量。硅酸盐水泥中加入适量的石膏会起到良好的缓凝效果,且由于钙帆石的生成,还能提高水泥石的强度。但是石膏掺量过多时,可能危害水泥石的安定性。

(4)环境温度和湿度。水泥水化反应的速度与环境的温度有关,只有处于适当温度下,水泥的水化、凝结和硬化才能进行。通常,温度较高时,水泥的水化、凝结和硬化速度就较快。当环境温度低于0℃时,水泥水化趋于停止,就难以凝结硬化。水泥水化是水泥与水之间的反应,必须在水泥颗粒表面保持有足够的水分,水泥的水化、凝结硬化才能充分进行。保持水泥浆温度和湿度的措施,称为水泥的养护。

(5)龄期。水泥浆随着时间的延长,水化物增多,内部结构就逐渐致密,一般来说,强度在不断增长。

3.6.2 水泥力学性质评价方法

水泥强度检验是将水泥和标准砂以1:3的比例混合后,以水灰比0.5拌制成一组塑性胶砂,制成40mm×40mm×160mm标准试件,在标准条件下养护到规定的龄期,然后采用规定的方法测出抗折和抗压强度。

强度是评价水泥强度等级的重要指标,同时也是水泥混凝土配合比的重要参数。水泥强度包括抗压强度和抗折强度两个方面。强度除了与水泥自身熟料矿物组成和细度有关外,还与水和水泥用量之比(水灰比)、试件制作方法、养护条件和时间密切相关。我国采用胶砂法检验水泥的强度。

3.6.3 水泥砂胶强度试验

1)试验目的

(1)本方法规定水泥胶砂强度检验基准方法的仪器、材料、胶砂组成、试验条件、操作步骤和结果计算。

(2)本方法适用于硅酸盐水泥、普通硅酸盐水泥、矿渣硅酸盐水泥、粉煤灰硅酸盐水泥、复合硅酸盐水泥、道路硅酸盐水泥以及石灰石硅酸盐水泥的抗折与抗压强度检验。采用其他水泥时必须研究本方法的适用性。

2)试验仪器

(1)胶砂搅拌机:胶砂搅拌机属行星式,其搅拌叶片和搅拌锅作相反方向的转动。叶片和锅由耐磨的金属材料制成,叶片与锅底、锅壁之间的间隙为叶片与锅壁最近的距离。

(2)振实台:振实台由装有两个对称偏心轮的电动机产生振动,使用时固定在混凝土基座上。为防止外部振动影响振实效果,可在整个混凝土基座下放一层厚约5mm天然橡胶弹性衬垫。

将仪器用地脚螺丝固定在基座上,安装后设备成水平状态,仪器底座与基座之间要铺一层砂浆以确保它们完全接触。

(3)试模及下料漏斗：

①试模为可装卸的三联模，由隔板、端板、底座等部分组成。

②下料漏斗由漏斗和模套两部分组成。漏斗用厚为0.5mm的白铁皮制作，下料口宽度一般为4~5mm。模套高度为20mm，用金属材料制作。套模壁与模型内壁应重叠，超出内壁不应大于1mm。

(4)抗折试验机和抗折夹具。

(5)抗压试验机和抗压夹具。

(6)天平：感量为1g。

3)试件成型

(1)成型前将模擦净，四周的模板与底座的接触面上应涂黄油，紧密装配，防止漏浆，内壁均匀地刷一薄层机油。

(2)水泥与ISO砂的质量比为1:3、水灰比0.5。

(3)每成型三条试件需称量的材料及用量为：水泥450g±2g；ISO砂1 350g±5g；水225mL±1mL。

(4)将水加入锅中，再加入水泥，把锅放在固定架上并上升至固定位置。然后立即开动机器，低速搅拌30s后，在第二个30s开始的同时均匀将砂子加入。砂子分级装时，应从最粗粒级开始，依次加入，再高速搅拌30s。

(5)用振实台成型时，将空试模和模套固定在振实台上，用适当的勺子直接从搅拌锅中将胶砂分为两层装入试模，装第一层时，每个槽里约放300g砂浆，用大播料器垂直架在模套顶部，沿每个模槽来回一次将料层播平，接着振实60次。再装入第二层胶砂，用小播料器播平，再振实60次。移走模套，从振实台上取下试模，并用刮尺以90°的角度架在试模顶的一端，沿试模长度方向以横向锯割动作慢慢向另一端移动，一次将超出试模的胶砂刮去。并用同一直尺在近乎水平的情况下将试件表面抹平。

(6)当用代用振动台成型时，在搅拌胶砂的同时将试模及下料漏斗卡紧在振动台台面中心。将搅拌好的全部胶砂均匀地装于下料漏斗中，开动振动台120s±5s停车。振动完毕，取下试模，用刮平尺按(5)刮去多余胶砂并抹平试件。

(7)在试模上作标记或加字条标明试件的编号和试件相对于振实台的位置。两个龄期以上的试件，编号时应将同一试模中的三条试件分在两个以上的龄期内。

(8)试验前或更换水泥品种时，须将搅拌锅、叶片和下料漏斗等抹擦干净。

4)养护

(1)编号后，将试模放入养护箱养护，养护箱内箅板必须水平。水平放置时刮平面应朝上。对于24h龄期的，应在破型试验前20min内脱模。对于24h以上龄期的，应在成型后20~24h内脱模。脱模时要非常小心，应防止试件损伤。硬化较慢的水泥允许延期脱模，但须记录脱模时间。

(2)试件脱模后即放入水槽中养护，试件之间间隙和试件上表面的水深不得小于5mm。每个养护池中只能养护同类水泥试件，并应随时加水，保持恒定水位，不允许养护期间全部换水。

(3)除24h龄期或延迟48h脱模的试件外，任何到龄期的试件应在试验(破型)前15min从水中取出。抹去试件表面沉淀物，并用湿布覆盖。

5) 强度试验

(1) 各龄期(试件龄期从水泥加水搅拌开始算起)的试件应在表3-1所列时间内进行强度试验。

龄期和试验时间表 表3-1

龄 期	试验时间	龄 期	试验时间
24h	24h±15min	7d	7d±2h
48h	48h±30min	28d	28d±8h
72h	72h±45min		

(2) 抗折强度试验如下：

①以中心加荷法测定抗折强度。

②采用杠杆式抗折试验机试验时，试件放入前，应使杠杆成水平状态，将试件成型侧面朝上放入抗折试验机内。试件放入后调整夹具，使杠杆在试件折断时尽可能地接近水平位置。

③抗折试验加荷速度为50N/s±10N/s，直至折断，并保持两个半截棱柱试件处于潮湿状态直至抗压试验。

④抗折强度按式(3-11)计算，抗折强度计算精确到0.1MPa。

$$R_f = 1.5 F_f L/b^3 \qquad (3-11)$$

式中：R_f——抗折强度(MPa)；

F_f——破坏荷载(N)；

L——支撑圆柱中心距(mm)；

b——试件断面正方形的边长，为40mm。

⑤抗折强度结果取三个试件平均值，精确至0.1MPa。当三个强度值中有超过平均值±10%的；应剔除后再平均，以平均值作为抗折强度试验结果。

(3) 抗压强度试验如下：

①抗折试验后的断块应立即进行抗压试验。抗压试验须用抗压夹具进行，试件受压面为试件成型时的两个侧面，面积为40mm×40mm。试验前应清除试件受压面与加压板间的砂粒或杂物。试件的底面靠紧夹具定位销，断块试件应对准抗压夹具中心，并使夹具对准压力机压板中心，半截棱柱体中心与压力机压板中心差应在±0.5mm内，棱柱体露在压板外的分约为10mm。

②压力机速度应控制在2 400N/s±200N/s速率范围内，在接近破坏时更应严格掌握。

③抗压强度按式(3-12)计算，抗压强度计算值精确到0.1MPa。

$$R_c = F_c/A \qquad (3-12)$$

式中：R_c——抗压强度(MPa)；

F_c——破坏荷载(N)；

A——受压面积，40mm×40mm = 1 600mm²。

④抗压强度结果为一组6个断块试件抗压强度的算术平均值，精确至0.1MPa，如果6个强度值中有一个值超过平均值±10%的，应剔除后以剩下的5个值的算术平均值为最后结果。如果5个值中再有超过平均值±10%的，则此组试件无效。

3.7 水泥的化学性质

3.7.1 水泥化学性质内容及对水泥性能的影响

水泥的化学性质主要指对水泥物理力学性能造成不利影响的有害成分。为保证水泥的品质，要限定这些成分不能超出规定的限量。

水泥化学品质指标有不溶物、烧失量、氧化镁、SO_3、氯离子和碱含量等指标。

1) 有害成分

有害成分指水泥中游离氧化镁、三氧化硫、氯离子或碱含量。

氧化镁的含量：指水泥中游离的 MgO 含量，其水化反应速度慢，体积膨胀，引起水泥体积不安定。石膏含量过多时，也会引起体积膨胀，不安定。游离氧化镁和氧化钙都是过烧的，熟化很慢，在水泥已经硬化后才发生熟化反应，产生固相体积膨胀，引起不均匀的体积变化，导致水泥石开裂。当石膏掺量过多时，在水泥硬化后，残留的石膏还会继续与固态的水化铝酸钙反应生成高硫型水化硫铝酸钙，体积约增大 1.5 倍，也会引起水泥石开裂。

氯化物既可以存在于新拌混凝土中，也可以通过渗透进入水泥浆体。由于氯化物对钢筋有腐蚀作用，几乎所有国家在有关水泥标准中都将拌和料中的氯化物含量进行限制。在混凝土结构使用过程中，氯化物可以从各种各样的来源渗透进混凝土，其中最主要的是海水、除冰盐和聚氯乙烯燃烧后的灰。

若水泥中碱含量高，当选用含有活性的集料配制混凝土时，会产生碱集料反应，国际相关组织规定：水泥中碱含量按 $Na_2O + 0.658K_2O$ 计算值来表示，若使用活性集料，用户要求提供低碱水泥时，则水泥中的碱含量不大于 0.60% 或由双方商定。我国将碱含量作为选择性指标。

2) 不溶物

不溶物指用盐酸溶解后的不溶残渣。水泥中的不溶物来自原料中的黏土和氧化硅，由于煅烧不良，化学反应不充分而未能形成熟料矿物，这些物质的存在将影响水泥的有效成分含量。

3) 烧失量

水泥由于受潮或煅烧不佳都会使水泥在规定温度加热时增加质量的损失，表明水泥的品质受到不利因素的影响。

3.7.2 游离氧化镁和氧化钙的评价思路

游离氧化钙引起的水泥体积安定性不良，可用沸煮法检验。测试方法有试饼法和雷氏法。试饼法是观察水泥净浆试饼沸煮 3h 后的外形变化；雷氏法是测定水泥净浆在雷氏夹中沸煮 3h 后的膨胀值（有争议时以雷氏法为准）。

由于游离氧化镁在压蒸条件下加速熟化，石膏的危害则需长期在常温水中才能发现，两者均不便于快速检验。所以目前采用的安定性检测方法只是针对游离氧化钙的影响，并未涉及游离氧化镁和石膏造成的安定性问题。为保证水泥的安定性合格，对于硅酸盐水泥和普通硅酸盐水泥，水泥中氧化镁含量不得超过 5.0%，若经压蒸安定性试验合格，允许放宽到 6.0%；三氧化硫含量不得超过 3.5%。

3.8 水泥技术标准和质量评定

3.8.1 通用硅酸盐水泥技术要求

国家标准《通用普通硅酸盐水泥》(GB 175—2007)对通用硅酸盐水泥的不溶物、烧失量、氧化镁、三氧化硫、氯离子、细度、凝结时间、安定性、强度和碱含量10个方面提出了技术要求。

1）化学指标

水泥的化学指标技术要求见表3-2。

水泥的化学指标　　　　　表3-2

品　种	代　号	不溶物 质量分数(%)	烧失量 质量分数(%)	三氧化硫 质量分数(%)	氧化镁 质量分数(%)	氯离子 质量分数(%)
硅酸盐水泥	P.Ⅰ	≤0.75	≤3.0	≤3.5	≤5.0	≤6.0
	P.Ⅱ	≤1.50	≤3.5			
普通硅酸盐水泥	P.O	—	≤5.0			
矿渣硅酸盐水泥	P.S.A	—	—	≤4.0	≤6.0	
	P.S.B	—	—			
火山灰质硅酸盐水泥	P.P	—	—	≤3.5	≤0.06	
粉煤灰硅酸盐水泥	P.F	—	—			
复合硅酸盐水泥	P.C	—	—			

2）碱含量（选择性指标）

水泥中碱含量按 $Na_2O+0.658K_2O$ 计算值表示。若使用活性集料，用户要求提供低碱水泥时，水泥中的碱含量应不大于60%或由买卖双方协商确定。

3）物理指标

（1）凝结时间：硅酸盐水泥初凝不小于45min，终凝不大于390min；普通硅酸盐水泥、矿渣硅酸盐水泥、火山灰质硅酸盐水泥、粉煤灰硅酸盐水泥和复合硅酸盐水泥初凝不小于45min，终凝不大于600min。

（2）安定性：沸煮法合格。

4）强度

不同品种不同强度等级的通用硅酸盐水泥，其不同各龄期的强度应符合表3-3的规定。

通用硅酸盐水泥不同各龄期的强度(MPa)　　　　　表3-3

品　种	等级强度	抗压强度		抗折强度	
		3d	28d	3d	28d
硅酸盐水泥	42.5	≥17.0	≥42.5	≥3.5	≥6.5
	42.5R	≥22.0		≥4.0	
	52.5	≥23.0	≥52.5	≥4.0	≥7.0
	52.5R	≥27.0		≥5.0	
	62.5	≥28.0	≥62.5	≥5.0	≥8.0
	62.5R	≥32.0		≥5.5	

续上表

品　　种	等级强度	抗压强度		抗折强度	
		3d	28d	3d	28d
普通硅酸盐水泥	42.5	≥17.0	≥42.5	≥3.5	≥6.5
	42.5R	≥22.0		≥4.0	
	52.5	≥23.0	≥52.5	≥4.0	≥7.0
	52.5R	≥27.0		≥5.0	
矿渣硅酸盐水泥 火山灰硅酸盐水泥 粉煤灰硅酸盐水泥 复合硅酸盐水泥	32.5	≥10.0	≥32.5	≥2.5	≥5.5
	32.5R	≥15.0		≥3.5	
	42.5	≥15.0	≥42.5	≥3.5	≥6.5
	42.5R	≥19.0		≥4.0	
	52.5	≥21.0	≥52.5	≥4.0	≥7.0
	52.5R	≥23.0		≥4.5	

5) 细度(选择性指标)

硅酸盐水泥和普通硅酸盐水泥以比表面积表示,不小于 $300m^2/kg$;矿渣硅酸盐水泥、火山灰质硅酸盐水泥、粉煤灰桂酸盐水泥和复合硅酸盐水泥以筛余表示,$80\mu m$ 方孔筛筛余不大于 10% 或 $45\mu m$ 方孔筛筛余不大于 30%。

3.8.2　通用硅酸盐水泥强度等级

硅酸盐水泥的强度等级可划分为 42.5、42.5R、52.5、52.5R、62.5、62.5R 六个等级,普通硅酸盐水泥的强度等级分为 42.5、42.5R、52.5、52.5R 四个等级,矿渣硅酸盐水泥、火山灰质硅酸盐水泥、粉煤灰硅酸盐水泥、复合硅酸盐水泥的强度等级分为 32.5、32.5R、42.5、42.5R、52.5、52.5R 六个等级。

3.8.3　通用硅酸盐水泥质量判定规则

我国现行规范规定:凡检验结果符合表 3-2 中化学指标、凝结时间、安定性、强度的为合格产品;凡不符合其中的任何一条的均为不合格产品。

3.9　水泥混凝土的概念

3.9.1　混凝土材料的组成

水泥混凝土是由水泥、粗细集料和水按适当比例配合,在需要时掺加适宜的外加剂、掺和料等配制而成。其中水泥起胶凝和填充作用,集料起骨架和密实作用,水泥与水发生化学反应生成具有胶凝作用的水化物,将集料颗粒紧密黏结在一起,经过一定凝结硬化时间后形成人造石材,成为混凝土。

3.9.2　各类混凝土的概念

(1)普通混凝土:指干密度为 $2\,000\sim2\,800kg/m^3$ 的水泥混凝土。

(2)干硬性混凝土:指混凝土拌和物的坍落度小于10mm且须用维勃稠度(s)表示其稠度的混凝土。

(3)塑性混凝土:指混凝土拌和物坍落度为10~90mm的混凝土。

(4)流动性混凝土:指拌和物坍落度为100~150mm的混凝土。

(5)大流动性混凝土:指拌和物坍落度等于或大于160mm的混凝土。

(6)抗渗混凝土:抗渗等级等于或大于P6级的混凝土。

(7)抗冻混凝土:指抗冻等级等于或大于F50级的混凝土。

(8)高强混凝土:指强度等级为C60及其以上的混凝土。

(9)泵送混凝土:指拌和物的坍落度不低于100mm并用泵送施工的混凝土。

(10)大体积混凝土:指结构物实体最小尺寸等于或大于1m或预计会因水泥水化热引起混凝土内外温差过大而导致裂缝的混凝土。

3.10 新拌水泥混凝土的工作性

3.10.1 混凝土工作性的定义

新拌混凝土的工作性又称和易性,是指混凝土具有流动性、可塑性、稳定性和易密性等几方面的一项综合性能。

流动性:是指混凝土拌和物在自重或机械振捣作用下,能产生流动,并均匀密实地填满模板的性能。

可塑性:指拌和物在外力作用下产生塑性流动,不发生脆性断裂的性质。

稳定性:指拌和物在外力作用下,集料在水泥浆体中保持均匀分布,不会产生离析或出现泌水现象的性能。

易密性:指拌和物在捣实或振动过程中克服摩阻力达到密实稠度的能力。

3.10.2 评定混凝土工作性的方法

目前,还没有能够全面反映混凝土拌和物工作性的简单测定方法。通常,通过试验测定流动性,以目测和经验评定混凝土的黏聚性和保水性。混凝土的流动性用稠度表示,其测定方法有坍落度法、坍落扩展度法和维勃稠度法。

1)坍落度法

对于坍落度大于10mm,集料公称最大粒径不大于31.5mm的混凝土,采用坍落度与坍落扩展度测定稠度。坍落度试验是将待测混凝土以规定的方式分三层装入标准坍落筒内,每层按要求均匀插捣25次,多余的混凝土用抹刀抹平。随后垂直地提起坍落筒,在重力作用下混凝土会自动坍落。测出筒高与坍落后混凝土试件最高点之间的高差(单位为mm),作为试验结果,称为坍落度,作为流动性指标。坍落度越大,表示其流动性越大。当混凝土拌和物的坍落度大于220mm时,坍落度不能准确反映混凝土的流动性,用混凝土扩展后的平均直径即坍落扩展度,作为流动性指标。

在测定坍落度与坍落扩展度的同时,应观察混凝土拌和物的黏聚性及保水性,以全面评定新拌混凝土的工作性。

2) 维勃稠度法

对于集料公称最大粒径不大于 31.5mm 的混凝土及维勃时间在 5~30s 之间的干稠性水泥混凝土,采用维勃稠度法测定稠度,用维勃稠度仪测定。维勃稠度试验是按规定方法将拌和物装填到放在维勃稠度仪上的坍落度筒中,提起坍落度筒后,将一透明圆盘扣在混凝土拌和物上。开启振动台,同时用秒表开始计时,当透明圆盘底面被水泥浆布满的瞬间停止计时,并关闭振动台。以这一过程所需的时间作为维勃稠度试验的结果,以秒为单位。显然维勃时间愈长,混凝土拌和物的坍落度越小。

3.10.3 影响混凝土工作性的因素

能够影响到混凝土拌和物工作性的因素概括地分为内因和外因两大类。外因主要指施工环境条件,包括外界环境的气温、湿度、风力大小以及时间等。但应值得重视和了解的因素是在构成混凝土组成材料的特点及其配合比等内因上,其中包括原材料特性、单位用水量、水灰比和砂率等方面。

1) 水泥浆的数量和稠度

在新拌混凝土中,水泥浆填充集料间的空隙,并包裹集料,它赋予新拌混凝土一定的流动性。因此,水泥浆的数量和稠度对新拌混凝土的和易性有显著影响。新拌混凝土中的水泥浆量增多时,流动性增大。但是水泥浆量过多,将会出现流浆现象,容易发生离析。如果水泥浆量过少,则集料间缺少黏结物质,黏聚性变差,易出现崩坍。新拌混凝土中的水泥浆较稠时,流动性较小。如果水泥浆干稠,新拌混凝土的流动性过低,会使施工困难。如果水泥浆过稀,又造成黏聚性和保水性不良,产生流浆和离析现象。水泥浆的稠度决定于水灰比,但水灰比直接影响混凝土的强度和耐久性。所以,水灰比的大小,应根据混凝土强度和耐久性的要求合理确定。

事实上,对新拌混凝土流动性起决定作用的是用水量。无论提高水灰比或增加水泥浆量都表现为混凝土用水量的增加。在拌制混凝土时,不能用单纯改变用水量的办法来调整新拌混凝土的流动性。单纯加大用水量会降低混凝土的强度和耐久性。因此,应该在保持水灰比不变的条件下,用调整水泥浆量的办法来调整新拌混凝土的流动性。

2) 砂率

砂率是指混凝土中砂的质量占砂石总质量的百分率。

砂率的变动,会影响新拌混凝土中集料的级配,使集料的空隙率和总表面积有很大变化,对新拌混凝土的和易性产生显著影响。在水泥浆数量一定时,砂率过大,集料的总表面积及空隙率都会增大,需较多水泥浆填充和包裹集料,使起润滑作用的水泥浆减少,新拌混凝土的流动性减小。砂率过小,集料的空隙率显著增加,不能保证在粗集料之间有足够的砂浆层,也会降低新拌混凝土的流动性,并会严重影响黏聚性和保水性,容易造成离析、流浆等现象。显然,砂率有一个合理范围,处于这一范围的砂率称为合理砂率。当采用合理砂率时,在用水量和水泥用量一定的情况下,能使混凝土拌和物获得最大的流动性且能保持良好的黏聚性和保水性。合理砂率随粗集料种类、最大粒径和级配、砂子的粗细程度和级配,混凝土的水灰比和施工要求的流动性而变化,需要根据实际施工条件,通过试验来选择。

3) 组成材料的性质

(1) 水泥。水泥对新拌混凝土和易性的影响主要是水泥的需水量和泌水性。需水量大的水泥拌制的新拌混凝土的流动性较小,但一般黏聚性和保水性较好,泌水性大的水泥拌制的新拌混凝土的保水性差。

(2)集料。集料对新拌混凝土和易性的影响主要是集料的级配、颗粒形状、表面特征及最大粒径。一般来说,级配好的集料拌制的新拌混凝土的流动性较大,黏聚性和保水性也较好。集料中针、片、长颗粒较多时,新拌混凝土的流动性减小,易产生离析。表面光滑的集料(如河砂、卵石)拌制的新拌混凝土的流动性较好。集料的最大粒径增大,总表面积减小,新拌混凝土的流动性较大。

(3)外加剂和掺和料。在新拌混凝土中,加入少量减水剂,能使流动性大幅度增加;加入引气剂,能增加流动性,改善黏聚性,降低泌水性;加入增稠剂,能增加大流动性混凝土的黏聚性,减少泌水。

在混凝土中掺入掺和料,能增加新拌混凝土的黏聚性,减少离析和泌水。当同时加入优质粉煤灰、硅灰等超细微粒掺和料,还能增加新拌混凝土的流动性。

(4)时间和温度。新拌混凝土中的流动性随时间的延长而减小,其原因是水泥水化、集料吸收、水分蒸发以及水泥浆凝聚结构的形成,都使混凝土中起润滑作用的自由水减少,致使新拌混凝土拌和物的流动性变差。新拌混凝土流动性随时间的延长而减小的现象称为坍落度损失。

新拌混凝土流动性还受温度的影响。随着环境温度的升高,水分蒸发及水泥水化反应加快,新拌混凝土的初始流动性减小,坍落度损失加快。

3.10.4 水泥混凝土拌和物稠度试验方法(坍落度仪法)

1)目的和适用范围

(1)本方法规定了采用坍落度仪测定水泥混凝土拌和物稠度的方法和步骤。

(2)本方法适用于坍落度大于10mm,集料公称最大粒径不大于31.5mm的水泥混凝土的坍落度测定。

2)仪器设备

(1)坍落筒:符合最新标准为《混凝土坍落度仪》(JG/T 248—2009)中有关技术要求。坍落筒为铁板制成的截头圆锥筒,厚度不小于1.5mm,内侧平滑,没有铆钉头之类的突出物,在筒上方约2/3高度处有两个把手,近下端两侧焊有两个踏脚板,保证坍落筒可以稳定操作。

(2)捣棒:符合最新标准为《混凝土坍落度仪》(JG/T 248—2009)中有关技术要求,为直径(16±0.2)mm,长约(600±5)mm并具有半球形端头的钢质圆棒。

(3)其他:小铲、木尺、小钢尺、镘刀和钢平板等。

3)试验步骤

(1)试验前将坍落筒内外洗净,放在经水润湿过的平板上(平板吸水时应垫以塑料布),踏紧踏脚板。

(2)将代表样分三层装入筒内,每层装入高度稍大于筒高的1/3,用捣棒在每一层的横截面上均匀插捣25次。插捣在全部面积上进行,沿螺旋线由边缘至中心,插捣底层时插至底部,插捣其他两层时,应插透本层并插入下层约20~30mm,插捣须垂直压下(边缘部分除外),不得冲击。在插捣顶层时,装入的混凝土应高出坍落筒口,随插捣过程随时添加拌和物。当顶层插捣完毕后,将捣棒用锯和滚的动作,清除掉多余的混凝土,用镘刀抹平筒口,刮净筒底周围的拌和物。而后立即垂直地提起坍落筒,提筒在5~10s内完成,并使混凝土不受横向及扭力作用。从开始装料到提出坍落度筒整个过程应在150s内完成。

(3)将坍落筒放在锥体混凝土试样一旁,筒顶平放木尺,用小钢尺量出木尺底面至试样顶面最高点的垂直距离,即为该混凝土拌和物的坍落度,精确至1mm。

(4)当混凝土试件的一侧发生崩坍或一边剪切破坏,则应重新取样另测。如果第二次仍发生上述情况,则表示该混凝土和易性不好,应记录。

(5)当混凝土拌和物的坍落度大于220mm时,用钢尺测量混凝土扩展后最终的最大直径和最小直径,在这两个直径之差小于50mm的条件下,用其算术平均值作为坍落扩展度值;否则,此次试验无效。

(6)坍落度试验的同时,可用目测方法评定混凝土拌和物的下列性质,并予记录。

①棍度:按插捣混凝土拌和物时难易程度评定。分"上"、"中"、"下"三级。

"上":表示插捣容易;

"中":表示插捣时稍有石子阻滞的感觉;

"下":表示很难插捣。

②含砂情况:按拌和物外观含砂多少而评定,分"多"、"中"、"少"三级。

"多":表示用镘刀抹拌和物表面时,一两次即可使拌和物表面平整无蜂窝;

"中":表示抹五六次才可使表面平整无蜂窝;

"少":表示抹面困难,不易抹平,有空隙及石子外露等现象。

③黏聚性:观测拌和物各组分相互黏聚情况。评定方法是用捣棒在已坍落的混凝土锥体侧面轻打,如锥体在轻打后逐渐下沉,表示黏聚性良好;如锥体突然倒坍、部分崩裂或发生石子离析现象,即表示黏聚性不好。

④保水性:指水分从拌和物中析出情况,分"多量"、"少量"、"无"三级评定。

"多量":表示提起坍落筒后,有较多水分从底部析出;

"少量":表示提起坍落筒后,有少量水分从底部析出;

"无":表示提起坍落筒后,没有水分从底部析出。

4)试验结果

混凝土拌和物坍落度和坍落扩展度值以毫米(mm)为单位,测量精确至1mm,结果修约至最接近的5mm。

3.11 水泥混凝土拌和物凝结时间

3.11.1 定义

水泥的水化是混凝土产生凝结的主要原因,但是混凝土的凝结时间与水泥的凝结时间并不一致,因为水灰比的大小会明显影响水泥的凝结时间,水灰比越大,凝结时间越长,一般混凝土的水灰比与测定水泥凝结时间的水灰比是不同的,凝结时间便有所不同。而且新拌混凝土的凝结时间,还受温度、外加剂等其他各种因素的影响。

贯入阻力达到3.5MPa和28.0MPa的时间,分别是新拌混凝土的初凝和终凝时间。这是从实用角度人为划分的,实际上,贯入阻力达到3.5MPa时,混凝土还没有抗压强度,初凝时间表示的是新拌混凝土正常地搅拌、浇注和捣实的极限;贯入阻力达到28MPa时,抗压强度约为7MPa,终凝时间表示混凝土力学强度开始快速发展。

3.11.2 试验

1)目的和适用范围

(1)通过测定贯入阻力的试验方法,检测混凝土拌和物的凝结时间,来控制现场施工流程。

(2)其适用于各通用水泥和常见外加剂以及不同水泥混凝土配合比、坍落度值不为零的水泥混凝土拌和物的凝结时间测定。

2)试样制备

(1)取有代表性的混凝土拌和物,用4.75mm的标准筛尽快过筛,筛去4.75mm以上的粗集料,再经人工翻拌后,装入试模。每批混凝土拌和物取1个试样,共取3个试样,分装到3个试模中。

(2)对于坍落度不大于70mm的混凝土宜用振动振实砂浆,振动应持续到表面出浆为止且应避免过振;对于坍落度大于70mm的,宜用捣棒人工捣实,沿螺旋方向由外向中心均匀插捣25次,然后用橡胶锤轻击试模侧面,以排除其中的空洞。进一步整平砂浆表面,且表面要低于试模上沿约10mm。砂浆试样筒应立即加盖。

(3)将试件放在20℃±2℃或尽可能与现场相同的环境中,并在以后的试验中,环境温度始终保持20℃±2℃。在整个测试过程中,除在吸取泌水或贯入试验外,试筒应始终加盖。

(4)约1h后,将试件一侧稍微垫高约20mm,使其倾斜静置约2min,用吸液管吸去泌水,以后每到测试前约2min,同上步骤用吸液管吸去泌水。若在贯入测试前还有泌水,也应吸干。

3)试验步骤

(1)先将待测试件放在贯入阻力仪底座上,记录此时刻度盘上显示的砂浆和试模的总质量。

(2)试验时根据试样贯入阻力的大小,选择合适的测针;当砂浆表面测孔周围出现微小裂缝时,应改换较小截面积的测针。

(3)先使测针端面刚刚接触砂浆表面,然后转动手轮让测针在10s±2s内垂直且均匀地插入试样内,深度为25mm±2mm,记下刻度盘显示的质量增值,并记下从开始加水拌和所经过的时间(精确至1min)和环境温度(精确至0.5℃)。

每次测定时,测针应距试模边缘至少25mm,而每次测针的检测点之间净距离也至少为所用测针直径的2倍且不小于15mm。3个试模每次各测1~2点,取其算术平均值为该时间的贯入阻力。

(4)每个试样做贯入阻力试验应在0.2~28MPa间,且次数不少于6次,最后一次的单位面积贯入阻力应不低于28MPa,从加水拌和时刻算起,常温下普通混凝土3h后开始测定,以后每次间隔1h;快硬混凝土或气温较高时,则应在2h后开始测定,以后每隔0.5h测一次,缓凝混凝土或低温环境下,可5h后开始测定,以后每隔2h测一次。在临近初凝、终凝时可增加测定次数。

4)试验说明和注意事项

(1)每次测定时,测针应距试模边缘至少25mm,而每次测针的检测点之间净距离也至少为所用测针直径的2倍且不小于15mm。

(2)如果混凝土进行湿筛不好操作时,可以按混凝土中水泥砂浆的配合比,直接称料拌和成砂浆再进行试验,但注意应按粗集料的吸水率修正加水量。

3.12 硬化后水泥混凝土的力学强度

3.12.1 混凝土强度等级确定的依据

混凝土材料的强度是用强度等级作为设计依据的。在结构设计时,混凝土各种力学强度的标准值,均可由强度的标准值,一般可由强度等级换算出,所以强度等级是混凝土各种力学强度标准值的基础。

3.12.2 混凝土强度等级

混凝土"强度等级"是根据"立方体抗压强度标准值"来确定的。

强度等级表示方法,是用符号"C"和"立方体抗压强度标准值"两项内容表示。例如 C30 即表示混凝土立方体抗压强度标准值 $f_{cu,k}$ 为 30MPa。

按照我国现行规范规定,普通混凝土按立方体抗压强度标准值划分为:C7.5、C10、C15、C20、C25、C30、C35、C40、C45、C50、C55 和 C60 等 12 个强度等级。

3.12.3 影响混凝土强度的因素

影响混凝土强度的因素很多,主要是组成原材料的影响,包括原材料的特征和各材料之间的组成比例等内因,以及养护条件和试验检测条件等外因。

1)组成材料和配合比

(1)水泥的强度和水灰比:试验证明,混凝土强度随水灰比的增大而降低,呈曲线关系;随灰水比的增大而增加,呈直线关系。

(2)集料的影响:集料的表面状况影响水泥石与集料的黏结,从而影响混凝土的强度。碎石表面粗糙,黏结力较大;卵石表面光滑,黏结力较小。因此,在配合比相同的条件下,碎石混凝土的强度比卵石混凝土的强度高,特别是在水灰比较低(<0.4)时差异较明显。

集料的最大粒径对混凝土的强度也有影响,集料的最大粒径愈大,混凝土的强度愈小,特别是对水灰比较低的中强和高强混凝土,集料最大粒径的影响十分明显。

针片状颗粒含量给施工带来不利影响,并引起混凝土空隙率的提高,所以混凝土用的粗集料要限制针片状颗粒含量。

(3)外加剂和掺和料:在混凝土中掺入外加剂,可使混凝土获得早强和高强性能,混凝土中掺入早强剂,可显著提高早期强度,掺入减水剂可大幅度减少拌和用水量,在较低的水灰比下,混凝土仍能较好地成型密实,获得很高的 28d 强度。

在混凝土中加入掺和料,可提高水泥石的密实度,改善水泥石与集料的界面黏结强度,提高混凝土的长期强度。因此,在混凝土中掺入高效减水剂和掺和料是制备高强和高性能混凝土所必需的技术措施。

(4)浆集比:混凝土中水泥浆的体积和集料体积之比称为浆集比。在水灰比相同的条件下,达到最佳浆集比后,混凝土强度随着混凝土浆集比的增加而降低。

2)养护条件

(1)养护的温度和湿度:

①养护温度对水泥的水化速度有显著的影响,养护温度高水泥的初期水化速度快,混凝土早期强度高。但是,早期的快速水化会导致水化物分布不均匀,在水泥石中形成密实度低的薄弱区,影响混凝土的后期强度。养护温度降低时,水泥的水化速度减慢,水化物有充分时间扩散,从而在水泥石中分布均匀,有利于后期强度的发展。混凝土早期强度较低,容易破坏。所以,应防止混凝土早期受冻。

②湿度对水泥的水化能否正常进行有显著影响,湿度适当时,水泥水化进行顺利,混凝土的强度能充分发展。如果湿度不够,混凝土会失水干燥,影响水泥水化的正常进行,甚至使水化停止,严重降低混凝土的强度。而且,因水化未完成,混凝土的结构疏松,抗渗性较差,严重时还会形成干缩裂缝,影响混凝土的耐久性。

(2)龄期:混凝土在正常养护条件下,其强度将随着龄期的增加而增长。最初的7~14d内,强度增长较快,28d以后增长缓慢,龄期延续很长,混凝土的强度仍有所增长。在标准条件下,混凝土强度的发展大致与其龄期的对数成正比关系。

3)试验条件

(1)试件的尺寸和形状:

①尺寸。形状相同的试件,试件的尺寸越小,试验测得的强度越高,反之亦然。混凝土的强度与试件尺寸有关的现象称为尺寸效应。混凝土试件的尺寸大时,内部缺陷出现的概率大,易引起应力集中,导致强度降低。我国标准规范采用150mm×150mm×150mm的立方体试件作为标准试件。当采用非标准的其他尺寸试件时,如果混凝土的强度等级小于C60,所测得的抗压强度应乘以表3-4所列的尺寸换算系数。如果混凝土的强度等级为C60及以上,其强度的尺寸换算系数可通过试验确定。

混凝土试件尺寸及强度的尺寸换算系数　　　　表3-4

集料最大粒径(mm)	试件尺寸(mm)	强度的尺寸换算系数
31.5	100×100×100	0.95
63	200×200×200	1.05
40	100×100×100	1.00

②形状。混凝土的抗压强度还与试件的形状有关,棱柱体(或圆柱体)试件的抗压强度低于立方体试件的抗压强度。棱柱体(或圆柱体)试件的强度与其高宽(径)比有关,高宽(径)比越大,抗压强度越小。这种现象是由于"环箍效应"所产生的。环箍效应是指试件受压时,试件的受压面与试验机的承压板之间的摩擦力对试件受压时相对于承压板的横向膨胀起的约束作用。试验结果表明,棱柱体的抗压强度随高宽比的增大而减小,当高宽比由1增加至2时,强度降低很快,高宽比超过2时,强度降低很少。

(2)表面状况:混凝土试件承压面的状况也是影响混凝土强度测试结果的重要因素。当试件受压面上有油脂润滑剂时,环箍效应大大减小,试件将出现直裂破坏,测得的强度值较低。试件的承压面必须平整且与试件的轴线垂直。一般试件承压面凹凸在0.05以下。如果承压面不平整,则易形成局部受压,引起应力集中,使强度降低。

(3)加荷速度:混凝土的抗压强度与加荷速度有关。加荷速度越快,测得的强度值越高;当加荷速度超过1.0MPa/s时,这种趋势较为明显。因此,我国标准根据混凝土的强度等级,规定加荷速度为每秒0.3~1.0MPa,且应连续均匀地加荷。

3.12.4 立方体、棱柱体混凝土试件成型方法

1) 目的和使用范围

本方法规定了在常温环境中室内试验时立方体、棱柱体水泥混凝土试件制作方法。

2) 试验仪器

搅拌机、振动台、标准振动台、球座、试模、捣棒、橡胶锤、游标卡尺。

3) 立方体和棱柱体成型

(1) 按照水泥混凝土拌和物拌和与现场取样方法拌和水泥混凝土。成型前试模内壁涂一薄层油。

(2) 取拌和物的总量至少比所需量高20%以上,并取出少量混凝土拌和物代表样,在5min内进行坍落度或维勃稠度试验,认为品质合格后,应在15min内开始制件。

(3) 对于坍落度小于25mm时,可采用φ25mm的插入式振捣棒成型。将混凝土拌和物一次装入试模,装料时应用抹刀沿各试模壁插捣,并使混凝土拌和物高出试模口;振捣时振捣棒距底板10~20mm,且不要接触底板。振捣直到表面出浆为止,且应避免过振,以防止混凝土离析,一般振捣时间为20s。振捣棒拔出时要缓慢,拔出后不得留有孔洞。用刮刀刮去多余的混凝土,在临近初凝时,用抹刀抹平。试件抹面与试模边缘高低差不得超过0.5mm。

(4) 当坍落度大于25mm且小于70mm时,用标准振动台成型。将试模放在振动台上夹牢,防止试模自由跳动,将拌和物一次装满试模并稍有富余,开动振动台至混凝土表面出现乳状水泥浆时为止,振动过程中随时添加混凝土使试模常满,记录振动时间(约为维勃秒数的2~3倍,一般不超过90s)。振动结束后,用金属直尺沿试模边缘刮去多余混凝土,用刮刀将表面初次抹平,待试件收浆后,再次用刮刀将试件仔细抹平,试件抹面与试模边缘的高低差不得超过0.5mm。

(5) 当坍落度大于70mm时,用人工成型,拌和物分厚度大致相等的两层装入试模,捣固时按螺旋方向从边缘到中心均匀地进行。插捣底层混凝土时,捣棒应到达模底,插捣上层时,捣棒应贯穿上层后插入下层20~30mm处。插捣时应用力将捣棒压下,保持捣棒垂直,不得冲击,捣完二层后,用橡皮锤轻轻击打试模外端面10~15下;以填平插捣过程中留下的孔洞。每层插捣次数,100cm^{2}截面积内不得少于12次。试件抹面与试模边缘高低差不得超过0.5mm。

4) 养护

试件成型后,用湿布覆盖表面,在室温20℃±5℃、相对湿度大于50%的环境中,静放一个到两个昼夜,然后拆模并做第一次外观检查,编号,对有缺陷的试件应除去或加工补平。

混凝土试件应在标准养护室进行养护,标准养护室温度20℃±2℃、相对湿度95%以上。试件放在铁架或木架上,间距至少10~20mm。试件表面应保持一层水膜,并避免用水直接冲淋。当无标准养护室时,将试件放入20℃±2℃不流动的氢氧化钙饱和溶液中养护。

5) 试验说明和注意事项

(1) 检查试模尺寸,避免使用变形试模。

(2) 给试模内涂脱模剂要均匀不易太多。

(3) 当坍落度大于70mm时,用人工成型。装模分两次装模插捣时,捣棒要插入下层20~30mm处。捣固时按螺旋方向从边缘到中心均匀地进行。

(4) 插捣完毕后,在混凝土临近初凝时抹平,试件抹面与试模边缘高低差不得超过0.5mm。

3.12.5 混凝土立方体抗压强度试验

1)目的和适用范围

(1)本试验规定了测定混凝土抗压极限强度的方法,以确定混凝土的强度等级,作为评定混凝土品质的主要指标。

(2)本试验适用于各类混凝土的立方体试件的极限抗压强度试验。

2)仪器设备

(1)压力机或万能试验机。

(2)球座。

(3)混凝土强度等级大于等于C60时,试验机上、下压板之间应各垫一钢垫板,平面尺寸应不小于试件的承压面,其厚度至少为25mm。钢垫板应机械加工,其平面度允许偏差±0.04mm;表面硬度大于等于55HRC;硬化层厚度约5mm。试件周围应设置防崩裂网罩。

3)试件制备

(1)混凝土抗压强度试件以边长150mm的正方体为标准试件,其集料最大粒径为31.5mm。

(2)混凝土抗压强度采用非标准试件时,其集料粒径应符合表3-5的规定。

抗压强度试件尺寸表(单位:mm) 表3-5

集料公称最大粒径	试件尺寸	集料公称最大粒径	试件尺寸
26.5	100×100×100	53	200×200×200
31.5	150×150×150		

(3)混凝土抗压强度试件应同龄期者为一组,每组为3个同条件制作和养护的混凝土试块。

4)抗压强度试验步骤

(1)至试验龄期时,自养护室取出试件,应尽快试验,避免其湿度变化。

(2)取出试件,检查其尺寸及形状,相对两面应平行。量出棱边长度,精确至1mm。试件受力截面按其与压力机上下接触面的平均值计算。在破型前,保持试件原有湿度,在试验时擦干试件。

(3)以成型时侧面为上下受压面,试件中心应与压力机几何对中。

(4)强度等级小于C30的混凝土取0.3~0.5MPa/s的加荷速度;强度等级大于C30小于C60时,则取0.5~0.8MPa/s的加荷速度;强度等级大于C60的混凝土,取0.8~1.0MPa/s的加荷速度。当试件接近破坏而开始迅速变形时,应停止调整试验机油门,直至试件破坏,记下破坏极限荷载$F(N)$。

5)抗压强度试验结果计算及评定

(1)混凝土立方体试件抗压强度按式(3-13)计算:

$$f_{cu} = F/A \tag{3-13}$$

式中:f_{cu}——混凝土立方体抗压强度(MPa);

F——极限荷载(N);

A——受压面积(mm^2)。

(2)以3个试件测值的算术平均值为测定值,计算精确至0.1MPa。3个测值中的最大值或最小值中如有一个与中间值之差超过中间值的15%,则取中间值为测定值;如最大值和最小值与中间值之差均超过中间值的15%,则该组试验结果无效。

(3)混凝土强度小于C60时,非标准试件的抗压强度应乘以尺寸换算系数(表3-6),并应在报告中注明。当混凝土强度大于等于C60,宜用标准试件,使用非标准试件,尺寸换算系数由试验确定。结果计算精确至0.1MPa。

立方体抗压强度尺寸换算系数表　　　　　　　表3-6

试件尺寸(mm)	尺寸换算系数	试件尺寸(mm)	尺寸换算系数
100×100×100	0.95	200×200×200	1.05
150×150×150	1.00		

3.12.6 混凝土抗弯拉强度试验

1)目的和适用范围

(1)本试验规定了测定混凝土抗弯拉极限强度的方法,以提供设计参数,检查混凝土施工品质和确定抗折弹性模量试验加荷标准。

(2)本方法适用于各类水泥混凝土的棱柱体试件。

2)仪器设备

(1)压力机或万能试验机。

(2)抗弯拉试验装置(即三分点处双点加荷和三点自由支承式混凝土抗弯拉强度与抗弯拉弹性模量试验装置)。

3)试件制备

(1)标准试件尺寸为150mm×150mm×550mm,集料公称最大粒径应不大于31.5mm,如确有必要,允许采用100mm×100mm×400mm试件,集料公称最大粒径应不大于26.5mm。在试件长度中部1/3区段内表面不得有直径超过2mm的孔洞。

(2)混凝土抗弯拉强度试件应取同龄期者为一组,每组为同条件制作和养护的试件3根。

4)试验步骤

(1)试件取出后,用湿毛巾覆盖并及时进行试验,保持试件干湿状态不变。在试件中部量出其宽度和高度,精确至1mm。

(2)调整两个可移动支座,将试件安放在支座上,试件成型时的侧面朝上,几何对中后,务必使支座及承压面与活动船型垫块的接触面平稳、均匀,否则应垫平。

(3)加荷时,应保持均匀、连续。当混凝土的强度等级小于C30时,加荷速度为0.02~0.05MPa/s;当混凝土的强度等级大于等于C30,且小于C60时,加荷速度为0.05~0.08MPa/s;当混凝土的强度等级大于等于C60时,加荷速度为0.08~0.10MPa/s。当试件接近破坏面开始迅速变形时,不得调整试验机油门,直至试件破坏,记下破坏极限荷载$F(N)$。

(4)记录下最大荷载和试件下边缘断裂的位置。

5)抗弯拉强度试验结果计算及评定

(1)当断面发生在两个加荷点之间时,抗弯拉强度f_f按式(3-14)计算:

$$f_f = FL/bh^2 \tag{3-14}$$

式中:f_f——抗弯拉强度(MPa);
　　　F——极限荷载(N);
　　　L——支座间距离(mm);

b——试件宽度(mm);
h——试件高度(mm)。

(2)以3个试件测值的算术平均值为测定值。3个试件中最大值或最小值中如有1个与中间值之差超过中间值的15%,则把最大值和最小值舍去,以中间值作为试件的抗弯拉强度;如最大值和最小值与中间值之差值均超过中间值15%,则该组试验结果无效。

(3)3个试件中如有一个断裂面位于加荷点外侧,则混凝土抗弯拉强度按另外2个试件的试验结果计算。如果这2个测值的差值不大于这2个测值中较小值的15%,则以2个测值的平均值为测试结果,否则结果无效。抗弯拉强度计算精确到0.01MPa。

(4)如果有两根试件均出现断裂面位于加荷点外侧,则该组结果无效。

(5)采用100mm×100mm×400mm非标准试件时,在三分点加荷的试验方法同前,但所取得的抗弯拉强度值应乘以尺寸换算系数0.85。当混凝土强度等级大于等于C60时,应采用标准试件。

3.12.7 混凝土强度质量评定

1)水泥混凝土的抗压强度

应以标准养护28d龄期的试件为准评定水泥混凝土的抗压强度。试件为边长150mm的立方体。3个试件为1组,制取组数应符合下列规定:

(1)不同强度等级及不同配合比的混凝土应在浇筑地点或拌和地点分别随机制取试件。

(2)浇筑一般体积的结构物(如基础、墩台等)时,每一单元结构物应制取2组。

(3)连续浇筑大体积结构物时,每80~200m³或每一工作班应制取2组。

(4)上部结构主要构件长16m以下应制取1组,16~30m制取2组,31~50m制取3组,50m以上者不少于5组。小型构件每批或每工作班至少应制取2组。

(5)每根钻孔桩至少应制取2组;桩长20m以上者不少于3组;桩径大,浇筑试件很长时,不少于4组。换工作班时,每工作班应制取2组。

(6)构筑物(小桥涵、挡土墙)每座、每处或每工作班制取不少于2组;当原材料和配合比相同,并由同一拌和站拌制时,可几座或几处合并制取2组。

(7)应根据施工需要,只制取几组与结构物同条件养护的试件,作为拆模、吊装、张拉预应力、承受荷载等施工阶段的强度依据。

2)水泥混凝土抗压强度的合格标准

(1)试件多于10组(含10组)时,应以数理统计方法按下述条件规定:

$$R_N - K_1 S_n \geq 0.9R \tag{3-15}$$

$$R_{min} \geq K_2 R \tag{3-16}$$

$$S_n = \sqrt{\frac{1}{n-1}(\sum_{i=1}^{n} R_i^2 - nR_n^2)} \tag{3-17}$$

式中:n——同批混凝土试件组数;

R_N——同批几组试件强度的平均值(MPa);

S_n——同批几组试件强度的标准差(MPa),当$S_n < 0.06R$时,取$S_n = 0.06R$;

R——混凝土设计强度等级(MPa);

R_{min}——n组试件中强度最低一组的值(MPa);

K_1、K_2——合格判定系数,见表3-7。

合格判定系数 K_1、K_2 值　　表3-7

n	10~14	15~24	≥25	n	10~14	15~24	≥25
K_1	1.70	1.65	1.60	K_2	0.90	0.85	0.85

(2)试件小于10组时,可用非统计方法按下述条件进行评定:

$$R_n \geqslant 1.15R \tag{3-18}$$

$$R_{\min} \geqslant 0.95R \tag{3-19}$$

3)水泥混凝土弯拉强度评定

(1)小梁法或劈裂法:

试件标准养护时间为28d,按照《公路工程质量检验评定标准》(JTGF 801—2004)中水泥混凝土面层实测项目所列检查频率,高速公路和一级公路每工作班制作2~4组,日进度大于等于1 000m取4组,大于或等于500m取3组,小于500m取2组;其他公路每工作班组制作1~3组,日进度大于等于1 000m取3组,大于或等于500m取2组,小于500m取1组。每组3个试件的平均值作为一个统计数据。

(2)混凝土抗弯拉强度的合格标准:

① 试件组数大于10组时,平均弯拉强度合格判断式为:

$$\bar{R} = R_{sz} + K\sigma \tag{3-20}$$

式中：$\bar{R}$——合格判断强度(MPa);

　　　R_{sz}——设计弯拉强度(MPa);

　　　σ——强度标准差;

　　　K——合格判定系数,见表3-8。

合格判断数 K 值　　表3-8

试件组数	11~14	15~19	≥20
K	0.75	0.70	0.65

当试件组数为11~19组时,允许有一组最小弯拉强度小于 $0.85R_{sz}$,但不得小于 $0.8R_{sz}$。

当试件组数大于20组时,其他公路允许有一组最小弯拉强度小于 $0.85R_{sz}$,但不得小于 $0.75R_{sz}$。高速公路和一级公路均不得小于 $0.85R_{sz}$。

② 试件组数等于或少于10组时,试件平均强度不得小于 $1.10R_{sz}$,任一组强度均不得小于 $0.85R_{sz}$。

3.13 水泥混凝土配合比设计

3.13.1 混凝土配合比设计要求

1)满足结构物设计强度的要求

设计强度是混凝土设计过程中必须要达到的指标,针对结构物所发挥的作用、施工单位的施工管理水平,在配合比设计的实际操作过程中,采用一个比设计强度高一些的配置强度,以确定最终的结果满足设计强度的要求。

2)满足施工工作性要求

针对工程实际构造物的特点,(包括断面尺寸、配筋状况)以及施工条件等来确定合适的工作性指标,以保证工程施工的需求。

3)满足耐久性要求

配合比设计中通过考虑允许的"最大水灰比"和"最小水泥用量",来保证处于不利环境(如严寒地区、受水影响等)条件下混凝土的耐久性的要求。

4)满足经济要求

在满足设计要求、工作性和耐久性要求的前提下,设计中通过合理减少价高材料(如水泥)的用量,多采用当地材料以及一些替代物(如工业废渣)等措施,降低混凝土费用,提高经济效益。

3.13.2 水泥混凝土配合比表示方法

混凝土配合比可采用两种方法来表示:

(1)单位用量表示法:每立方混凝土中各材料的用量,如 $1m^3$ 混凝土中水泥:水:砂:石 = 340kg:170kg:765kg:1 292kg。

(2)相对用量表示法:以水泥的质量为1,其他材料针对水泥的相对用量,并按"水泥:砂:石:水灰比"的顺序排列表示,如上列单位用水量表示法中所列内容为基础,采用相对用量来表示则可转化为 $1:2.25:3.80, W/C=0.5$。

3.13.3 混凝土配合比设计基本步骤

进行混凝土配合比计算时,其计算公式和有关参数表格中的数值均系以干燥状态集料为基准,当以饱和面干集料为基准进行计算时则应做相应的修正。干燥状态集料系指含水率小于0.5%的细集料或含水率小于0.2%的粗集料。

设计步骤分为初步配合比设计阶段、基准配合比设计阶段、试验室配合比设计阶段和工地换算配合比设计阶段四个阶段。各个步骤的主要工作内容如下:

1)计算初步配合比

针对设计文件要求,根据原始资料和原材料的特点、性质,按照我国目前广泛采用的设计步骤,首先计算出一个初步配合比,即组成混凝土原材料的各自用量(kg/m^3),水泥:水:砂:石 = $m_{co}:m_{wo}:m_{so}:m_{go}$。

2)提出基准配合比

采用施工实际使用的材料,通过实拌实测的方法,对初步配合比进行工作性检测,检验初步配合比的坍落度或维勃稠度,根据试验结果和必要的调整,提出能够满足工作性要求的基准配合比,即水泥:水:砂:石 = $m_{ca}:m_{wa}:m_{sa}:m_{ga}$。

3)确定试验室配合比

在基准配合比的基础上,采用减少或增加水灰比的做法,拟订几组(一般为3组)满足工作性要求配合比,通过实际拌和、成型、养护和测试混凝土立方体抗压强度,确定符合强度(包括工作性)要求的水灰比,以此得出满足强度要求的试验室配合比,即水泥:水:砂:石 = $m_{cb}:m_{wb}:m_{sb}:m_{gb}$。

4)换算工地配合比

根据即时测得的工地现场材料的含水率,将试验室配合比换算成工地实际使用的配合比,即水泥:水:砂:石 = $m_c:m_w:m_s:m_g$。

在确定混凝土中水、水泥、砂、石四种基本组成材料的用量时,关键是如何选择水灰比

(W/C)、用水量(W)和砂率(SP)这三个参数。其中，W/C反映了水与水泥之间的比例关系，SP反映了集料之间的比例关系，W反映了水泥浆与集料之间的比例关系。

3.13.4 混凝土初步配合比设计阶段

1) 确定混凝土配制强度 $f_{cu,o}$

(1) 混凝土的配制强度按式(3-21)计算：

$$f_{cu,o} \geq f_{cu,k} + 1.645\sigma \tag{3-21}$$

式中：$f_{cu,o}$——混凝土配制强度(MPa)；

σ——混凝土强度标准差(MPa)；

$f_{cu,k}$——混凝土立方体抗压强度标准值(MPa)。

(2) 其确定方法如下：

可根据同类混凝土的强度资料确定。对C20和C25级的混凝土，其强度标准差下限值取2.5MPa。对大于或等于C30级的混凝土，其强度标准差的下限值取3.0MPa。

(3) 遇有下列情况时应适当提高混凝土配制强度：

①现场条件与试验室条件有显著差异时。

②C30及其以上强度等级的混凝土采用非统计方法评定时。

2) 确定水灰比 W/C

当混凝土强度等级小于C60级时，混凝土水灰比按式(3-22)计算：

$$\frac{W}{C} = \frac{\alpha_a \times f_{ce}}{f_{cu,o} + \alpha_a \times \alpha_b \times f_{ce}} \tag{3-22}$$

式中：α_a、α_b——回归系数，取值见表3-9；

f_{ce}——水泥28d抗压强度实测值(MPa)。

回归系数 α_a、α_b 选用　　　　　　表3-9

系数＼石子品种	碎石	卵石	系数＼石子品种	碎石	卵石
α_a	0.46	0.48	α_b	0.07	0.33

当无水泥28d抗压强度实测值时，按式(3-23)确定f_{ce}：

$$f_{ce} = \gamma_c \times f_{ce,g} \tag{3-23}$$

式中：f_{ce}——水泥强度等级值(MPa)；

$f_{ce,g}$——水泥强度等级值(MPa)；

γ_c——水泥强度等级值富余系数，按实际统计资料确定。如无资料，可取$\gamma_c = 1.13$。

当计算求出W/C后，还应根据混凝土所处环境和耐久性要求的允许水灰比(表3-10)进行校核，要满足标准所规定的最大水灰比限定。

3) 确定用水量 m_{wo}

(1) 塑性混凝土用水量的确定：

根据施工要求的混凝土拌和物的坍落度、所用骨料的种类及最大粒径查表3-11所得。水灰比小于0.40的混凝土及采用特殊成型工艺的混凝土的用水量应通过试验确定。流动性和大流动性混凝土的用水量可以查表中坍落度为90mm的用水量为基础，按坍落度每增大20mm，用水量增加5kg，计算出用水量。

混凝土的最大水灰比和最小水泥用量(单位:kg)　　　　　表 3-10

环境条件		结构物类别	最大水灰比			最小水泥用量		
			素混凝土	钢筋混凝土	预应力混凝土	素混凝土	钢筋混凝土	预应力混凝土
干燥环境		正常的居住或办公用房屋内部件	不作规定	0.65	0.60	200	260	300
潮湿环境	无冻害	高湿度的室内部件室外部件在非侵蚀性土和(或)水中的部件	0.70	0.60	0.60	225	280	300
	有冻害	经受冻害的室外部件在非侵蚀性土和(或)水中且经受冻害的部件,高湿度且经受冻害的室内部件	0.55	0.55	0.55	250	280	300
有冻害和除冰剂的潮湿环境		经受冻害和除冰剂作用的室内和室外部件	0.50	0.50	0.50	300	300	300

塑性混凝土用水量(单位:kg/m³)　　　　　表 3-11

拌和物稠度		卵石最大粒径(mm)				碎石最大粒径(mm)			
项目	指标	10	20	31.5	40	16	20	31.5	40
坍落度(mm)	10~30	190	170	160	150	200	185	175	165
	35~50	200	180	170	160	210	195	185	175
	55~70	210	190	180	170	220	205	195	185
	75~90	215	195	185	175	230	215	205	195

(2)掺外加剂时的用水量可按式(3-24)计算:

$$m_{wa} = m_{wo}(1-\beta) \tag{3-24}$$

式中:m_{wa}——掺外加剂时每立方米混凝土的用水量(kg);

m_{wo}——未掺外加剂时的每立方米混凝土的用水量(kg);

β——外加剂的减水率(%),经试验确定。

4)确定水泥用量 m_{co}

由已求得的水灰比 W/C 和用水量 m_{co} 可计算出水泥用量。

$$m_{co} = m_{wo} \times C/W \tag{3-25}$$

由式(3-25)计算出的水泥用量应大于表3-10中规定的最小水泥用量,若计算而得的水泥用量小于最小水泥用量时,应选取最小水泥用量,以保证混凝土的耐久性。

5)确定砂率

砂率可由试验或历史经验资料选取。如无历史资料,坍落度为10~60mm的混凝土的砂率可根据粗集料品种,最大粒径及水灰比按表3-12选取。坍落度大于60mm有混凝土的砂率,可经试验确定,也可在表3-12的基础上,按坍落度每增大20mm,砂率增大1%的幅度予以调整。坍落度小于10mm的混凝土,基砂率应经试验确定。

混凝土的砂率(%) 表 3-12

水灰比 (W/C)	卵石最大粒径(mm)			碎石最大粒径(mm)		
	10	20	40	16	20	40
0.40	26~32	25~31	24~30	30~35	29~34	37~32
0.50	30~35	29~34	28~33	33~38	32~37	30~35
0.60	33~38	32~37	31~36	36~41	35~40	33~38
0.70	36~41	35~40	34~39	39~44	38~43	36~41

6)计算砂、石用量 m_{so}、m_{go}

(1)体积法：

该方法假定混凝土拌和物的体积等于各组成材料的体积与拌和物中所含空气的体积之和。如取混凝土拌和物的体积为 1m³，则可得以下关于 m_{so}、m_{go} 的二元方程组(3-26)：

$$\begin{cases} \dfrac{m_{co}}{\rho_c} + \dfrac{m_{go}}{\rho_g} + \dfrac{m_{so}}{\rho_s} + \dfrac{m_{wo}}{\rho_w} + 0.01\alpha = 1 \text{ m}^3 \\ \beta_s = \dfrac{m_{so}}{m_{so} + m_{go}} \times 100\% \end{cases} \quad (3\text{-}26)$$

式中：m_{co}、m_{so}、m_{go}、m_{wo}——每立方米混凝土中的水泥、砂、石子、水的质量(kg)；

　　　　ρ_g、ρ_s——粗集料、细集料的表观密度(kg/m³)；

　　　　ρ_c、ρ_w——水泥、水的密度(kg/m³)；

　　　　α——混凝土中的含气量百分数，在不使用引气型外加剂时，α 可取 1。

(2)质量法：

该方法假定 1m³ 混凝土拌和物质量，等于其各种组成材料质量之和，据此可得方程组(3-27)：

$$\begin{cases} m_{co} + m_{so} + m_{go} + m_{wo} = m_{cp} \\ \beta_s = \dfrac{m_{so}}{m_{so} + m_{go}} \times 100\% \end{cases} \quad (3\text{-}27)$$

式中：m_{co}、m_{so}、m_{go}、m_{wo}——每立方米混凝土中的水泥、砂、石子、水的质量；

　　　　m_{cp}——每立方米混凝土拌和物的假定质量，可在 2 350~2 450kg 之间选取。

同以上关于 m_{so} 和 m_{go} 的二元方程组，可解出 m_{so} 和 m_{go}。

则混凝土的初步计算配合比为水泥:水:砂:石 = $m_{co} : m_{wo} : m_{so} : m_{go}$。

3.13.5 混凝土基准配合比设计阶段

按初步计算配合比进行混凝土配合比的试配和调整。试配时，混凝土的搅拌量可按表 3-13 选取。当采用机械搅拌时，其搅拌不应小于搅拌机额定搅拌量的 1/4。

混凝土试拌的最小搅拌量 表 3-13

集料最大粒径(mm)	拌和物数量(L)	集料最大粒径(mm)	拌和物数量(L)
31.5 及以下	15	40	25

试拌后立即测定混凝土的工作。当试拌得出的接种物坍落度比要求值小时，应在水灰比不变前提下，增加水泥浆用量；当坍落度比要求值大时，应在砂率不变的前提下，增加砂、石用量；当黏聚性、保水性差时，可适当加大砂率。调整时，应即时记录调整后的各材料用量，并实测后混凝土拌和物的体积密度为 ρ_{oh}(kg/m³)。令工作性调整后的混凝土试样总质量为：

$$m_{Qb} = m_{cb} + m_{wb} + m_{sb} + m_{gb}$$

由此得出基准配合比(调整后的1m³混凝土中各材料用量)按下式计算：

$$m_{cj} = \frac{m_{ch}}{m_{Qb}} \times \rho_{oh} \qquad (3-28)$$

$$m_{wj} = \frac{m_{wh}}{m_{Qb}} \times \rho_{oh} \qquad (3-29)$$

$$m_{sj} = \frac{m_{sh}}{m_{Qb}} \times \rho_{oh} \qquad (3-30)$$

$$m_{gj} = \frac{m_{gh}}{m_{Qb}} \times \rho_{oh} \qquad (3-31)$$

式中：ρ_{oh}——实测试拌混凝土的体积密度。

3.13.6 试验室配合比设计阶段

经调整后的基准配合比虽工作性已满足要求，但经计算而得出的水灰比是否真正满足强度的要求需要通过强度试验检验。在基准配合比的基础上做强度试验时，就采用三个不同的配合比，其中一个为基准配合比的水灰比，另外两个较基准配合比的水灰比分别增加和减少0.05。其用水量应与基准配合比的用水量相同，砂率可分别增加和减少1%。

制作混凝土强度试验试件时，应检验混凝土拌和物的坍落度和维勃稠度、黏聚性、保水性及拌和物的体积密度，并以此结果作为代表相应配合比的混凝土拌和物的性能。进行混凝土强度试验时，每种配合比至少应制作一组(三块)试件，标准养护28d时试压。需要时可同时制作几组试件，供快速检验或早龄试压，以便提前定出混凝土配合比供施工使用，但应以标准养护28d的强度的检验结果为依据调整配合比。

根据试验得出的混凝土强度与其相对应的灰水比(C/W)关系，用作图法或计算法求出与混凝土配制强度($f_{cu,o}$)相对应的灰水比，并应按下列原则确定每立方米混凝土的材料用量：

(1) 用水量(m_w)应在基准配合比用水量的基础上，根据制作强度试件时测得的坍落度或维勃稠度进行调整确定。

(2) 水泥用量(m_c)应以用水量乘以选定出来的灰水比计算确定。

(3) 粗集料和细集料用量(m_g 和 m_s)应在基准配合比的粗集料和细集料用量的基础上，按选定的灰水比进行调整后确定。

经试配确定配合比后，应按下列步骤进行校正：

据前述已确定的材料用量按式(3-32)计算混凝土的表观密度计算值；

$$\rho_{cc} = m_c + m_w + m_s + m_g \qquad (3-32)$$

再按式(3-33)计算混凝土配合比校正系数 δ；

$$\delta = \rho_{ct} / \rho_{cc} \qquad (3-33)$$

式中：ρ_{ct}——混凝土表观密度实测值(kg/m³)；

ρ_{cc}——混凝土表观密度计算值(kg/m³)。

当混凝土表观密度实测值与计算值之差的绝对值不超过计算值的2%时，按以前的配合比即为确定的试验室配合比；当二者之差超过2%时，应将配合比中每项材料用量均乘以校正系数 δ，即为最终确定的试验室配合比。

试验室配合比在使用过程中应根据原材料情况及混凝土质量检验的结果予以调整。但遇

有下列情况之一时,应重新进行配合比设计:
(1)对混凝土性能指标有特殊要求时。
(2)水泥、外加剂或矿物掺和料品种,质量有显著变化时。
(3)该配合比的混凝土生产间断半年以上时。

3.13.7 工地配合比设计阶段

设计配合比是以干燥材料为基准的,而工地存放的砂石都含有一定的水分,且随着气候的变化而经常变化。所以,现场材料的实际称量应按施工现场砂石的含水情况进行修正,修正后的配合比称为施工配合比。

假定工地存放的砂的含水率 $a\%$,石子的含水率 $b\%$,则将上述试验室配合比换算为施工配合比,其材料称量为:

水泥用量: $m_c = m_{co}$

砂用量: $m_s = m_{so}(1 + a\%)$

石子用量: $m_g = m_{go}(1 + b\%)$

用水量: $m_w = m_{wo} - m_{so} \times a\% - m_{go} \times b\%$

m_{co}、m_{so}、m_{go}、m_{wo} 为调整后的试验室配合比中每立方米混凝土中的水泥、水、砂和石子的用量(kg)。应注意,进行混凝土配合计算时,其计算公式中有关参数和表格中的数值均系以干燥状态集料(含水率小于0.05%的粗集料或含水率小于0.2%的粗集料)为基准。当以饱和面干集料为基准进行计算时,则应做相应的调整,即施工配合比公式中的 a、b 分别表示现场砂石含水率与其饱和面干含水率之差。

3.13.8 混凝土的耐久性

混凝土的耐久性是混凝土在使用环境下抵抗各种物理和化学作用破坏的能力。混凝土耐久性直接影响结构物的安全性和使用性能。耐久性包括抗渗性、抗冻性、化学侵蚀和碱集料反应等。

1)耐久性概念

(1)抗渗性:抗渗性是指混凝土抵抗水、油等液体在压力作用下渗透的性能。抗渗性对混凝土的耐久性起重要作用,因为抗渗性控制着水分渗入的速率,这些水可能含有侵蚀性的化合物控制混凝土受热或受冻时水的移动。混凝土的抗渗性用抗渗等级(P)或渗透系数来表示。我国标准采用抗渗等级。

抗渗等级是以28d龄期的标准试件,按标准试验方法进行试验时所能承受的最大水压力来确定。《混凝土质量控制标准》(GB 50164—2001)根据混凝土试件在抗渗试验时所能承受的最大水压力,混凝土的抗渗等级划分为 P4、P6、P8、P10、P12 等五个等级,相应表示混凝土抗渗试验时一组6个试件中4个试件未出现渗水时不同的最大水压力。如 P6、P8、P10、P12,相应表示抵抗 0.6MPa、0.8MPa、1.0MPa 及 1.2MPa 的水压力而不渗漏。

提高混凝土抗渗性能的措施是提高混凝土的密实度,改善孔隙结构,减少渗透通道。常用的办法是掺用引气型外加剂,使混凝土内部产生不连通的气泡,截断毛细管通道,改变孔隙结构,从而提高混凝土的抗渗性。此外,减小水灰比,选用适当品种及强度等级的水泥,保证施工质量,特别是注意振捣密实、养护充分等,都对提高抗渗性能有重要作用。

(2)抗冻性:混凝土的抗冻性是指混凝土在饱水状态下,经受多次冻融循环作用,能保持强度和外观完整性的能力。在寒冷地区,尤其是在接触水又受冻的环境下的混凝土,要求具有较高的抗冻性能。混凝土的抗冻性用抗冻等级(F)表示。抗冻等级 F50 以上的混凝土简称为抗冻混凝土。

抗冻等级是以 28d 龄期的试件,按标准试验方法(慢冷法)进行反复冻融循环试验时,以同时满足强度损失率不超过 25%,质量损失率不超过 5% 所能承受的最大冻融循环次数来表示。根据混凝土所能承受的最大冻融循环次数(慢冻法),混凝土的抗冻等级划分为 F10、F15、F25、F50、F100、F150、F200、F250、F300 等 9 个等级,相应表示混凝土抗冻性试验能经受 10 次、15 次、25 次、50 次、100 次、150 次、200 次、250 次、300 次的冻融循环。当采用快冻法进行试验时,可参照慢冻法进行等级划分。

影响混凝土抗冻性能的因素很多,主要是混凝土中孔隙的大小、构造、数量以及充水程度、环境的温湿度和经历冻融次数,冻结速度、混凝土受冻时的龄期和强度以及受冻时间的长短、集料的吸水性等。

(3)化学侵蚀:混凝土暴露在有化学物的环境和介质中,有可能遭受化学侵蚀而破坏。一般的化学侵蚀有水泥浆体组分的浸出、硫酸盐侵蚀、氯化物侵蚀、碳化等。

氯化物既可以存在于新拌混凝土中,也可以通过渗透进入水泥浆体。由于氯化物对钢筋有腐蚀作用,几乎所有国家在有关水泥标准中都将拌和料中的氯化物含量限制在 0.4% 以下。在混凝土结构使用过程中,氯化物可以从各种各样的来源渗透进混凝土,其中最主要的是海水、除冰盐和聚氯乙烯燃烧后的灰。特别是除冰盐,已经在许多国家对桥梁造成了惊人的破坏。

我国的国家标准《普通混凝土长期性能和耐久性能试验方法》(GB/T 50082—2009)中规定了碳化试验方法,用于测定在一定浓度的二氧化碳气体介质中混凝土试件的碳化浓度,以评定该混凝土的抗碳化能力。

(4)碱集料反应:水泥混凝土中因水泥和外加剂中超量的碱与某些活性集料发生不良反应而损坏水泥混凝土的现象。碱集料反应有三种类型:碱-氧化硅反应、碱-碳酸盐反应和碱-硅酸盐反应。

2)提高混凝土耐久性的措施

提高混凝土耐久性的措施,主要包括以下几个方面:

(1)选用适当品种的水泥及掺和料。

(2)适当控制混凝土的水灰比及水泥用量。水灰比的大小是决定混凝土密实性的主要因素,它不但影响混凝土的强度,而且也严重影响其耐久性,故必须严格控制水灰比。

(3)长期处于潮湿和严寒环境中的混凝土,应掺用引气剂。引气剂的掺入量应根据混凝土的含气量确定,混凝土的最小含气量应符合规范的规定。

(4)选用较好的砂、石集料。质量良好、技术条件合格的砂、石集料,是保证混凝土耐久性的重要条件。

(5)改善粗细集料的颗粒级配,在允许的最大粒径范围内尽量选用较大粒径的粗集料,可减少集料的空隙率和比表面积,也有助于提高混凝土的耐久性。

(6)掺用加气剂或减水剂。掺用加气剂或减水剂对提高抗渗、抗冻等有良好的作用,在某些情况下,还能节约水泥。

(7)改善混凝土的施工操作方法。在混凝土施工中,应当搅拌均匀、浇注和振捣密实及加强养护以保证混凝土的施工质量。

模块 4　沥青和沥青混合料试验

4.1　沥青材料的基本概念

4.1.1　沥青的分类

沥青是由一些极其复杂的高分子的碳氢化合物及其非金属(氧、硫、氮等)衍生物所组成的混合物,在常温下呈黑色或黑褐色的固体、半固体或液体。

1)按其在自然界中获得的方式分类

(1)地沥青:

①天然沥青——由沥青湖或含有沥青的砂岩等提炼而得,如湖沥青、岩石沥青、海底沥青。

②石油沥青——由石油蒸馏后的残留物加工而得。

(2)焦油沥青:

①煤沥青——由煤焦油蒸馏后的残留物加工而得。

②页岩沥青——由页岩炼油工业所得副产品。

2)按原油的性质分类

石油按其含蜡量的多少可分为石蜡基、中间基和环烷基原油,不同性质的原油所炼制的沥青性质有很大差别。石蜡基沥青其蜡的含量一般大于5%;环烷基沥青蜡含量少(一般低于3%),沥青黏性好,优质的道路石油沥青大多是环烷基沥青;中间基沥青其蜡的含量为3%~5%。

3)按加工方法分类

(1)直馏沥青,它的温度稳定性和大气稳定性较差。

(2)溶剂沥青,这类沥青在常温下是半固体或固体。

(3)氧化沥青,常温下是固体,比直馏沥青有较高的热稳定性,高温抗变形能力较好,但低温变形能力较差,易形成开裂现象。

(4)裂化沥青,这种沥青具有更大的硬度,软化点也较高,但黏度、气候稳定性比直馏沥青和氧化沥青差。

(5)调和沥青,用调和法生产沥青是按照沥青质量要求,将几种沥青调和,调整沥青组分之间的比例以获得所要求的产品。

在道路工程中,主要应用石油沥青,另外还使用少量的煤沥青。目前,天然沥青也有应用。

4.1.2　沥青的组分

通常从工程使用的角度出发,将沥青中化学成分和物理性质相近,并且具有某些共同特征的部分,划分为同一个组,称为组分。工程中一般将石油沥青划分为油分、树脂和沥青质三个主要组分,或饱和分、芳香分、胶质、沥青质四个主要组分。现行试验规程用抽提法进行道路石油沥青的三组分成分分析,采用溶剂沉淀及色谱柱法进行道路石油沥青的四组分成分分析。

不同的组分对石油沥青性能的影响不同。三组分分析中,油分赋予沥青流动性;树脂使沥青具有良好的塑性和黏结性;沥青质则决定沥青的稳定性(包括耐热性、黏性和脆性)。石油沥青的四组分分析中,各组分的含量与沥青的技术性质的关系如下:

沥青质:占沥青含量的5%~25%。沥青质对沥青的热稳定性、流变性和黏性有很大影响。其含量越高,沥青软化点越高,黏度也越大,沥青相应也就越硬、越脆。

胶质:特征是具有很强的黏附力。胶质和沥青质之间的比例决定了沥青的胶体结构类型。

芳香分:占沥青总量的20%~50%,黏稠状液体,呈深棕色,对其他高分子烃类物质有较强的溶解能力。

饱和分:占沥青的5%~20%,随饱和分含量增加,沥青的稠度降低,温度感应性加大。

4.1.3 沥青适用性气候分区原则、分区方法

选择沥青结合料等级、沥青混合料配合比设计和检验应适应公路环境条件的需要,能承受高温、低温、雨(雪)水的考验。沥青路面的气候条件按沥青路面施工技术规范的气候分区执行。

气候分区的高温指标:采用最近30年内年最热月的平均日最高气温的平均值作为反映高温和重载条件下出现车辙等流动变形的气候因子,并作为气候区划的一级指标。全年高于30℃的积温及连续高温的持续时间可作为辅助参考值。按照设计高温指标,一级区划分为3个区,见表4-1。

沥青和沥青混合料气候分区的确定　　　　表4-1

气候分区指标		气候分区			
按照高温指标	高温气候区	1	2	3	
	气候区名称	夏炎热区	夏热区	夏凉区	
	七月平均最高温度(℃)	>30	20~30	<20	
按照低温指标	低温气候区	1	2	3	4
	气候区名称	冬严寒区	冬寒区	冬冷区	冬温区
	极端最低气温(℃)	<-37.5	-37.5~-21.5	-21.5~-9.0	>-9.0
按照雨量指标	雨量气候区	1	2	3	4
	气候区名称	潮湿区	湿润区	半干区	干旱区
	年降雨量(mm)	>1 000	1 000~500	500~250	<250

气候分区的低温指标:采用最近30年内的极端最低气温作为反映路面温缩裂缝的气候因子,并作为气候区划的二级指标。温降速率、冰冻指数可作为辅助参考值。按照设计低温指标,二级区划分为4个区。

气候分区的雨量指标:采用最近30年内的年降水量的平均值作为反映沥青路面受雨(雪)水影响的气候因子,并作为气候区划的三级指标。雨日数可作为辅助参考值。按照设计雨量指标,三级区划分为4个区。

沥青路面温度分区由高温和低温组合而成,第一个数字代表高温分区,第二个数字代表低温分区,数字越小表示气候因素越严重。气候区名与对应温度范围关系见表4-2。

气候区名与对应的温度范围　　　　　表 4-2

气候区名		最热月平均最高气温(℃)	年极端最低气温(℃)	备 注
1-1	夏炎热冬严寒	>30	<-37.0	
1-2	夏炎热冬寒		-37.0~-21.5	
1-3	夏炎热冬冷		-21.5~-9.0	
1-4	夏炎热冬温		>-9.0	
2-1	夏热冬严寒	20~30	<-37.0	
2-2	夏热冬寒		-37.0~-21.5	
2-3	夏热冬冷		-21.5~-9.0	
2-4	夏热冬温		>-9.0	
3-1	夏凉冬严寒	<20	<-37.0	不存在
3-2	夏凉冬寒		-37.0~-21.5	
3-3	夏凉冬冷		-21.5~-9.0	不存在
3-4	夏凉冬温		>-9.0	不存在

4.2 沥青针入度

4.2.1 沥青黏滞性、针入度的含义及两者之间的关系

沥青的黏度是沥青试样在规定条件下流动时形成的抵抗力或内部阻力的度量,也称黏滞度。

沥青的针入度是在规定温度和时间内,附加一定质量的标准针垂直贯入沥青试样的深度,以 0.1mm 计。针入度是表征沥青条件黏度的一种指标。

两者均可以表现沥青的黏度,针入度试验是一种用于量测沥青胶结料稠度的经验性试验。通常在25℃温度测针入度,该温度大约为热拌沥青混凝土路面的平均服务温度。虽然黏度是最好的量测形式,但现在在该温度量测针入度是量测沥青结合料稠度的简单方法。

4.2.2 沥青针入度和针入度指数

沥青标号根据沥青的针入度的大小划定范围,如70号沥青针入度范围为60~80,50号沥青针入度范围为40~60的沥青。

沥青的针入度指数是沥青结合料的温度敏感性指标,反映针入度随温度而变化的程度,由不同温度的针入度按规定方法计算得到,无量纲。针入度指数不仅可以用来评价沥青的温度敏感性,同时也可以用来判断沥青的胶体结构。按照沥青的针入度指数 PI 值可以分为溶胶型结构(PI<-2)、溶凝胶型结构(PI=-2~+2)、凝胶型结构(PI>+2)。

4.2.3 沥青针入度试验

1) 目的与适用范围

本方法适用于测定道路石油沥青、聚合物改性沥青针入度以及液体石油沥青蒸馏或乳化沥青蒸发后残留物的针入度。其标准试验条件为温度25℃,荷重100g,贯入时间5s,以 0.1mm 计。

针入度指数 PI 用以描述沥青的温度敏感性,宜在15℃、25℃、30℃等3个或3个以上温度

条件下测定针入度后按规定的方法计算得到,若30℃时的针入度值过大,可采用5℃代替。当量软化点T_{800}是相当于沥青针入度为800时的温度,用以评价沥青的高温稳定性。当量脆点$T_{1.2}$是相当于沥青针入度为1.2时的温度,用以评价沥青的低温抗裂性能。

2)仪器与设备

针入度仪、标准针、盛样皿、恒温水槽、平底玻璃皿、温度计、计时器、盛样皿盖、溶剂、电炉或砂浴、石棉网、金属锅或瓷把坩埚等。

3)准备工作

(1)按沥青试样准备方法准备试样。

(2)按试验要求将恒温水槽调节到要求的试验温度25℃,保持稳定。

(3)将试样注入盛样皿中,试样高度应超过预计针入度值10mm,并盖上盛样皿,以防落入灰尘。盛有试样的盛样皿在15~30℃室温中冷却不少于1.5h(小盛样皿)、2h(大盛样皿)或3h(特殊盛样皿)后,移入保持规定试验温度±0.1℃的恒温水槽中,应保温不少于1.5h(小盛样皿)、2h(大试样皿)或2.5h(特殊盛样皿)。

(4)调整针入度仪使之水平。检查针连杆和导轨,以确认无水和其他外来物,无明显摩擦。用三氯乙烯或其他溶剂清洗标准针,并擦干。将标准针插入针连杆,用螺丝固紧。按试验条件,加上附加砝码。

4)试验步骤

(1)取出达到恒温的盛样皿,并移入水温控制在试验温度±0.1℃的平底玻璃皿中的三脚支架上,试样表面以上的水层深度不少于10mm。

(2)将盛有试样的平底玻璃皿置于针入度仪的平台上。慢慢放下针连杆,用适当位置的反光镜或灯光反射观察,使针尖恰好与试样表面接触,将位移指示器复位回零。

(3)开始试验,按下释放键,这时计时与标准针落下贯入试样同时开始,至5s时自动停止。

(4)读取显示窗口显示的位移指示值,准确至0.1mm。

(5)同一试样平行试验至少3次,各测试点之间及与盛样皿边缘的距离应不少于10mm。每次试验后应将盛有盛样皿的平底玻璃皿放入恒温水槽,使平底玻璃皿中水温保持试验温度。每次试验应换一根干净标准针或将标准针取下,用蘸有三氯乙烯溶剂的棉花或布揩净,再用干棉花或布擦干。

(6)测定针入度大于200的沥青试样时,至少用3支标准针,每次试验后将针留在试样中,直至3次平行试验完成后,才能将标准针取出。

(7)测定针入度指数PI时,按同样的方法在15℃、25℃、30℃3个或3个以上温度条件下分别测定沥青的针入度,但用于仲裁试验的温度条件应为5个。

5)报告

同一试样3次平行试验的最大值和最小值之差在下列允许偏差范围内时,计算三次试验结果的平均值,取整数作为针入度试验结果,以0.1mm为单位。

针入度(0.1mm)	允许差值(0.1mm)
0~49	2
50~149	4
150~49	12
250~500	20

当试验值不符此要求时,应重新进行。

6)允许误差

(1)当试验结果小于50(0.1mm)时,重复性试验的允许差为2(0.1mm),再现性试验的允许差为4(0.1mm)。

(2)当试验结果等于或大于50(0.1mm)时,重复性试验的允许差为平均值的4%,再现性试验的允许误差为平均值的8%。

4.2.4　影响沥青针入度的因素

针入度试验属于条件性试验,因此试验时要注意其条件。针入度的条件有三项,分别为温度、时间和针质量,这三项要求不一样,会严重影响结果的正确性。试验时要定期检验标准针,尤其不能使用针尖被损的标准针,在每次试验时,均应用三氯乙烯擦拭标准针。同时要严格控制温度,使其满足精度要求。一般在其他试验条件不变的情况,若温度高于规定值(25℃±0.1℃),针入度测定值较真值偏大,相反则小。

影响沥青针入度测定值的一个非常重要的步骤就是标准针与试样表面的接触情况。在试验时,一定要让标准针刚接触试样表面。试验时可将针入度仪置于光线照射处,从试样表面观察标准针的倒影,而后调节标准针升降,使标准针与其倒影刚好接触即可。

将沥青试样注入试皿时,不应留有气泡。若有气泡,可用明火将其消掉,以免影响结果的正确性。

4.3　沥青的软化点

4.3.1　沥青软化点概念

沥青材料是一种非晶质高分子材料,它由液态凝结为固态,或由固态熔化为液态时,没有敏锐的固化点或液化点,在工程实用中为保证沥青不致由于温度升高而产生流动的状态,因此取液化点与固化点之间温度间隔的87.21%作为软化点。

软化点的数值随采用的仪器不同而异,我国现行规范试验采用环球点法测定。沥青软化点是沥青达到规定条件黏度时的温度,所以软化点既是反映沥青温度敏感性的重要指标,也是沥青黏稠性的一种量度。

4.3.2　影响沥青软化点的因素

影响软化点的因素为水浴温度、水浴时间、试验升温速度、试验方法等。

软化点结果受温度影响,一是起始温度,当起始温度高时,对较稠硬的沥青结果无影响,对较软沥青结果则偏小;二是升温速度的影响,升温速度快,结果偏大,反之则小。

4.3.3　沥青软化点试验(环球法)

1)目的与适用范围

本方法适用于测定道路石油沥青、聚合物改性沥青的软化点,也适用于测定液体石油沥青、煤沥青蒸馏或乳化沥青破乳蒸发后残留物的软化点。

2)仪具与材料

软化点试验仪、装有温度调节器的电炉、金属板、恒温水槽、平直刮刀、甘油滑石粉隔离剂、蒸馏水或纯净水、石棉网等。

3）准备工作

（1）将试样环置于涂有甘油滑石粉隔离剂的试样底板上。按规程规定方法将准备好的沥青试样徐徐注入试样环内至略高出环面为止。

（2）如估计试样软化点高于120℃，则试样环和试样底板（不用玻璃板）均应预热至80～100℃。

（3）试样在室温冷却30min后，用热刮刀刮除环面上的试样，应使其与环面齐平。

4）试验步骤

（1）试样软化点在80℃以下者：

①将装有试样的试样环连同试样底板置于装有5℃±0.5℃水的恒温水槽中至少15min；同时将金属支架、钢球、钢球定位环等亦置于相同水槽中。

②烧杯内注入新煮沸并冷却至5℃的蒸馏水或纯净水，水面略低于立杆上的深度标记。

③从恒温水槽中取出盛有试样的试样环放置在支架中层板的圆孔中，套上定位环；然后将整个环架放入烧杯中，调整水面至深度标记，并保持水温为5℃±0.5℃，环架上任何部分不得附有气泡，将0～80℃的温度计由上层板中心孔垂直插入，使端部测温头底部与试样环下面齐平。

④将盛有水和环架的烧杯移至放有石棉网的加热炉具上。然后将钢球放在定位环中间的试样中央，立即开动振荡搅拌器，使水微微振荡，并开始加热，使杯中水温在3min内调节至维持每分钟上升5℃±0.5℃。在加热过程中应记录每分钟上升的温度值，如温度上升速度超出此范围时，则试验应重做。

⑤试样受热软化逐渐下坠，至与下层底板表面接触时，立即读取温度，准确至0.5℃。

（2）试样软化点在80℃以上者：

①将装有试样的试样环连同试样底板置于装有32℃±1℃甘油的恒温槽中至少15min；同时将金属支架、钢球、钢球定位环等亦置于甘油中。

②在烧杯内注入预先加热至32℃的甘油，其液面略低于立杆上的深度标记。

③从恒温槽中取出装有试样的试样环，按上述①的方法进行测定，准确至1℃。

5）报告

同一试样平行试验两次，当两次测定值的差值符合重复性试验精密度要求时，取其平均值作为软化点试验结果，准确至0.5℃。

6）允许误差

（1）当试样软化点小于80℃时，重复性试验的允许差为1℃，再现性试验的允许差为4℃。

（2）当试样软化点等于或大于80℃时，重复性试验的允许误差为2℃，再现性试验的允许误差为8℃。

4.4 沥青延度

4.4.1 沥青延度的概念

沥青的延性是当其受到外力的拉伸作用时，所能承受的塑性变形的总能力，通常是用延度作为条件延性指标来表征。延度是规定形态的沥青试样，在规定温度下以一定速度受拉伸至断开时的长度，以厘米计。

对道路石油沥青,要求试验温度为15℃、10℃,拉伸速度为5cm/min±0.25cm/min条件下的延度。

对液体石油沥青,要求试验温度为25℃,拉伸速度为5cm/min±0.25cm/min条件下的延度。

对SBS、SBR等聚合物改性沥青,要求试验温度为5℃,拉伸速度为5cm/min±0.25cm/min条件下的延度。

试验温度与拉伸速度根据有关规定采用,通常采用的试验温度为25℃、15℃或5℃。

不经过特别注明,拉伸速度为5cm/min±0.25cm/min。当低温采用1cm/min±0.05cm/min拉伸速度时,需要在试验报告中特别注明。

4.4.2 影响沥青延度的因素

影响延度的因素:水浴温度、水浴恒温时间、水浴密度、试验温度、拉伸速度等。试验温度对于延度结果的影响要分两种情况:一是低温延度,当试验温度高于规定时,试验结果偏大,相反偏小;二是高温延度(25℃),当温度高时,对较软的沥青结果可能偏小,温度低时可能结果偏大,但对较稠硬的沥青可能情况正好相反。

4.4.3 沥青延度试验

1)目的与适用范围

(1)本方法适用于测定道路石油沥青、聚合物改性沥青、液体沥青蒸馏残留物和乳化沥青蒸发残留物等材料的延度。

(2)沥青延度的试验温度与拉伸速率可根据要求采用。通常采用的试验温度为25℃、15℃、10℃或5℃,拉伸速度为5cm/min±0.25cm/min。当低温采用1cm/min±0.05cm/min拉伸速度时,应在报告中注明。

2)仪具与材料技术要求

(1)延度仪:延度仪的测量长度不宜大于150cm,仪器应有自动控温、控速系统。应满足时间浸没于水中,能保持规定的温度及规定的拉伸试件,且试验时应无明显振动。延度仪的形状及组成如图4-1所示。

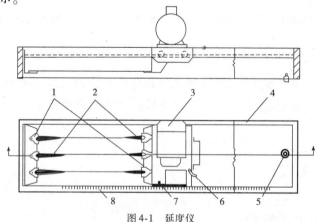

图4-1 延度仪

1-试模;2-试样;3-电机;4-水槽;5-泄水孔;6-开关柄;7-指针;8-标尺

(2)试模:黄铜制,由两个端模和两个侧模组成,试模内侧表面粗糙度$R_a 0.2\mu m$。

(3)试模底板:玻璃板或磨光的铜板、不锈钢板(表面粗糙度$R_a 0.2\mu m$)。

(4)恒温水槽:容量不少于10L,控制温度的准确度为0.1℃。水槽中应设有带孔搁架,搁架距水槽底不得少于50mm。试件浸入水中深度不小于100mm。

(5) 温度计：量程0~50℃，分度值0.1℃。

(6) 砂浴或其他加热炉具。

(7) 甘油滑石粉隔离剂(甘油与滑石粉的质量比2:1)。

(8) 其他：平刮刀、石棉网、酒精、食盐等。

3) 准备工作

(1) 将隔离剂拌和均匀，涂于清洁干燥的试模底板和两个侧模的内侧表面，并将试模在试模底板上装妥。

(2) 按本规程规定的方法准备试样，然后将试样仔细自试模的一端至另一端往返数次缓缓注入模中，最后略高出试模，灌模时应注意勿使气泡混入。

(3) 试件在室温中冷却不少于1.5h，然后用热刮刀刮除高出试模的沥青，使沥青面与试模面齐平。沥青的刮法应自试模的中间刮向两端，且表面应刮得平滑。将试模连同底板再浸入规定试验温度的水槽中1.5h。

(4) 检查延度仪延伸速度是否符合规定要求，然后移动滑板使其指针正对标尺的零点口将延度仪注水，并保温达试验温度±0.1℃。

4) 试验步骤

(1) 将保温后的试件连同底板移入延度仪的水槽中，然后将盛有试样的试模自玻璃板或不锈钢板上取下，将试模两端的孔分别套在滑板及槽端固定板的金属柱上，并取下侧模。水面距试件表面应不小于25mm。

(2) 开动延度仪，并注意观察试样的延伸情况。此时应注意，在试验过程中，水温应始终保持在试验温度规定范围内，且仪器不得有振动，水面不得有晃动，当水槽采用循环水时，应暂时中断循环，停止水流。在试验中，如发现沥青细丝浮于水面或沉入槽底时，则应在水中加入酒精或食盐，调整水的密度至与试样相近后，重新试验。

(3) 试件拉断时，读取指针所指标尺上的读数，以cm表示，在正常情况下，试件延伸时应成锥尖状，拉断时实际断面接近于零。如不能得到这种结果，则应在报告中注明。

5) 报告

同一样品，每次平行试验不少于3个，如3个测定结果均大于100cm，试验结果记作">100cm"；特殊需要也可分别记录实测值。如3个测定结果中，有一个以上的测定值小于100cm时，若最大值或最小值与平均值之差满足重复性试验精密度要求，则取3个测定结果的平均值的整数作为延度试验结果，若平均值大于100cm，记作">100cm"；若最大值或最小值与平均值之差不符合重复性试验精密度要求时，试验应重新进行。

6) 允许误差

当试验结果小于100cm时，重复性试验的允许差为平均值的20%；再现性试验的允许差为平均值的30%。

4.5 沥青耐久性

4.5.1 沥青老化因素和评价方法

引起沥青老化的直接因素如下：

(1)热的影响:热能加速沥青内部组分的挥发变化,促进沥青化学反应,最终导致沥青性能的劣化。

(2)氧的影响:空气中的氧被沥青吸收后产生氧化反应,改变沥青的组成比例引起老化。

(3)光的影响:日光特别是紫外光照射沥青后,使沥青产生光化学反应,促使沥青的氧化过程加速。

(4)水的影响:水在与光、热和氧共同作用时,起到加速老化的催化作用。

(5)渗流硬化:沥青中轻组分渗流到矿料的缝隙中导致沥青的硬化。

(6)交通(应力)的影响。

沥青的老化过程是诸多因素综合作用的结果,最终导致沥青发硬变脆,引起沥青路面开裂,产生道路病害。

现在通行的评价沥青在拌和过程中热老化程度的试验方法是薄膜烘箱试验(TFOT)以及旋转式薄膜烘箱试验(RTFOT)。沥青在拌和机中的热老化与沥青在沥青池、沥青罐中储存加热过程中的老化不同,虽然时间短暂,但它与空气的接触面大,温度高,因而老化速率很快。

评价沥青在气候因素(光、热、氧和水)的综合作用下,路用性能衰降的程度,可以采用"自然老化"和"人工加速老化"试验。

老化的沥青三大指标的变化规律:针入度减小,软化点升高,延度减少。

经历老化后沥青抗老化能力评价方法:将加热后的试样按规定方法进行针入度或延度、软化点等各项薄膜加热试验后残留物的相应试验,据此评价沥青的抗老化性能。

4.5.2 沥青薄膜加热试验

1)目的与适用范围

本方法适用于测定道路石油沥青、聚合物改性沥青薄膜加热后的质量损失,并根据需要,测定薄膜加热后残留物的针入度、延度、软化点、黏度等性质的变化,以评定沥青的耐老化性能。

2)仪具与设备

薄膜加热烘箱、盛样皿、温度计、分析天平、干燥器、计时器等。

3)准备工作

(1)将洁净、烘干、冷却后的盛样皿编号,称其质量(m_0),准确至1mg。

(2)按沥青试样准备方法准备沥青试样,分别注入4个已称质量的盛样皿中50g±0.5g,并形成沥青厚度均匀的薄膜,放入干燥器中冷却至室温后称取质量(m_1),准确至1mg。同时按规定方法,测定沥青试样薄膜加热试验前的针入度、黏度、软化点、脆点及延度等性质。当试验项目需要,预计沥青数量不够时,可增加盛样皿数目,但不允许将不同品种或不同标号的沥青同时放在一个烘箱中试验。

(3)将温度计垂直悬挂于转盘轴上,位于转盘中心,水银球应在转盘顶面上的6mm处,将烘箱加热并保持至163℃±1℃。

4)试验步骤

(1)把烘箱调整水平,使转盘在水平面上以5.5r/min±1r/min的速度旋转,转盘与水平面倾斜角不大于3°,温度计位置距转盘中心和边缘距离相等。

(2)在烘箱达到恒温163℃后,迅速将盛有试样的盛样皿放入烘箱内的转盘上,并关闭烘箱门和开动转盘架;使烘箱内温度回升至162℃时开始计时,并在163℃±1℃温度下保持5h,但从放置试样开始至试验结束的总时间,不得超过5.25h。

(3)试验结束后,从烘箱中取出盛样皿,如果不需要测定试样的质量变化,按⑤进行。如果需要测定试样的质量变化,随机取其中两个盛样皿放入干燥器中冷却至室温后,分别称其质量(m_1和m_2),准确至1mg。

(4)试样称重后,将盛样皿放回163℃±1℃的烘箱中转动15min;取出试样,立即按照⑤的步骤进行工作。

(5)将每个盛样皿的试样,用刮刀或刮铲刮入适当的容器内,置于加热炉上加热,并适当搅拌使充分融化达流动状态,倒入针入度盛样皿或延度、软化点等试模内,并按规定方法进行针入度等各项薄膜加热试验后残留物的相应试验。

5)计算

(1)沥青薄膜试验后质量变化按式(4-1)计算,准确至3位小数:

$$L_T = \frac{m_2 - m_1}{m_1 - m_0} \times 100\% \tag{4-1}$$

式中:L_T——试样薄膜加热质量变化(%);

m_0——盛样皿质量(g);

m_1——薄膜烘箱加热前盛样皿与试样合计质量(g);

m_2——薄膜烘箱加热后盛样皿与试样合计质量(g)。

(2)沥青薄膜烘箱试验后,残留物针入度比以残留物针入度占原试样针入度的比值按式(4-2)计算:

$$K_P = P_2/P_1 \times 100\% \tag{4-2}$$

式中:K_P——试样薄膜加热后残留物针入度比(%);

P_1——薄膜加热试验前原试样的针入度(0.1mm);

P_2——薄膜加热试验后原试样的针入度(0.1mm)。

(3)沥青薄膜加热试验的残留物软化点增值按式(4-3)计算:

$$\Delta T = T_2 - T_1 \tag{4-3}$$

式中:ΔT——薄膜加热试验后软化点增值(℃);

T_1——薄膜加热试验前软化点(℃);

T_2——薄膜加热试验后软化点(℃)。

(4)沥青薄膜加热试验黏度比按式(4-4)计算:

$$K_\eta = \eta_2/\eta_1 \tag{4-4}$$

式中:K_η——薄膜加热试验前后60℃黏度比;

η_2——薄膜加热试验后60℃黏度(Pa·s);

η_1——薄膜加热试验前60℃黏度(Pa·s)。

(5)沥青的老化指数按式(4-5)计算:

$$C = \lg\lg(\eta_2 \times 10^3) - \lg\lg(\eta_1 \times 10^3) \tag{4-5}$$

式中:C——薄膜加热试验的老化系数。

6)报告

(1)质量变化。当两个试样皿的质量变化符合重复性试验允许误差要求时,取其平均值作为试验结果,准确至3位小数。

(2)根据需要报告残留物的针入度及针入度比、软化点及软化点增值、黏度及黏度比、老化指数、延度、脆点等各项性质的变化。

7) 允许误差

(1) 当薄膜加热后质量变化小于或等于 0.4% 时,重复性试验的允许误差为 0.04%,再现性试验的允许误差为 0.16%。

(2) 当薄膜加热后质量变化大于 0.4% 时,重复性试验的允许误差为平均值的 8%,再现性试验的允许误差为平均值的 40%。

(3) 残留物针入度、软化点、延度、黏度等性质试验的允许误差应符合相应的试验方法规定。

4.5.3 沥青旋转薄膜加热试验

1) 目的与适用范围

本方法适用于测定道路石油沥青、聚合物改性沥青旋转薄膜烘箱加热(简称 RTFOT)后的质量损失,并根据需要测定旋转薄膜加热后沥青残留物的针入度、黏度、延度及脆点等性质的变化,以评定沥青的老化性能。

2) 仪具与材料技术要求

旋转薄膜加热烘箱、盛样瓶、温度计、分析天平、溶剂等。

3) 准备工作

(1) 用汽油或三氯乙烯洗净盛样瓶后,置温度 105℃±5℃ 烘箱中烘干,并在干燥器中冷却后编号称其质量(m_0),准确至 1mg。选择盛样瓶的数量应能满足试验的试样需要,通常不少于 8 个。

(2) 将旋转加热烘箱调节水平,并在 163℃±0.5℃ 下预热不少于 16h,烘箱内空气充分加热均匀。调节好温度控制器,使全部盛样瓶装入环形金属架后,烘箱的温度应在 10min 以内达到 163℃±0.5℃。

(3) 调整喷气嘴与盛样瓶开口处的距离为 6.35mm,并调节流量计,使空气流量为 4 000mL/min±200mL/min。

(4) 按沥青试样标准的方法准备沥青试样,分别注入已称质量的盛样瓶中其质量为 35g±0.5g,放入干燥器中冷却至室温后称取质量(m_1),准确至 1mg。需测定加热前后沥青性质变化时,应同时灌样测定加热前沥青的性质。

4) 试验步骤

(1) 将称量完后的全部试样瓶放入烘箱环形架的各个瓶位中,关上烘箱门后开启环形架转动开关,以 15r/min±0.2r/min 速度转动。同时开始以流速 4 000mL/min±200mL/min 的热空气喷入转动着的盛样瓶的试样中,烘箱的温度应在 10min 回升到 163℃±0.5℃,使在 163℃±0.5℃ 温度受热时间不少于 75min。总的持续时间为 85min。若 10min 内达不到试验温度时,试验不得继续进行。

(2) 到达时间后,停止环形架转动及喷射热空气,立即逐个取出盛样瓶,并迅速将试样倒入一洁净的容器内混匀(进行加热质量变化的试样除外),以备进行旋转薄膜加热试验后的沥青性质的试验,但不允许将已倒过的沥青试样瓶重复加热来取得更多的试样。所有试验项目应在 72h 内全部完成。

(3) 将进行质量损失试验的试样瓶放入真空干燥器中,冷却至室温,称取质量(m_2)准确至 1mg。此瓶内的试样即予废弃(不得重复加热用来进行其他性质的试验)。

5)计算

(1)沥青旋转薄膜试验后质量变化按式(4-6)计算,准确至3位小数:

$$L_T = \frac{m_2 - m_1}{m_1 - m_0} \times 100\% \quad (4-6)$$

式中:L_T——试样旋转薄膜加热质量变化(%);

m_0——盛样皿质量(g);

m_1——旋转薄膜加热前盛样皿与试样合计质量(g);

m_2——旋转薄膜加热后盛样皿与试样合计质量(g)。

(2)沥青旋转薄膜烘箱试验后,残留物针入度比以残留物针入度占原试样针入度的比值按式(4-7)计算:

$$K_P = P_2/P_1 \times 100\% \quad (4-7)$$

式中:K_P——试样旋转薄膜加热后残留物针入度比(%);

P_1——旋转薄膜加热试验前原试样的针入度(0.1mm);

P_2——旋转薄膜加热试验后原试样的针入度(0.1mm)。

(3)沥青旋转薄膜加热试验的残留物软化点增值按式(4-8)计算:

$$\Delta T = T_2 - T_1 \quad (4-8)$$

式中:ΔT——旋转薄膜加热试验后软化点增值(℃);

T_1——旋转薄膜加热试验前软化点(℃);

T_2——旋转薄膜加热试验后软化点(℃)。

(4)沥青旋转薄膜加热试验黏度比按式(4-9)计算:

$$K_\eta = \eta_2/\eta_1 \quad (4-9)$$

式中:K_η——旋转薄膜加热试验前后60℃黏度比;

η_2——旋转薄膜加热试验后60℃黏度(Pa·s);

η_1——旋转薄膜加热试验前60℃黏度(Pa·s)。

(5)沥青的老化指数按式(4-10)计算:

$$C = \lg\lg(\eta_2 \times 10^3) - \lg\lg(\eta_1 \times 10^3) \quad (4-10)$$

式中:C——沥青旋转薄膜加热试验的老化系数。

6)试验说明与注意问题

(1)质量变化,当两个试样皿的质量变化符合重复性试验精密度要求时,取其平均值作为试验结果,准确至小数点后两位。

(2)根据需要报告残留物的针入度及针入度比、软化点及软亿点增值、黏度及黏度比、老化指数、延度、脆点等各项性质的变化。

4.6 沥青密度与相对密度试验

1)目的与适用范围

本方法适用于使用比重瓶测定各种沥青材料的密度与相对密度。非特殊要求,本方法宜在试验温度25℃及15℃下测定沥青密度与相对密度。

2)仪具与材料技术要求

比重瓶、恒温水槽、烘箱、天平、滤筛、温度计、烧杯、真空干燥器、洗液、蒸馏水(或去离子水)、表面活性剂、软布、滤纸等。

3)准备工作

(1)用洗液、水、蒸馏水先后仔细洗涤比重瓶,然后烘干称其质量(m_1),准确至1mg。

(2)将盛有新煮沸并冷却的蒸馏水的烧杯浸入恒温水槽中一同保温,在烧杯中插入温度计,水的深度必须超过比重瓶顶部40mm以上。

(3)使恒温水槽及烧杯中的蒸馏水达至规定的试验温度±0.1℃。

4)比重瓶水值的测定步骤

(1)将比重瓶及瓶塞放入恒温水槽中,烧杯底浸没水中的深度应不少于100mm,烧杯口露出水面,并用夹具将其固牢。

(2)待烧杯中水温再次达至规定温度后并保温30min后,将瓶塞塞入瓶口,使多余的水由瓶塞上的毛细孔中挤出。注意,比重瓶内不得有气泡。

(3)将烧杯从水槽中取出,再从烧杯中取出比重瓶,立即用干净软布将瓶塞顶部擦拭一次,再迅速擦干比重瓶外面的水分,称其质量(m_2),准确至3位小数。注意瓶塞顶部只能擦拭一次,即使由于膨胀瓶塞上有小水滴也不能再擦拭。

(4)以$m_2 - m_1$作为试验温度时比重瓶的水值。

5)液体沥青试样的试验步骤

(1)将试样过筛(0.6mm)后注入干燥比重瓶中至满,注意不要混入气泡。

(2)将盛有试样的比重瓶及瓶塞移入恒温水槽(测定温度±0.1℃)内盛有水的烧杯中,水面应在瓶口下约40mm,注意勿使水浸入瓶内。

(3)从烧杯内的水温达到要求的温度后保温30min,然后将瓶塞塞上,使多余的试样由瓶塞的毛细孔中挤出。仔细用蘸有三氯乙烯的棉花擦净孔口挤出的试样,并注意保持孔中充满试样。

(4)从水中取出比重瓶,立即用干净软布仔细地擦去瓶外的水分或黏附的试样(不得再揩孔口)后,称其质量(m_3),准确至3位小数。

6)黏稠沥青试样的试验步骤

(1)按《公路工程沥青及沥青混合料试验规程》(JTG E20—2011)方法准备沥青试样,沥青的加热温度不宜高于估计软化点以上100℃(石油沥青或聚合物改性沥青),仔细注入比重瓶中,约至2/3高度。不得使试样黏附瓶口或上方瓶壁,并防止混入气泡。

(2)取出盛有试样的比重瓶,移入干燥器中,在室温下冷却不少于1h,连同瓶塞称其质量(m_4),准确至3位小数。

(3)将盛有蒸馏水的烧杯放入已达试验温度的恒温水槽中,然后将称其质量后的盛有试样的比重瓶放入烧杯中(瓶塞也放进烧杯中),等烧杯中的水温达到规定试验温度后保温30min,使比重瓶中气泡上升到水面,待确认比重瓶已经恒温且无气泡后,再将比重瓶的瓶塞塞紧,使多余的水从塞孔中溢出,此时应注意不得带入气泡。

(4)取出比重瓶,按前述方法迅速擦干瓶外水分后称其质量(m_5),准确至3位小数。

7)固体沥青试样的试验步骤

(1)试验前,如试样表面潮湿,可在干燥洁净的环境下自然吹干,或置50℃烘箱中烘干。

(2)将50~100g试样打碎,过0.6mm及2.36mm筛。取0.6~2.36mm的粉碎试样不少于5g放入清洁干燥的比重瓶中,塞紧瓶塞后称其质量(m_6),准确至3位小数。

(3)取下瓶塞,将恒温水槽内烧杯中的蒸馏水注入比重瓶,水面高于试样约10mm,同时加入几滴表面活性剂溶液(如1%洗衣粉、洗涤灵),并摇动比重瓶使大部分试样沉入水底,必须使试样颗粒表面上附气泡逸出。注意,摇动时勿使试样摇出瓶外。

(4)取下瓶塞,将盛有试样和蒸馏水的比重瓶置真空干燥箱中抽真空,逐渐达到真空度98kPa(735mmHg)不少于15min。如比重瓶试样表面仍有气泡,可再加几滴表面活性剂溶液,摇动后再抽真空。必要时,可反复几次操作,直至无气泡为止。

(5)将保温烧杯中的蒸馏水再注入比重瓶中至满,轻轻地塞好瓶塞,再将带塞的比重瓶放入盛有蒸馏水的烧杯中,并塞紧瓶塞。

(6)将有比重瓶的盛水烧杯再置恒温水槽(试验温度±0.1℃)中保持至少30min后,取出比重瓶,迅速擦干瓶外水分后称其质量(m_7),准确至3位小数。

8)计算

(1)试验温度下液体沥青试样的密度或相对密度按式(4-11)或式(4-12)计算。

$$\rho_b = \frac{m_3 - m_1}{m_2 - m_1} \times \rho_w \qquad (4-11)$$

$$\gamma_b = \frac{m_3 - m_1}{m_2 - m_1} \qquad (4-12)$$

式中:ρ_b——试样在试验温度下的密度(g/cm^3);

γ_b——试样在试验温度下的相对密度;

m_1——比重瓶质量(g);

m_2——比重瓶与盛满水时的合计质量(g);

m_3——比重瓶与盛满试样时的合计质量(g);

ρ_w——试验温度下水的密度(g/cm^3),15℃水的密度为0.999g/cm^3,25℃水的密度为0.997g/cm^3。

(2)试验温度下黏稠沥青试样的密度或相对密度按式(4-13)或式(4-14)计算。

$$\rho_b = \frac{m_4 - m_1}{(m_2 - m_1) - (m_5 - m_4)} \times \rho_w \qquad (4-13)$$

$$\gamma_b = \frac{m_4 - m_1}{(m_2 - m_1) - (m_5 - m_4)} \qquad (4-14)$$

式中:m_4——比重瓶与沥青试样合计质量(g);

m_5——比重瓶与试样和水合计质量(g)。

(3)试验温度下黏稠沥青试样的密度或相对密度按式(4-15)或式(4-16)计算。

$$\rho_b = \frac{m_6 - m_1}{(m_2 - m_1) - (m_7 - m_6)} \times \rho_w \qquad (4-15)$$

$$\gamma_b = \frac{m_6 - m_1}{(m_2 - m_1) - (m_7 - m_6)} \qquad (4-16)$$

式中:m_6——比重瓶与沥青试样合计质量(g);

m_7——比重瓶与试样和水合计质量(g)。

9)报告

同一试样应平行试验两次,当两次试验结果的差值符合重复性试验的精密度要求时,以平均值作为沥青的密度试验结果,并准确至三位小数,试验报告应注明试验温度。

10)允许误差

(1)对黏稠石油沥青及液体沥青,重复性试验的允许差为0.003g/cm^3;再现性试验的允许差为 0.007g/cm³。

(2)对固体沥青,重复性试验的允许差为 0.01g/cm³,再现性试验的允许差为 0.02g/cm³。
(3)相对密度的精密度要求与密度相同(无单位)。

4.7 沥青含蜡量

4.7.1 蜡对沥青路用性能的影响

沥青中的蜡分是一个对沥青路用性能极为不利的成分。目前用于公路的道路石油沥青对蜡含量有严格的限制。蜡对沥青路用性能的不利影响表现在:

(1)蜡在高温时融化,使沥青黏度降低,影响高温稳定性,增大温度敏感性。
(2)蜡使沥青与集料的亲和力变小,影响沥青的黏结力及抗水剥离性。
(3)蜡在低温时结晶析出,分散在其他各组分之间,减小了分子间的紧密联系。当蜡结晶的大小超过胶束的界限时,便以不均相的悬浮物状态存在于沥青中,蜡相当于沥青中的杂质,使沥青的极限拉伸应变和延度变小,容易造成低温发脆、开裂。
(4)减小了低温时的应力松弛性能,使沥青的收缩应力迅速增加而容易开裂。
(5)低温时的流变指数增加,复合流动度减小,时间感应性增加。对测定条件下有相同黏度的沥青,在变形速率小时,含蜡的沥青黏度更大,劲度也大,这也是造成沥青面层温缩开裂的原因之一。

石油沥青中的蜡含量测定是个比较复杂的问题,它是以蒸馏法馏出油分后,在规定的溶剂及低温下结晶析出的蜡含量,以质量百分数表示。我国规范规定用裂解蒸馏法测定道路石油沥青中的蜡含量。

4.7.2 沥青蜡含量试验(蒸馏法)

1)适用范围

本方法适用于采用裂解蒸馏法测定道路石油沥青的蜡含量。

2)仪器设备

冷凝管蒸馏瓶、冷却过滤装置、立式高温电炉、天平、温度计、锥形烧瓶、水流泵或真空泵、乙醚、乙醇、石油醚经硅胶脱芳烃 60~90℃、工业酒精及干冰、冰块、烘箱、恒温水浴、量筒、烧杯、铁架、U形水银柱压力计、洗液、蒸馏水、温度计、电炉等。

3)准备工作

(1)将蒸馏瓶洗净、干燥后,称其质量,准确至 0.1g,然后置烘箱中备用。
(2)将 150mL 或 250mL 锥形瓶洗净、烘干、编号后,称其质量,准确至 0.1mg,然后置干燥器中备用。
(3)将冷却装置各部洗净、干燥,其中砂芯过滤漏斗用洗液浸泡后再用蒸馏水洗至中性,然后干燥备用。
(4)准备沥青试样。用高温炉蒸馏时,应预先加热并控制炉内恒温 550℃ ±10℃。
(5)在烧杯内备好冰水。

4)试验步骤

(1)在蒸馏瓶中称取沥青试样质量 m_b 为 50g±1g,准确至 0.1g,用软木塞盖严蒸馏瓶。用已知质量的锥形瓶做接收器,浸在装有冰水的烧杯中。

(2) 将盛有试样的蒸馏瓶置于恒温550℃±10℃的电炉中,蒸馏瓶支管与置于冰水中的锥形瓶连接。如用燃气炉时,调节火焰高度将蒸馏瓶周围包住。

(3) 调节加热强度(即调节蒸馏瓶至高温炉间距离或燃气炉火焰大小),使从加热开始起5~8min内开始初馏(支管端口流出第一滴馏分)。然后以每秒两滴4~5mL/min的流出速度继续蒸馏至无馏分油,瓶内蒸馏残留物完全形成焦炭为止。全部蒸馏过程必须在25min内完成。蒸馏后支管中残留的馏出油应流入接收器中。

(4) 将盛有馏出油的锥形瓶从冰水中取出,擦干瓶外水分,在室温下冷却称其质量,得到馏出油总质量 m_1,准确至0.05g。

(5) 将锥形瓶中的馏出油加热熔化,并搅拌均匀。加热时温度不要太高,避免有蒸发损失。然后将熔化的馏出油注入另一已知质量的锥形瓶(250mL)中,称取用于脱蜡的馏出油质量1~3g(m_2),准确至0.1mg,其数量需使其冷冻过滤后能得到0.05~0.1g蜡,但取样量不得超过10g。

(6) 准备好符合控温精度的自动制冷装置,向冷浴中注入适量的冷液,其液面比试样冷却筒内液面高100mm以上,设定制冷温度,使其冷浴温度保持在-20℃±0.5℃。把温度计浸没在冷浴150mm深处。

(7) 将盛有馏出油的锥形瓶注入10mL乙醚,使其充分溶解,然后注入试样冷却筒中,再用15mL乙醚分两次清洗盛油的锥形瓶,并将清洗液倒入试样冷却筒中,将25mL乙醇注入试样冷却筒内与乙醚充分混合均匀。

(8) 预先在另一锥形瓶或试管(50mL)中量取50mL乙醚—乙醇1∶1混合液,使其冷却至-20℃,至少恒冷15min以后再使用。

(9) 当试样冷却筒中溶液冷却结晶后,拔起其中的塞子,过滤结晶析出的蜡,并将塞子用适当方法或吊在试样冷却筒中,保持自然过滤30min。

(10) 当砂芯过滤漏斗内看不到液体时,启动水流泵(或真空泵),调节U形水银柱压力计真空度,使滤液的过滤速度为每秒一滴左右,抽滤至无液体滴落。然后小心地关闭水流泵(或真空泵),使压力计恢复常压。再将已冷却的乙醚—乙醇混合液一次加入30mL,洗涤蜡层,并清洗塞子及试样冷却筒内壁。继续过滤,当溶剂在蜡层上看不见时,继续抽滤5min,将蜡中的溶剂抽干,以除去蜡中的溶液。

(11) 从冷浴中取出试样冷却过滤装置,取下吸滤瓶,将其中溶液倾入一回收瓶中。吸滤瓶也用乙醚—乙醇混合液中洗3次,每次用10~15mL,洗液倒入回收瓶中。

(12) 将试样冷却筒、塞子及吸滤瓶重新装妥,再将30mL已预热至50~60℃的石油醚清洗试样冷却筒及塞子,拔起塞子使溶液流至过滤漏斗,待漏斗中无溶液后,再用热石油醚溶解漏斗中的蜡两次,每次用量35mL,然后立即用水流泵(或真空泵)吸滤,至无液滴滴落。

(13) 将吸滤瓶中蜡溶液倾入已称质量的锥形瓶中,并用常温石油醚分三次清洗吸滤瓶,每次用量10~15mL。洗液倒入锥形瓶的蜡溶液中。

(14) 将盛有蜡溶液的锥形瓶放在适宜的热源上蒸馏到石油醚蒸发净尽。然后将锥形瓶置于温度为105℃±5℃烘箱中除去石油醚,然后放入真空干燥箱(105℃±5℃,残压21~35kPa)中1h,再置干燥器中冷却1h后称其质量,得到析出蜡的质量 m_3,准确至0.1mg。

(15) 同一沥青试样蒸馏后,从馏出油中取3个试样进行试验。

5) 结果计算

(1) 沥青试样的蜡含量按式(4-17)计算。

$$P_\mathrm{p} = \frac{m_1 \times m_\mathrm{w}}{m_\mathrm{b} \times m_2} \times 100\% \tag{4-17}$$

式中：P_p——蜡含量(%)；

　　　m_b——沥青试样质量(g)；

　　　m_1——馏分油总质量(g)；

　　　m_2——用于测定蜡的馏分油质量(g)；

　　　m_w——析出蜡的质量(g)。

(2)所进行的平行试验结果的最大值与最小值之差符合重复性试验精密度要求时,取其平均值作为蜡含量结果,取小数点一位(%)。当超过重复性试验精密度时,以分离得到的蜡的质量(g)为横轴,蜡的质量百分率为纵轴,按直线关系回归求出蜡的质量为0.075g时的蜡的质量百分率,作为腊含量结果,取小数点一位(%)。

4.8 沥青技术要求

4.8.1 沥青标号、等级及适用范围

目前,世界上道路沥青的产品分级主要有三种,即针入度分级、黏度分级以及性能分级。其中黏度分级又细分为两类:即以新鲜沥青60℃黏度分级的AC分级体系和以旋转薄膜烘箱残余物60℃分级的AR分级体系。我国沥青标号以针入度值作为划分依据。

根据当前的沥青使用和生产水平,按技术性能分为A、B、C三个等级,各个沥青等级的适用范围应符合表4-3的规定。

道路石油沥青的适用范围　　　　　　　表4-3

沥青等级	适用范围
A级沥青	各个等级的公路,适用于任何场合和层次
B级沥青	①高速公路、一级公路沥青下面层及以下的层次,二级及二级以下公路的各个层次； ②用作改性沥青、乳化沥青、改性乳化沥青、稀释沥青的基质沥青
C级沥青	三级及三级以下公路的各个层次

4.8.2 不同标号沥青适用性的大致规律

低标号的沥青针入度小,稠度大,黏度也高,适用于较炎热地区；高标号的沥青针入度大,稠度小,黏度也低,适用于较寒冷地区。

对热拌沥青混合料,我国大部分地区宜用针入度50号及70号的沥青,只有在很少寒冷地区适用于90号沥青,110号沥青适用于中轻交通的公路上。而且这是相应于国外的荷载情况决定的,我国的重载交通比例大,甚至有严重的超限超载情况,应适当选择针入度更小的沥青,努力扩大50号沥青的适用范围。

4.8.3 道路石油沥青的技术要求

1)道路石油沥青技术要求

道路石油沥青的质量应符合规范规定的技术要求。经建设单位同意,沥青的PI值、60℃动力黏度、10℃延度可作为选择性指标。

2)道路石油沥青主要指标

主要的指标有密度、含蜡量、针入度、延度、软化点、黏度、闪点、溶解度,以及进行热老化试验(包括薄膜加热烘箱试验或旋转薄膜烘箱加热试验)等。

(1)密度:相对密度的大小与原油种类有关,国外道路沥青的相对密度大都在1.0以上。一般认为,沥青密度是一项沥青组成的综合指标,它与沥青组分的比例有关,沥青质含量越多,密度越大;饱和分以及蜡含量越多,密度越小。

沥青的密度主要是为了沥青体积与质量换算及进行沥青混合料配合比设计使用,并非衡量沥青质量好坏的标准。因此,我国沥青密度指标为实测记录项目,数据不作质量评定使用。

(2)含蜡量:沥青中蜡对路用性能的影响主要表现在以下方面:

①蜡在高温时融化,使沥青黏度降低,影响高温稳定性,增大温度敏感性。

②蜡使沥青与集料的亲和力变小,影响沥青的黏结力及抗水剥离性。

③蜡在低温时结晶析出,分散在其他各组分之间,减小了分子间的紧密联系。当蜡结晶的大小超过胶束的界限时,便以不均相的悬浮物状态存在于沥青中,蜡相当于沥青中的杂质,使沥青的极限拉伸应变和延度变小,容易造成低温发脆、开裂。

④减小了低温时的应力松弛性能,使沥青的收缩应力迅速增加而容易开裂。

⑤低温时的流变指数增加,复合流动度减小,时间感应性增加。对测定条件下有相同黏度的沥青,在变形速率小时,含蜡的沥青黏度更大,劲度也大,这也是沥青面层温缩开裂的原因之一。

⑥蜡的结晶及融化使一些测定指标出现假象,使沥青的性质发生突变,使沥青性质在这一温度区的变化不连续。BTDC图存在一过渡区转折,因此针入度测定必须采用预冷法、对于蜡含量高的沥青,沥青软化点测定值有假象,应采用当量软化点T_{800}代替。针入度指数PI的计算应根据不同温度的软化点测定值回归得到。

(3)延度:如果原油含蜡量高,生产的路用沥青含蜡量也会高,蜡的结晶对延度有直接的影响。一般还认为,延度大小与沥青低温性质优劣有关。A、B级沥青改为10℃延度,C级沥青改为15℃延度。这里需要注意的是,延度指标提得太高有可能影响其他指标。

(4)软化点:软化点是沥青达到规定条件黏度时的温度,所以软化点既是反映沥青材料热稳定性的一个指标,也是沥青黏性的一种量度。普通沥青的软化点测定值大都在45~51℃范围内,这种沥青软化点差值并不大,可是实际公路上应用时,在夏季高温时容易软化,路面泛油、拥包现象比较严重。这主要是由于沥青中蜡的存在使得沥青软化点测定值有假象,蜡的熔点在30~70℃之内,蜡的结晶软化需要吸收一部分附加热,从而使得软化点提高。

(5)针入度:沥青的针入度是在规定温度和时间内,附加一定质量的标准计垂直贯入试样的深度。沥青的针入度与沥青路面的使用性能具有密切的关系,在现阶段仍然是我国划分沥青标号的最主要的依据。它不仅表现在高温稳定性上,对低温抗裂性能也同样重要。

对于温度敏感性相同的沥青,针入度大即较稀的沥青有较低的劲度模量,比较稠的沥青的路面裂缝少。

针入度试验是一种用于量测沥青胶结料稠度的经验性试验。通常在25℃测针入度,该温度大约为热拌沥青混凝土路面的平均服务温度。虽然黏度是最好的量测形式,但现在在该温度量测针入度是获取沥青结合料稠度的简单方法。

(6)针入度指数(PI):针入度指数PI用来描述沥青的温度敏感性,宜在15℃、25℃、30℃等3个或3个以上的温度条件下,测定针入度后,按规定的计算方法得到。国外一般要求PI在-1~+1之间,根据大量的试验研究,适当有所降低。在规范修订过程中,有些意见认为PI

值的试验误差较大,或者应该按照欧洲新的标准中的方法采用针入度和软化点计算 PI 值。针对这些意见,规范要求严格按照试验规程的方法,选用 5 个适宜的温度测定针入度计算,且要求相关系数不低于 0.997。

两种计算方法的 PI 值不同主要由于蜡含量对软化点的影响所造成。试验结果充分说明,两种不同方法的计算结果之差来源于不同方法测定的软化点的差异,二者的相关系数达 0.973。

道路石油沥青依据针入度大小划分标号。液体石油沥青依据标准黏度划分标号。针入度和标准黏度都是表示沥青稠度的指标,一般沥青的针入度越小,表示沥青越稠。而工程使用中由于不同工程所处的地理环境、气候条件不同,对沥青的要求也不同,因此将沥青依针入度(黏度)划分为若干标号,有利于根据工程实际要求选择适宜稠度的沥青。

(7)黏度:沥青试样在规定条件下流动时形成的抵抗力或内部阻力的度量,也称黏滞度。黏度随沥青的组分和温度而定,沥青质含量高黏滞性大,随温度的升高黏滞性降低。沥青的黏滞性与沥青路面的力学行为有密切的关系,在现代交通条件下为防止高温时路面出现车辙及过多的变形,沥青黏度是一个很重要的参数。我国规范中,A 级沥青增加了 60℃ 的动力黏度作为高温性能的评价指标。60℃ 黏度分级用动力黏度,世界上基本都统一采用真空减压毛细管黏度计测定。

(8)闪点:如果沥青胶结料加热到足够高的温度,则会散发足够多的蒸汽,当存在火花或明火时即会着火。闪点表明存在明火时沥青胶结料安全的加热温度,在该温度没有瞬时起火的危险。该温度低于燃点,燃点是材料燃烧的温度。虽然铺路沥青胶结料的闪点高于热拌沥青混凝土生产正常使用的温度,但从安全考虑对其进行量测与控制是必要的。

(9)溶解度:沥青的溶解度是沥青试样在规定溶剂中可溶物的含量,以质量百分率表示。溶解度反映沥青的纯度,是沥青质量均匀性指标。我国统一用三氯乙烯作为溶剂。测定值为 99.5%。

(10)热老化试验:当在拌和装置中与热矿质集料拌和时,沥青结合料承受了短期的老化。而沥青路面在承受环境和其他因素的服务寿命中,则持续承受长期老化。使用薄膜烘箱试验来估计热拌沥青混合料拌和装置中发生的短期老化。将加热后的试样按规定方法进行质量变化、针入度、延度等各项薄膜加热试验后残留物的相应试验,据此评价沥青的抗老化性能。

4.9 其他沥青材料

4.9.1 乳化沥青

乳化沥青是指石油沥青与水在乳化剂、稳定剂等的作用下经乳化加工制得的均匀的沥青产品,也称沥青乳液。

乳化沥青的乳化原理:沥青在有乳化剂—稳定剂的水中,经机械力的作用分裂为微滴(粒径约为 $2 \sim 5 \mu m$),而形成稳定的沥青—水分散系。由于乳化剂降低了体系的界面能、界面膜的形成和界面电荷的作用,使其形成沥青乳液。

乳化沥青适用于沥青表面处治路面、沥青贯入式路面、冷拌沥青混合料路面、修补裂缝、喷洒透层、黏层与封层等。乳化沥青可以冷态施工,节约大量能源,便于施工,保护环境。乳化沥青的品种和适用范围宜符合表 4-4 规定。

乳化沥青品种及适用范围 表4-4

分 类	品种及代号	适 用 范 围
阳离子乳化沥青	PC-1	表处、贯入式路面及下封层用
	PC-2	透层油及基层养生用
	PC-3	黏层油用
	BC-1	稀浆封层或冷拌沥青混合料用
阴离子乳化沥青	PA-1	表处、贯入式路面及下封层用
	PA-2	透层油及基层养生用
	PA-3	黏层油用
	BA-1	稀浆封层或冷拌沥青混合料用
非离子乳化沥青	PN-2	透层油用
	PN-1	与水泥稳定集料同时使用(基层路拌或再生)

乳化沥青类型根据集料品种及使用条件选择。阳离子乳化沥青可适用于各种集料品种，阴离子乳化沥青适用于碱性石料。乳化沥青的破乳速度、黏度宜根据用途与施工方法选择。

制备乳化沥青用的基质沥青，对高速公路和一级公路，宜符合道路石油沥青 A、B 级沥青的要求，其他情况可采用 C 级沥青。

4.9.2 SBS 改性沥青

1）沥青改性常用方法

除了少量可以采用直接投入法加工的改性剂如 SBR 胶乳外，大部分改性剂与道路沥青的相容性很不好，所以必须采取特殊的加工方式，将改性剂完全分散在沥青中，才能生产改性沥青。归纳起来，改性沥青的加工制作及使用方式，可以分为预混法和直接投入法两大类。实际上，直接投入法是制作改性沥青混合料的工艺，只有预混法才是名副其实的制作改性沥青，不过现在通称为改性沥青，细分可有图4-2所示几种方式。

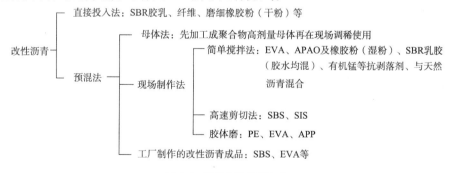

图 4-2 沥青改性常用方式

（1）母体法的原理是先采用一种适当的方法制备加工成高剂量聚合物改性沥青母体，再在现场把改性沥青母体与基质沥青掺配调稀成要求剂量的改性沥青使用，所以又称为二次掺配法。母体法可以采用溶剂法和混炼法制备改性沥青母体。

（2）所谓直接投入法是直接将改性剂投入沥青混合料拌和锅与矿料、沥青拌和制作改性沥青混合料的工艺。严格来说，由于它没有预先与沥青共混，所以没有经历制作改性沥青的阶段，也不好说是制作改性沥青。正如前述，现在一般都把预混法和直接投入法作为改性沥青制作工艺的两大类来看待。

从理论上讲,聚合物改性剂与基质沥青都可以通过机械搅拌制得改性沥青。不过,由于改性剂与基质沥青的相容性不同,采用机械搅拌法的难易程度有很大的差别。对SBS、PE等相容性较差的改性剂,不适用于机械搅拌法加工,而对EVA以及某些相容性较好的聚合物,可以采用搅拌法加工。

对目前工程上适用较多的SBS、SIS等热塑性橡胶类和EVA、PE热塑性树脂类改性剂,由于它与沥青相容性较差,仅仅采用简单的机械搅拌势必需要太长的时间,且效果不好。对这些改性剂,必须通过胶体磨或高速剪切设备等专用机械的研磨和剪切力强制将改性剂打碎,使改性剂充分分散到基质沥青中。

现场使用的改性沥青设备有胶体磨式与高速剪切式两大类,这两类设备都是常用的专用改性沥青制作设备。

采用胶体磨法和高速剪切法加工改性沥青,一般都需要经过改性剂膨胀、分散磨细、继续发育三个阶段。每一阶段的工艺流程和时间随改性剂及加工设备的不同而不同,而加工温度是个关键。改性剂经过融胀阶段后,磨细分散才能做到又快又好,加工出来的改性沥青还需进入储存缸中不停地搅拌,使之继续发育(SBS一般需30min以上),才能喷入拌和锅中使用。

2) SBS改性沥青的特点

改性沥青是掺加橡胶、树脂、高分子聚合物、天然沥青、磨细的橡胶粉或者其他材料等外掺剂(改性剂),使沥青或沥青混合料的性能得以改善而制成的沥青结合料,称为改性沥青。改性沥青可单独或复合采用高分子聚合物、天然沥青及其他改性材料制作。掺加苯乙烯-丁二烯-苯乙烯嵌段共聚物(SBS)改性剂,使沥青或沥青混合料的性能得以改善而制成的沥青结合料,称为SBS改性沥青。SBS改性沥青在高等级公路、城市干道和机场跑道等的应用,显著提高了路面的使用性能,延长了路面使用寿命,大大降低了养护费用,收到了良好的社会与经济效益。具体特点如下:

(1)在温差较大的地区有很好的耐高温、抗低温能力。

(2)具体较好的抗车辙能力,其弹性和韧性提高了路面的抗疲劳能力,特别是在大流量、重载严重的公路上具有良好的应变能力,可减少路面的永久变形。

(3)其黏结能力特别强,能显著改善路面遇水后的抗拉能力,并极大地改善了沥青的水稳定性。

(4)提高了路面的抗滑能力。

(5)增强了路面的承载能力。

(6)可减少路面因紫外线辐射而导致的沥青老化现象。

(7)减少因车辆渗漏柴油、机油和汽油而造成的破坏。

4.10 沥青混合料的基本概念

4.10.1 沥青混合料分类

沥青混合料是指由矿料与沥青结合料拌和而成的混合料的总称。其按材料组成及结构分为连续级配、间断级配混合料,按矿物级配组成及空隙率大小分为密级配、半开级配、开级配混合料。按公称最大粒径的大小可分为特粗式(公称最大粒径等于或大于31.5mm)、粗粒式(公称最大粒径26.5mm)、中粒式(公称最大粒径16mm或19mm)、细粒式(公称最大粒径9.5mm

或13.2mm)、砂粒式(公称最大粒径小于9.5mm)沥青混合料。按制造工艺分热拌沥青混合料、冷拌沥青混合料、再生沥青混合料等。

1)按矿物级配组成及空隙率大小分类

(1)密级配沥青混凝土混合料:按密级配原理设计组成的各种粒径颗粒的矿料,与沥青结合料拌和而成,经马歇尔标准击实成型试件的剩余空隙率为3%~5%的密实型沥青混凝土混合料;按粒径大小分为砂粒式、细粒式、中粒式、粗粒式、特粗式等;按关键性筛孔通过率的不同又可分为细型密级配、粗型级密配沥青混合料等。

(2)开级配沥青混合料:矿料级配主要由粗集料嵌挤组成,细集料及填料较少,经高黏度沥青结合料黏结,矿料相互拨开形成的混合料,经马歇尔标准击实成型试件的空隙率通常大于18%。代表性结构有铺筑于沥青层表面的排水式大空隙沥青混合料磨耗层,如OGFC等,以及铺筑在沥青层底部的排水式沥青稳定基层(ATPB)。

(3)半开级配沥青混合料:由适当比例的粗集料、细集料及少量填料(或不加填料)与沥青结合料拌和而成,经马歇尔标准击实成型试件的剩余空隙率在6%~12%的半开式沥青碎石混合料。我国的AM型沥青碎石混合料属于此类。

2)按颗粒最大粒径和级配分类

(1)砂粒式沥青混合料:公称最大集料粒径等于或小于4.75mm的沥青混合料,也称为沥青石屑或沥青砂。

(2)细粒式沥青混合料:公称最大集料粒径为9.5mm或13.2mm的沥青混合料。

(3)中粒式沥青混合料:公称最大集料粒径为16mm或19mm的沥青混合料。

(4)粗粒式沥青混合料:公称最大集料粒径为26.5mm或31.5mm的沥青混合料。

(5)特粗式沥青混合料:公称最大粒径为等于或大于37.5mm的沥青混合料。

3)按强度构成原则分类

按强度构成原则,其可分为按嵌挤原则构成的结构和按密实级配原则构成的结构两类。

按嵌挤原则构成的沥青混合料的结构强度,是以矿料颗粒之间的嵌挤力和内摩阻为主,沥青结合料的黏附作用为辅而构成的。沥青贯入式路面、沥青表面处治、沥青碎石路面均属此类结构。这一类路面是以颗粒较粗的、尺寸较均匀的矿料构成骨架,沥青混合料填充其空隙,并把矿料黏成一个整体。这种混合料的强度受自然因素(温度、水)的影响较小。按密实级配原则构成的沥青混合料的结构强度,是以沥青与矿料之间的黏结力为主,矿质颗粒之间的嵌挤力和内摩阻力为辅而构成的。沥青混凝土路面多属于此类。这类的沥青混合料的结构强度受温度影响较大。

4.10.2 沥青混合料的结构类型及其特点

1)悬浮密实结构(图4-3)

由连续级配矿料组成的密实混合料,当主骨料约为30%~40%时,沥青混合料虽可以形成密实结构,但因为粗集料数量较少,不能形成骨架,而以悬浮状态处于较小颗粒之中,这种沥青混合料表现为黏结力较高,内摩阻力受沥青材料的性质和物理状态的影响较大,稳定性较差,密实、疲劳和低温性能强。

a)悬浮密实结构　　b)骨架空隙结构　　c)骨架密实结构

图4-3　沥青混合料结构示意图

2)骨架空隙结构(图4-3)

采用连续型级配矿质混合料,当矿质集料中粗集料较多,可以形成骨架,但因细集料数量过少,不足以填满空隙时,则形成"骨架—空隙"结构。这种沥青混合料强度主要取决于内摩阻力,黏结力低,其结构强度受沥青的性质和物理状态影响较小,高温稳定性较好,抗水损害、疲劳和低温性能较差。

3)骨架密实结构(图4-3)

当采用间断型密级配时,混合料中既有一定数量的粗集料形成骨架,同时细集料足以填满骨架的空隙。这种沥青混合料黏结力和内摩阻力均较高,高温稳定性较好,抗水损害、疲劳和低温性能较好。

4.11 沥青混合料的高温稳定性

4.11.1 沥青混合料的高温稳定性含义

沥青混合料高温稳定性是指在高温条件下,沥青混合料能够抵抗车辆反复作用,不会产生显著永久变形(车辙、拥包、波浪),保证沥青路面平整的特性。通过马歇尔稳定度试验方法和车辙试验法进行测定和评价。

4.11.2 影响沥青路面车辙因素及防治技术措施

(1)温度的影响。温度越高,沥青混合料的劲度模量越低,抗车辙能力越小。
(2)荷载对车辙的影响。重载交通、超限超载车辆是造成车辙的最主要原因。
(3)路面纵坡、车况及车速对车辙的影响。汽车的车况较差,上坡能力很差,车速迅速降低,使车辙迅速产生。
(4)上坡、重载、高温的综合影响。
(5)路面结构、设计,混合料设计和施工方面等因素。

4.11.3 影响沥青路面车辙试验结果的因素

车辙试验目的和意义:用于测定沥青混合料的高温抗车辙能力,供沥青混合料配合比设计的高温稳定性检验使用。

沥青混合料的车辙试验是试件在规定温度及荷载条件下,测定试验轮往返行走所形成的车辙变形速率,以每产生1mm变形的行走次数即动稳定度表示。车辙试验是沥青混合料性能检验中最重要的指标。车辙大小受混合料自身影响外,与荷载、温度、时间(含车速)的关系很大。

车辙试验方法和设备对试验结果有很大的影响。我国的车辙试验是在标准温度60℃、荷载0.7MPa、速率42次/min标准条件下试验的,工程发生车辙的实际条件(荷载、温度、车速)与此并不对应,除了沥青混合料自身的因素外,温度、荷载、速度对高温性能的影响是主要因素,而这些因素是目前室内车辙试验所解决不了的。而不同的温度、荷载、车速与标准条件之间不存在固定的换算模式,不同沥青品种、不同混合料的换算公式相差较大,个别研究得到的换算关系并没有通用性。

对车辙试验的温度应能反映夏季高温的路面温度。车辙试验法依照我国绝大多数地区的温度条件,试验温度为60℃±1℃,但是实际试验中,可以根据工程所处的地理位置、气候条件可以选择其他温度进行试验。同样对试验轮与试样的接触压强也可以根据交通量大小、重载车情况及路段的地理地貌位置选择压强大小进行配合比的检验,接触压强具体选择多大根据需要确定。

对恒温室要求,整个车辙试验机要求必须放在恒温室内,恒温室中必须有一定的空间用来养生试件,且必须有通风循环设备,使温度均匀。直至试验,恒温室可以用保温材料砌筑。通过比较试验发现,对空气不回流,在烘箱中养生的试件,动稳定度要比在有通风循环设备中的试件几乎高一倍,因此这种检验结果是不合适的。

车辙试验方法作为沥青混合料配合比设计高温稳定性检验指标,试验时有一点很重要,即试件必须是新拌配制的,在现场取样时必须在尚未冷却时即制模,不允许将混合料冷却后再二次加热重塑制作。

4.11.4 沥青混合料车辙试验

1）适用范围

（1）本方法适用于测定沥青混合料的高温抗车辙能力,并作为沥青混合料配合比设计的辅助性检验使用,也可用于现场沥青混合料的高温稳定性检验。

（2）本方法适用于用轮碾成型机碾压成型的长300mm,宽300mm,厚50~100mm的板块状试件,也适用于现场切割作长300mm,宽150mm,厚50mm板块状试件。

2）仪器设备

（1）车辙试验机,主要由下列部分组成：

①试件台：可牢固地安装两种宽度（300mm及150mm）的试模。

②试验轮：橡胶制的实心轮胎,外径ϕ200mm,轮宽50mm,橡胶层厚15mm。

③加载装置：使试验轮与试件的接触压强在60℃时为0.7MPa±0.05MPa,施加的总荷重为78kg左右,根据需要可以调整。

④试模：钢板制成,由底板及侧板组成,试模内侧尺寸长为300mm,宽为300mm,厚为50mm（试验室制作）,亦可固定150mm宽的现场切制试件。

⑤变形测量装置：自动检测车辙变形并记录曲线,通常用LVDT、电测百分表或非接触位移计。

⑥温度检测装置：自动检测并记录试件表面及恒温室内温度的温度传感器、温度计、精度0.5℃。

（2）恒温室。

（3）台秤：称量15kg,感量不大于5g。

3）准备工作

（1）试验轮接地压强测定：测定在60℃时进行,在试验台上放置一块50mm厚的钢板,其上铺一张毫米方格纸,上铺一张新的复写纸以规定的700N荷载后试验轮静压复写纸,即可在方格纸上印出轮压面积,并由此求接地压强。若压强不符合0.7MPa±0.05MPa时,荷载应予适当调整。

（2）按规程规定用轮碾成型法制车辙试验试块。在试验室或工地制备成型的车辙试件,其标准尺寸为300mm×150mm×50mm的试件。

（3）将试件脱模按规定的方法测定密度及孔隙率等各相物理指标。经水浸,应用电风扇将其吹干,然后再装回原试模中。

(4)试件成型后,连同试模一起在常温条件下放置的时间不得少于 12 h。对聚合物改性沥青混合料,放置的时间以48 h为宜,使聚合物改性沥青充分固化后方可进行车辙试验,但室温放置时间也不得长于一周。

4)试验步骤

(1)将试件连同试模一起,置于达到试验温度60℃±1℃的恒温室中,保温不少于5h,也不得多于12h。在试件的试验轮不行走的部位上,粘贴1个热电偶温度计,控制试件温度稳定在60℃±0.5℃。

(2)将试件连同试模移置于轮辙试验机的试验台上,试验轮在试件的中央部位,其行走方向须与试件碾压或行车方向一致。开动车辙变形自动记录仪,然后启动试验机,使试验轮往返行走,时间约1h,或最大变形达到25mm时止。试验时,记录仪自动记录变形曲线(图4-4)及试件温度。

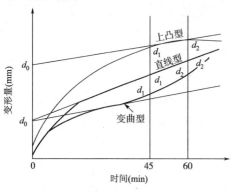

图4-4 车辙试验自动记录的变形曲线

5)结果计算

(1)从图 4-4 上读取 $45\min(t_1)$ 及 $60\min(t_2)$ 时的车辙变形 d_1 及 d_2,准确至 $0.01\mathrm{mm}$。

当变形过大,在未到60min变形已达25mm时,则以达到 $25\mathrm{mm}(d_2)$ 时的时间为 t_2,将其前15min为 t_1,此时的变形量为 d_1。

(2)沥青混合料试件的动稳定度按式(4-18)计算:

$$DS = \frac{(t_2 - t_1) \times N}{d_2 - d_1} C_1 C_2 \quad (4-18)$$

式中:DS——沥青混合料的动稳定度(次/mm);

d_1——时间一般为45min的变形量(mm);

d_2——时间一般为60min的变形量(mm);

N——试验轮往返碾压速度,一般为42次/min;

C_1——试验机类型修正系数,曲柄连杆驱动试件的变速行走方式为1.0;

C_2——试件系数,试验制备的宽300mm的试件为1.0。

6)试验注意事项

同一沥青混合料或同一路段的路面,至少平行试验3个试件,当3个试件动稳定度变异系数小于20%时,取其平均值作为试验结果。变异系数大于20%时应分析原因,并追加试验。

4.12 沥青混合料的耐久性

沥青混合料的耐久性是指其抵抗长时间自然因素(风、日光、温度、水分等)和行车荷载反复作用,能基本保持原有性能的能力。

影响沥青混合料耐久性的因素很多,一个很重要的因素是沥青混合料的空隙率。空隙率的大小取决于矿料的级配、沥青材料的用量以及压实程度等多个方面。沥青混合料中的空隙率小,环境中易造成老化的因素介入的机会就少,所以从耐久性考虑,希望沥青混合料空隙率尽可能的小一些。但沥青混合料中还必须留有一定的空隙和适当的饱和度,以备夏季沥青材料的膨胀变形用。另一方面,沥青含量的多少也是影响沥青混合料耐久性的一个重要因素。当沥青用量较正常用量减少时,沥青膜变薄,则混合料的延伸能力降低,脆性增加。同时因沥青用量偏少,混合料空隙率增大,沥青暴露于不利环境因素的可能性加大,加速老化,同时还增加了水侵入的机会,造成水损坏。

沥青混合料试件内沥青部分的体积占矿料部分以外的体积(VMA)百分比,简称 VFA,以百分率表示。沥青混合料内有效沥青部分(即扣除被集料吸收的沥青以外的沥青)的体积占矿料部分以外的体积(VMA)的百分率,称为有效沥青饱和度。

残留稳定度是反映沥青混合料抗水损害的一个重要指标。

综上所述,我国现行规范采用空隙率、饱和度和残留稳定度等指标来表征沥青混合料的耐久性。

目前,评价沥青混合料的耐久性的方法有浸水马歇尔试验和采用真空饱水马歇尔试验,此外,还有浸水劈裂试验、冻融劈裂试验、浸水车辙试验等其他方法。

4.13 沥青混合料其他性能

1) 沥青混合料低温抗裂性

就沥青路面温度裂缝而言,体现沥青混合料低温质量。这是由于当温度下降时,沥青面层就会产生收缩变形。于是这种变形会受到基层对面层的摩阻力和路面无限连续板体对收缩变形的约束作用,使沥青面层内部产生拉应力。如果这个拉应力等于沥青混凝土的极限强度,那么微裂缝就会出现在面层表面。在更低的温度或温度反复循环的作用下,微裂缝逐渐向下扩展,贯穿整个沥青面层。沥青混合料低温抗裂性能的试验方法中,约束试件温度应力试验,弯曲蠕变试验预编、J-积分试验,低频疲劳试验对研究疲劳温缩裂缝有价值。我国规程提出了弯曲蠕变试验方法。

2) 沥青混合料施工和易性

在整个施工中,尽可能使沥青混合料的集料颗粒以设计级配要求的状态分布,集料表面被沥青膜完整覆盖,并能被压实到规定的密度。这是保证沥青混合料实现上述路用性能的必要条件。

影响沥青混合料施工和易性的因素首先是材料组成。例如,当组成材料确定后,矿料级配和沥青用量都会对和易性产生一定影响。如采用间断级配的矿料,当粗细集料颗粒尺寸相差过大,缺乏中间尺寸颗粒时,沥青混合料容易离析。又比如当沥青用量过少时,则混合料疏松且不易压实;但当沥青用量过多时,则容易使混合料黏结成团,不易摊铺。另一个影响和易性的因素是施工条件。例如施工时的温度控制,如温度不够,沥青混合料就难以拌和充分,而不易达到所需的压实度;但温度偏高,则会引起沥青老化,严重时将会明显影响沥青混合料的路用性能。

3) 抗滑性

沥青路面的抗滑性对于保障道路交通安全至关重要,沥青路面的抗滑性与所用矿料的表面性质、颗粒形状与尺寸、混合料的级配组成以及沥青用量等因素有关。为了提高沥青路面的抗滑性,配料时应选用表面粗糙、坚硬、耐磨、抗冲击性好、磨光值大的碎石和破碎砾石集料。此外应严格控制沥青混合料中的沥青用量,特别是应选用含蜡量低的沥青,以免沥青表层出现滑溜现象。

我国现行规范采用磨光值、磨耗值、冲击值3个指标来控制沥青路面的抗滑性。

4）沥青混合料疲劳性能

沥青混合料的疲劳性能是指它承受重复荷载又不断裂的能力。应用现象法进行疲劳试验的方法很多，归纳起来有四类。第一类是实际路面在汽车荷载作用下的疲劳破坏试验，以美国著名的AASHO试验路为代表。第二类是足尺路面结构在模拟汽车荷载作用下的疲劳破坏试验，包括直道和环道加速加载试验。第三类是试板试验法。第四类是试验室小型试件的疲劳试验研究，如反复弯曲疲劳试验、间接拉伸疲劳试验、直接拉伸疲劳试验、室内轮辙试验等。

5）沥青混合料渗水性

沥青路面渗水性常用渗透系数表示，体现沥青路面作为一种密实结构单位时间内浸水量，以此来评价沥青路面抗水损害性能的优劣。我国采用渗透仪测量。

4.14 沥青混合料技术要求

4.14.1 沥青混合料技术指标及其含义

1）空隙率（VV）

空隙率是指压实沥青混合料内矿料与沥青体积之外的空隙（不包括矿料本身或表面被沥青封闭的孔隙）的体积与试件总体积的百分率。

2）矿料间隙率（VMA）

矿料间隙率是指压实沥青混合料内矿料实体之外的空间体积与试件总体积的百分率，它等于试件空隙率与有效沥青体积百分率之和。

3）沥青饱和度（VFA）

沥青饱和度是指压实沥青混合料试件内有效沥青实体体积占矿料骨架实体之外的空间体积的百分率。

4）稳定度

稳定度是指标准尺寸试件在规定温度加荷速度下，在马歇尔仪中最大的破坏荷载（kN）。

5）流值

流值是指达到最大破坏荷载时的试件的径向压缩变形（以0.1mm计）。马歇尔模数即为稳定度除以流值的商。

前三者反映沥青混合料的耐久性，后两者反映它的高温性能。

4.14.2 空隙率大小对混合料性能的影响

压实密级配HMA试件在最佳沥青用量时的空隙率，大部分机构建议在3%~5%。该空隙率必须与施工中经过压实作用且空隙未被沥青胶结料填满的情况接近。HMA路面层通过粒间接触，抵抗结合料玛蹄脂流动，将荷载从表面传递至下卧层。因此，如果要达到适合的性能，在HMA层内一定要形成高度的剪切抗力，必须具有这样高度的剪切抗力，以防止在交通作用下的附加压实、可能在轮迹带引起车辙或在表面引起沥青胶结料泛出。

如果现场空隙率只是稍高于3%~5%范围，则气和水的渗透性应相当低，原因是空隙未连通。空隙率低将减小集料中沥青胶结料的老化，也减少水分进入混合料穿透沥青薄膜、沥青从集料剥落的可能性。重要的是HMA在室内要压实到近似于交通作用下的最终密度，同时具有3%~5%的空隙率。现场空隙率最初应稍高于3%~5%,容许有某些附加的压实。压实密级配HMA试件在最佳沥青用量时建议3%~5%有若干理由,是实践经验的总结。空隙率与路用性能密切相关,实践经验表明,在此范围的空隙率路用性能表现最佳。

1) 空隙率与透水性

沥青混凝土的空隙率过大,降水容易透入结构层中,使沥青路面产生各种各样的水损害。研究表明,密级配热拌沥青混凝土的空隙率约为8%时,路面的透水性增加很快。

2) 空隙率与沥青氧化

沥青混凝土的空隙率大还使空气容易进入结构层中,使沥青容易氧化变脆,导致沥青混凝土容易产生裂缝和松散,直接影响路面的使用寿命。

3) 空隙率与车辙

沥青混凝土的空隙率过小,面层容易产生车辙和推挤现象。显著的迹象表明,密级配混合料的初始现场空隙率应不大于8%,且在路面使用期间应不小于3%。

4) 空隙率与疲劳寿命

空隙率从6.8%增加到8.0%,疲劳寿命降低到28%;从6.8%增加到9.5%时,疲劳寿命降低到10%以下。应该说,空隙率对不同沥青混凝土的疲劳寿命的影响程度是不一样的,而且可有较大差别。

5) 空隙率与弯拉劲度

沥青混凝土的压实度(空隙率)对其弯拉劲度有明显影响。沥青混凝土的空隙率为6%时,其劲度为5 200MPa;空隙率为9%时,其劲度为4 135MPa,即减小了20%。

6) 空隙率与冻融稳定性

进行不同级配的沥青混合料的初始空隙率对冻融的影响试验结果表明,不同组成结构的沥青混合料由于初始空隙率的不同,在冻融循环的作用下出现了不同程度的强度衰减。

7) 空隙率与交通量

根据对马歇尔与维姆混合料设计方法发展来看,室内压实方法都考虑了现场条件。现场条件参考并非根据施工段落,而是根据路面经历相当水平交通之后所达到的密度。在室内设计经历交通荷载的混合料,室内混合料显然应压实到将来服务条件下交通最终压实的相同的空隙率。服务中交通水平太高,使混合料可能被压实到空隙率太小且不够稳定的密实状态;交通水平太低,使室内采用的压实功能生成的密度高于实际交通水平所形成的密度,其结果是混合料沥青含量太小,混合料现场耐久性偏低。这类混合料虽没有显示现场稳定性低,但因膜厚太小在轻交通作用下没有良好耐久性。因此,在设计提供适合现场性能的混合料时,室内压实水准一定要与交通荷载相适用。

4.15 沥青混合料马歇尔试验试件制作方法

4.15.1 马歇尔试件组成材料计算方法

用相应的矿料级配乘以规定的一个试件要求的质量(标准马歇尔试件约为1 200g,大型马歇尔试件约为4 050g)。当已知沥青混合料的密度时,根据试件的标准尺寸计算并乘以1.03得到要求的混合料数量,再按级配分别求得相应拌和物用量。

4.15.2 马歇尔沥青用量大致范围确定方法

确定混合料沥青用量的方法大体有：
(1)经验公式估算法。
(2)粒径分配法，例如以集料的细度模数确定配合比的方法。
(3)表面积法，通过测定细集料表面吸油量确定沥青用量的方法，如维姆的离心煤油当量法。
(4)空隙填充论法，这是用沥青和细料填充粗集料空隙的方法。
(5)按最大密度空隙论的方法，如马歇尔试验方法。

就目前世界范围来说，以马歇尔试验方法的应用最为广泛。我国规范规定用马歇尔试验方法确定沥青用量。根据当地的实践经验选择适宜的沥青用量，分别制作几组级配的马歇尔试件，测定VMA，初选一组满足或接近设计要求的级配作为设计级配。

沥青混合料中沥青用量表示方法有油石比和沥青含量两种。油石比是沥青与矿料的质量比，用百分数表示；沥青含量是指沥青质量占混合料总质量的百分率。沥青含量和油石比二者之间的换算方法：

$$沥青含量 = 油石比 \times 100 / (100 + 油石比)$$

4.15.3 沥青混合料试件制作方法（击实法）

1）适用范围

(1)本方法适用于标准击实法或大型击实法制作沥青混合料试件，以供试验室进行沥青混合料物理力学性质试验使用。

(2)本方法适用于标准马歇尔试验，间接抗拉试验（劈裂法）等所使用的 $\phi 101.6mm \times 63.5mm$ 圆柱体试件的成型。大型击实法适用于大型马歇尔试验和 $\phi 152.4mm \times 95.3mm$ 的大型圆柱体试件的成型。

(3)沥青混合料试件制作时的条件及试件数量应符合下列规定：
①当集料公称最大粒径小于或等于26.5mm时，采用标准击实法。一组试件的数量不少于4个。
②当集料公称最大粒径大于26.5mm时，宜采用大型击实法。一组试件数量不少于6个。

2）仪器设备

(1)自动击实仪：击实仪应具有自动记数、控制仪表、按钮设置、复位及暂停等功能。按其用途分为以下两种：
①标准击实仪：由击实锤，$\phi 98.5mm \pm 0.5mm$ 平圆形压实头及带手柄的导向棒组成。用机械将压实锤提升，至 $457.2mm \pm 1.5mm$ 高度沿导向棒自由落下连续击实，标准击实锤质量 $4536g \pm 9g$。
②大型击实仪：由击实锤，$\phi 149.5mm \pm 0.1mm$ 平圆形压实头及带手柄的导向棒组成。用机械将压实锤提升，至 $457.2mm \pm 2.5mm$ 高度沿导向棒自由落下击实，大型击实锤质量 $10210g \pm 10g$。

(2)试验室用沥青混合料拌和机：能保证拌和温度并充分拌和均匀，可控制拌和时间，容量不小于10L。搅拌叶自转速度 70~80r/min，公转速度 40~50r/min。

(3)试模：由高碳钢或工具钢制成，几何尺寸如下：

①标准击实仪试模的内径为101.6mm±0.2mm,圆柱形金属筒高87mm,底座直径约120.6mm,套筒内径104.8mm、高70mm。

②大型击实仪的试模与套筒尺寸:套筒外径165.1mm,内径155.6mm±0.3mm,总高83mm。试模内径152.4mm±0.2mm,总高115mm,底座板厚12.7mm,直径172mm。

(4)脱模器:电动或手动,应无破损地推出圆柱体试件,备有标准试件及大型试件尺寸的推出环。

(5)烘箱:大、中型各一台,应有温度调节器。

(6)天平或电子秤:用于称量沥青的,感量不大于0.1g。用于称量矿料的,感量不大于0.5g。

(7)布洛克菲尔德黏度计、插刀或大螺丝刀、温度计、电炉或煤气炉、沥青熔化锅、拌和铲、标准筛、滤纸(或普通纸)、胶布、卡尺、秒表、粉笔、棉纱等。

3)准备工作

(1)确定制作沥青混合料试件的拌和温度与压实温度。

(2)按沥青和沥青混合料规程测定沥青的黏度,绘制黏温曲线。按表4-5的要求确定适宜于沥青混合料拌和及压实的等黏温度。

沥青混合料拌和及压实的沥青等黏温度　　　　　　　　表4-5

沥青结合料种类	黏度与测定方法	适宜于拌和的沥青结合料黏度(Pa·s)	适宜于压实的沥青结合料黏度(Pa·s)
石油沥青	表观黏度,T0625	0.17±0.02	0.28±0.03

(3)当缺乏沥青黏度测定条件时,试件的拌和与压实温度可按表4-6选用,并根据沥青品种和标号作适当调整。针入度小、稠度大的沥青取高限,针入度大、稠度小的沥青取低限,一般取中值。

沥青混合料拌和及压实温度参考表　　　　　　　　表4-6

沥青结合料种类	拌和温度(℃)	压实温度(℃)
石油沥青	140~160	120~150
改性沥青	160~175	140~170

对改性沥青,应根据实践经验、改性剂的品种和用量,适当提高混合料的拌和和压实温度,对大部分聚合物改性沥青,通常在普通沥青的基础上提高10~20℃;掺加纤维时,尚需再提高10℃左右。

4)沥青混合料试件的制作条件

(1)在拌和厂或施工现场采取沥青混合料制作试样时,按我国规程沥青混合料取样方法取样,将试样置于烘箱中加热或保温,在混合料中插入温度计测量温度,待混合料温度符合要求后成型。需要拌和时可倒入已加热的室内沥青混合料拌和机中适当拌和,时间不超过1min,不得在电炉或明火上加热拌和。

(2)在试验室人工配制沥青混合料时,试件的制作按下列步骤进行:

①将各种规格的矿料置于105℃±5℃的烘箱中烘干至恒量(一般不少于4~6h)。

②将烘干分级的粗、细集料,按每个试件设计级配要求称其质量,在一金属盘中混合均匀,矿粉单独放入小盆里,然后置烘箱中加热至沥青拌和温度以上约15℃;采用改性沥青时通常需(180℃)备用。一般按一组试件(每组4~6个)备料,但进行配合比设计时宜对每个试件分别备料。常温沥青混合料的矿料不应加热。

③将按我国试验规程沥青试样准备方法采取的沥青试样,用烘箱加热至规定的沥青混合料拌和温度,但不得超过175℃。当不得已采用燃气炉或电炉直接加热进行脱水时,必须使用石棉垫隔开。

5)拌制沥青混合料

(1)用沾有少许黄油的棉纱擦净试模、套筒及击实座等,置100℃左右烘箱中加热1h备用。常温沥青混合料用试模不加热。

(2)将沥青混合料拌和机提前预热至拌和温度10℃左右。

(3)将加热的粗细集料置于拌和机中,用小铲子适当混合,然后加入需要数量的沥青,开动拌和机一边搅拌一边使拌和叶片插入混合料中拌和1~1.5min,然后暂停拌和,加入加热的矿粉,继续拌和至均匀为止,并使沥青混合料保持在要求的拌和温度范围内。标准的总拌和时间为3min。

6)成型方法

(1)击实法的成型步骤:

①将拌好的沥青混合料,用小铲适当拌和均匀,称取一个试件所需的用量(标准马歇尔试件约1 200g,大型马歇尔试件约4 050g)。当已知沥青混合料的密度时,可根据试件的标准尺寸计算并乘以1.03得到要求的混合料数量。当一次拌和几个试件时,宜将其倒入经预热的金属盘中,用小铲适当拌和均匀分成几份,分别取用。在试件制作过程中,为防止混合料温度下降,应连盘放在烘箱中保温。

②从烘箱中取出预热的试模及套筒,用沾有少许黄油的棉纱擦拭套筒、底座及击实锤底面,将试模装在底座上,放一张圆形的吸油性小的纸,用小铲将混合料铲入试模中,用插刀或大螺丝刀沿周边插捣15次,中间捣10次。插捣后将沥青混合料表面整平。对大型击实法的试件,混合料分两次加入,每次插捣次数同上。

③插入温度计至混合料中心附近,检查混合料温度。

④待混合料温度符合要求的压实温度后,将试模连同底座一起放在击实台上固定,在装好的混合料上面垫一张吸油性小的圆纸,再将装有击实锤及导向棒的压实头放入试模中,开启电机,使击实锤从457mm的高度自由落下到击实规定的次数(75次或50次)。对大型试件,击实次数为75次(相应于标准击实的50次)或112次(相应于标准击实75次)。

⑤试件击实一面后,取下套筒,将试模掉头,装上套筒,然后以同样的方法和次数击实另一面。

⑥试件击实结束后,立即用镊子取掉上下面的纸,用卡尺量取试件离试模上口的高度并由此计算试件高度,如高度不符合要求时,试件应作废,并按式(4-19)调整试件的混合料质量,以保证高度符合63.5mm±1.3mm(标准试件)或95.3mm±2.5mm(大型试件)的要求。

$$调整后混合料质量 = \frac{要求试件高度 \times 原用混合料质量}{所得试件的高度} \qquad (4-19)$$

(2)卸去套筒和底座,将装有试件的试模横向放置冷却至室温后(不少于12h),置脱模机上脱出试件。用于《公路工程沥青及沥青混合料试验规程》作现场马歇尔指标检验的试件,在施工质量检验过程中如急需试验,允许采用电风扇吹冷1h或浸水冷却3min以上的方法脱模,但浸水脱模法不能用于测量密度、空隙率等各项物理指标。

(3)将试件仔细置于干燥洁净的平面上,供试验用。

7)试验说明和注意事项

(1)矿料、试模、套筒及击实座等要按规范置于烘箱中加热。

(2) 严格控制混合料的拌和时间和矿粉加入时机。
(3) 马歇尔试件击实次数(标准马歇尔75次,大马歇尔试件112次)。

4.16 沥青混合料马歇尔试件密度检测

4.16.1 马歇尔试件不同密度的定义

密度是在一定条件下测量的单位体积的质量,单位为 t/m^3 或 g/cm^3,通常以 ρ 表示。相对密度是所测定的各种密度与同温度下水的密度的比值,也称比重,以 γ 表示,为无量纲。

对沥青这样的匀质材料,材料内部没有孔隙,测定的密度只有一种。但对沥青混合料这样的复合材料,由于材料状态及测定条件的不同,计算用的体积所考虑的集料内部的孔隙及集料与集料之间的间隙情况不同,计算的密度也就不同。图4-5表示了几种典型情况。

图4-5 几种材料的典型组成情况

各种不同密度的基本意义如下:
(1) 真实密度:规定条件下,材料单位真实体积(不包括任何孔隙和空隙)的质量,也叫真密度。
(2) 毛体积密度:规定条件下,材料单位毛体积(包括材料实体、开口及闭口孔隙)的质量。当质量以干燥质量(烘干或空气干燥)为准时,称绝干毛体积密度,简称毛体积密度。当质量以表干质量(饱和面干,包括开口孔隙中的水)为准时,称表干毛体积密度,也叫表干密度。
(3) 表观密度:规定条件下,材料单位表观体积(包括材料实体、闭口孔隙,但不包括开口孔隙)的质量,也叫视密度。

沥青混合料的组成如图4-5d)所示,它包括6部分:
①各种矿料的矿质集料(按磨成粉的无孔隙状态考虑)。
②沥青(充填在集料之间的间隙中,只裹覆在矿料表面,假定不被集料吸收)。
③集料自身的闭孔隙。
④集料本身的开孔隙(在混合料中基本上已经被沥青封闭成闭孔隙)。
⑤被沥青裹覆的矿料与矿料之间的空隙(包括开口的与闭口的)。
⑥试件表面由于与试模接触得不到正常击实而产生的表面凹陷。

4.16.2 常用密度的检测方法

沥青混合料试件的空中质量相当于所有矿料的烘干质量,加上沥青质量,这个数是一定的,之所以有各种不同的密度,实际上是所测定的体积的含义不同而已。沥青混合料体积各部分空隙的比例将因矿料级配、沥青用量、压实程度而不同。

我国规程规定的沥青混合料密度的四种测定方法中,最基本的方法是表干法测定的毛体积密度。所谓毛体积是指试件饱和面干状态下表面轮廓水膜所包裹的全部体积,试件内与外界流通的所有开孔隙均已被水充满。试件的体积包括矿质实体和沥青体积,集料内部的闭孔隙和集料之间已被沥青封闭的闭孔隙,与外流通的开孔隙都计入了体积。但是试件轮廓以外的试件表面的凹陷是不包括在毛体积中的。用表干法测定时,关键是在用拧干的湿毛巾擦试件表面时要制造一种真正的饱和面干状态。表面既不能有多余的水膜,又不能把吸入孔隙中的水分擦走,得到真正的毛体积。但是当沥青混合料的空隙很大,即开口孔隙较多时,沥青混合料的饱和面干状态便很难形成。当试件从水中取出时,开口孔隙中的水即会跟着流出,用毛巾擦的时候,也会将开口孔隙中的水吸出。为了解决这个问题,于是又提出了蜡封法。

蜡封法是用蜡把开口孔隙封闭起来成为假想的饱和面干状态。所以它与表干法是一个意思,都是以包括开口孔隙及闭口孔隙在内的毛体积作为计算密度的体积用的。不过,蜡封法也是不容易测准确的,它的关键在于蜡封时既要把孔隙封住,又不能让蜡吸入空隙中。在试验规程中规定试件在蜡封前要放在冰箱中冷却,蜡熔化后的温度要低(熔点以上4℃),使试件一浸入蜡中马上凝固成一层蜡皮。蜡封法的缺点是表面的蜡影响马歇尔试验,要把蜡刮掉,为了好刮,只能先涂一层滑石粉,由此使得试验复杂化。

另一种情况为试件表面基本上没有流通外部的开孔隙,例如许多非常密实的密级配沥青混凝土经常属于这种情况。此时,试件的饱和面干质量与空中质量非常接近,也就没有必要再用表干法测定了,可以简化成水中重法测定。

体积法是空隙率特别大,不能用以上方法测定时的特殊情况。

将四种方法的计算参数列于表4-7,以便比较。

试验规程中的四种测试方法的简单比较 表4-7

方　法	计算用试件质量	计算用的试件体积
水中重法	试件的空中质量	混合料体积+试件内部的闭孔隙(开孔隙几乎可忽略)
表干法	试件的空中质量	混合料体积+试件内部的闭孔隙+连通表面的开孔隙
蜡封法	试件的空中质量	混合料体积+试件内部的闭孔隙+连通表面的开孔隙
体积法	试件的空中质量	混合料体积+试件内部的闭孔隙+连通表面的开孔隙+表面凹陷

4.16.3　不同密度检测方法的适用性

表干法适用于测定吸水率不大于2%的各种沥青混合料试件,包括密级配沥青混凝土、沥青玛蹄脂碎石混合料(SMA)和沥青稳定碎石等沥青混合料试件的毛体积相对密度和毛体积密度,并以此为基础计算沥青混合料试件的空隙率、饱和度和矿料间隙率等各项体积指标。

水中重法适用于吸水率小于0.5%的密实沥青混合料试件的表观相对密度或表观密度。当试件很密实,几乎不存在与外界连通的开口孔隙时,可采用本方法测定的表观相对密度代替表干法测定的毛体积相对密度,并据此计算沥青混合料试件的空隙率、矿料间隙率等各项体积指标。

蜡封法适用于测定吸水率大于2%的沥青混凝土或沥青碎石混合料试件的毛体积相对密度或毛体积密度。本方法测定的毛体积相对密度适用于计算沥青混合料试件的空隙率、矿料间隙率等各项体积指标。

体积法仅适用于不能用表干法、蜡封法测定的空隙率较大的沥青碎石混合料及大空隙透水性开级配沥青混合料(OGFC)等。本方法测定的毛体积相对密度适用于计算沥青混合料试件的空隙率、矿料间隙率等各项体积指标。

4.16.4 压实沥青混合料密度试验(表干法)

1)适用范围

(1)表干法适用于测定吸水率不大于2%的各种沥青混合料试件,包括密级配沥青混凝土、沥青玛蹄脂碎石混合料(SMA)和沥青稳定碎石等沥青混合料试件的毛体积相对密度和毛体积密度。标准温度为25℃±0.5℃。

(2)本方法测定的毛体积相对密度和毛体积密度适用于计算沥青混合料试件的空隙率、矿料间隙率等各项体积指标。

2)仪器设备

(1)浸水天平或电子天平:当最大称量在3kg以下时,感量不大于0.1g;最大称量3kg以上时,感量不大于0.5g,应有测量水中重的挂钩。

(2)网篮。

(3)溢流水箱:使用洁净水,有水位溢流装置,保持试件和网篮浸入水中后的水位一定,能调整水温至25℃±0.5℃。

(4)试件悬吊装置:天平下方悬吊网篮及试件的装置,吊线应采用不吸水的细尼龙线绳,并有足够的长度。对轮碾成型机成型的板块状试件可用铁丝悬挂。

(5)秒表、毛巾、电风扇或烘箱。

3)试验步骤

(1)准备试件。本试验可以采用室内成型的试件,也可以采用工程现场钻芯、切割等方法获得的试件。试验前试件宜在阴凉处保存(温度不宜高于35℃),且放置在水平的平面上,注意不要使试件产生变形。

(2)选择适宜的浸水天平或电子天平;最大称量应满足试件质量的要求。

(3)除去试件表面的浮粒,称取干燥试件的空中质量(m_a),根据选择的天平的感量读数,准确至0.1g或0.5g。

(4)将溢流水箱的水温保持在25℃±0.5℃。挂上网篮,浸入溢流水箱中,调节水位,将天平调平或复零,把试件置于网篮中(注意不要晃动水)浸水中3~5min,称取水中质量(m_w)。若天平读数持续变化,不能很快达到稳定,说明试件吸水较严重,不适用于此法测定,应改用蜡封法测定。

(5)从水中取出试件,尽快用洁净柔软的拧干湿毛巾轻轻擦去试件的表面水(不得吸走空隙内的水),称取试件的表干质量(m_f)。从试件拿出水面到擦拭结束不宜超过5s,称量过程中流出的水不得再擦拭。

(6)对从路上钻取的非干燥试件可先称取水中质量(m_w)和表干质量(m_f),然后用电风扇将试件吹干至恒量(一般不少于12h,当不需进行其他试验时,也可用60℃±5℃烘箱烘干至恒量),再称取空中质量(m_a)。

4)结果计算

(1)计算试件的吸水率,取1位小数。

试件的吸水率即试件吸水体积占沥青混合料毛体积的百分率,按式(4-20)计算。

$$S_a = \frac{m_f - m_a}{m_f - m_w} \times 100\% \tag{4-20}$$

式中:S_a——试件的吸水率(%);
m_a——干燥试件的空中质量(g);
m_w——试件的水中质量(g);
m_f——试件的表干质量(g)。

(2)按式(4-21)、式(4-22)计算试件的毛体积相对密度和毛体积密度,取3位小数。

$$\gamma_f = \frac{m_a}{m_f - m_w} \tag{4-21}$$

$$\rho_f = \frac{m_a}{m_f - m_w} \times \rho_w \tag{4-22}$$

式中:γ_f——试件毛体积相对密度,无量纲;
ρ_f——试件毛体积密度(g/cm³);
ρ_w——常温水的密度,取1g/cm³。

(3)试件的空隙率按式(4-23)计算,取1位小数。

$$VV = (1 - \gamma_f/\gamma_t) \times 100\% \tag{4-23}$$

式中:VV——试件的空隙率(%);
γ_t——沥青混合料理论最大相对密度,按计算法或实测得到,无量纲;
γ_f——试件的毛体积相对密度,无量纲,通常采用表干法测定;当试件吸水率>2%时,宜采用蜡封法测定;当按规定容许采用水中重法测定时,可采用表观相对密度代替。

5)试验说明和注意事项

沥青混合料的吸水率与集料的吸水率的概念及计算方法是不同的,沥青混合料试件的吸水率为达到饱和面干状态时所吸收的水的体积与试件毛体积之比(体积比),而集料的吸水率是吸收水量与集料烘干质量之比(质量比)。

试件毛体积密度试验重复性的允许差为0.020g/cm³。试件毛体积相对密度试验重复性的允许差为0.020。

4.16.5 压实沥青混合料密度试验(蜡封法)

1)适用范围

(1)蜡封法适用于测定吸水率大于2%的沥青混凝土或沥青碎石混合料试件的毛体积相对密度或毛体积密度。标准温度为25℃±0.5℃。

(2)本方法测定的毛体积相对密度适用于计算沥青混合料试件的空隙率、矿料间隙率等各项体积指标。

2)仪器设备

(1)浸水天平或电子天平:当最大称量在3kg以下时,感量不大于0.1g;最大称量3kg以上时,感量不大于0.5g,应有测量水中重的挂钩。

(2)网篮。

(3)水箱:使用洁净水,有水位溢流装置,保持试件和网篮浸入水中后的水位一定。

(4)试件悬吊装置:天平下方悬吊网篮及试件的装置,吊线应采用不吸水的细尼龙线绳,并有足够的长度。对轮碾成型机成型的板块状试件可用铁丝悬挂。

(5)石蜡、冰箱、铅块、滑石粉、秒表、电风扇或电炉。

3)试验步骤

(1)选择适宜的浸水天平或电子天平,最大称量应满足试件质量的要求。

(2)称取干燥试件的空中质量(m_a),根据选择的天平感量读数,准确至0.1g或0.5g,当为钻芯法取得的非干燥试件时,应用电风扇吹干12h以上至恒量作为空中质量,但不得用烘干法。

(3)将试件置于冰箱中,在4~5℃条件下冷却不少于30min。

(4)将石蜡溶化至其熔点以上5.5℃±0.5℃。

(5)从冰箱中取出试件立即浸入石蜡液中,至全部表面被石蜡封住后迅速取出试件,在常温下放置30min,称取蜡封试件的空中质量(m_p)。

(6)挂上网篮,浸入水箱中,调节水位,将天平调平或复零。将蜡封试件放入网篮浸水约1min,读取水中质量(m_c)。

(7)如果试件在测定密度后还需要做其他试验时,为便于除去石蜡,可事先在干燥试件表面涂一薄层滑石粉,称取涂滑石粉后的试件质量(m_s),然后再蜡封测定。

(8)用蜡封法测定时,石蜡对水的相对密度按下列步骤实测确定:

①取一块铅或铁块之类的重物,称取空中质量(m_g);

②测定重物在水温25℃±0.5℃的水中质量(m_g');

③待重物干燥后,按上述试件蜡封的步骤将重物蜡封后测定其空中质量(m_d)及水中的质量(m_d');

④按式(4-24)计算石蜡对水的相对密度

$$\gamma_P = \frac{m_d - m_g}{(m_d - m_g) - (m_d' - m_g')} \tag{4-24}$$

式中:γ_P——在常温条件下石蜡对水的相对密度,无量纲;

m_g——重物的空中质量(g);

m_g'——重物的水中质量(g);

m_d——蜡封后重物的空中质量(g);

m_d'——蜡封后重物的水中质量(g)。

4)结果计算

(1)蜡封法测定的试件毛体积相对密度按式(4-25)计算,取3位小数。

$$\gamma_f = \frac{m_a}{(m_p - m_c) - (m_p - m_a)/\gamma_p} \tag{4-25}$$

式中:γ_f——由蜡封法测定的试件毛体积相对密度,无量纲;

m_a——试件的空中质量(g);

m_p——蜡封试件的空中质量(g);

m_c——蜡封试件的水中质量(g)。

(2)涂滑石粉后用蜡封法测定的试件毛体积相对密度按式(4-26)计算。

$$\gamma_f = \frac{m_a}{(m_p - m_c) - [(m_p - m_s)/\gamma_p + (m_s - m_a)/\gamma_s]} \tag{4-26}$$

式中：m_s——试件涂滑石粉后的空中质量(g)；

　　　γ_s——滑石粉对水的相对密度，无量纲。

（3）试件的毛体积密度按式(4-27)计算。

$$\rho_f = \gamma_f \times \rho_w \tag{4-27}$$

式中：ρ_f——蜡封法测定的试件毛体积密度(g/cm^3)；

　　　ρ_w——常温下水的密度，取$1g/cm^3$。

4.16.6 压实沥青混合料密度试验(体积法)

1）适用范围

（1）本方法采用体积法测定沥青混合料的毛体积相对密度或毛体积密度。

（2）本方法仅适用于不能用表干法、蜡封法测定的空隙率较大的沥青碎石混合料及大空隙透水性开级配沥青混合料(OGFC)等。

（3）本方法测定的毛体积相对密度适用于计算沥青混合料试件的空隙率、矿料间隙率等各项体积指标。

2）仪器设备

电子天平、卡尺。

3）试验步骤

（1）选择适宜电子天平，最大称量应满足试件质量的要求。

（2）清理试件表面，刮去突出试件表面的残留混合料，称取干燥试件的空中质量(m_a)，根据选择的天平的感量读取，准确至0.1g或0.5g。当为钻芯法取得的非干燥试件时，应用电风扇吹干12h以上至恒量作为空中质量，但不得用烘干法。

（3）用卡尺测定试件的各种尺寸，准确至0.01cm。圆柱体试件的直径取上下2个断面测定结果的平均值，高度取十字对称四次测定的平均值；棱柱体试件的长度取上下2个位置的平均值，高度或宽度取两端及中间3个断面测定的平均值。

4）结果计算

（1）圆柱体试件毛体积按式(4-28)计算。

$$V = \pi d^2 h / 4 \tag{4-28}$$

式中：V——试件的毛体积(cm^3)；

　　　d——圆柱体试件的直径(cm)；

　　　h——试件的高度(cm)。

（2）棱柱体试件的毛体积按式(4-29)计算。

$$V = L \times b \times h \tag{4-29}$$

式中：L——试件的长度(cm)；

　　　b——试件的宽度(cm)；

　　　h——试件的高度(cm)。

（3）试件的毛体积密度按式(4-30)计算，取3位小数。

$$\rho_s = m_a / V \tag{4-30}$$

式中：ρ_s——用体积法测定的试件的毛体积密度(g/cm^3)；

　　　m_a——干燥试件的空中质量(g)。

（4）试件的毛体积相对密度按式(4-31)计算，取3位小数。

$$\gamma_s = \rho_s / 0.997\ 1 \tag{4-31}$$

式中：γ_s——用体积法测定的试件的25℃条件的毛体积相对密度，无量纲。

4.16.7 压实沥青混合料密度试验（水中重法）

1) 适用范围

(1) 水中重法适用于测定吸水率小于0.5%的密实沥青混合料试件的表观相对密度或相对密度。标准温度为25℃±0.5℃。

(2) 当试件很密实，几乎不存在与外界连通的开口孔隙时，可采用本方法测定的表观相对密度代替表干法测定的毛体积相对密度，并据此计算沥青混合料试件的空隙率、矿料间隙率等各项体积指标。

2) 仪器设备

(1) 浸水天平或电子天平：当最大称量在3kg以下时，感量不大于0.1g；最大称量3kg以上时，感量不大于0.5g，应有测量水中重的挂钩。

(2) 网篮。

(3) 溢流水箱：使用洁净水，有水位溢流装置，保持试件和网篮浸入水中后的水位一定，能调整水温至25℃±0.5℃。

(4) 试件悬吊装置：天平下方悬吊网篮及试件的装置，吊线应采用不吸水的细尼龙线绳，并有足够的长度。对轮碾成型机成型的板块状试件可用铁丝悬挂。

(5) 秒表、电风扇或烘箱。

3) 试验步骤

(1) 选择适宜的浸水天平或电子天平；最大称量应满足试件质量的要求。

(2) 除去试件表面的浮粒，称取干燥试件的空中质量（m_a），根据选择的天平的感量读数，准确至0.1g或0.5g。

(3) 挂上网篮，浸入溢流水箱中，调节水位，将天平调平或复零，把试件置于网篮中（注意不要晃动水），待天平稳定后立即读数，称取水中质量（m_w）。若天平读数持续变化，不能很快达到稳定，说明试件吸水较严重，不适用于此法测定，应改用蜡封法测定。

(4) 对从施工现场钻取的非干燥试件可先称取水中质量（m_w），然后用电风扇将试件吹干至恒量（一般不少于12h，当不需进行其他试验时，也可用60℃±5℃烘箱烘干至恒量），再称取空中质量（m_a）。

4) 结果计算

(1) 按式(4-32)、式(4-33)计算用水中重法测定的沥青混合料试件的表观相对密度及表观密度，取3位小数。

$$\gamma_a = \frac{m_a}{m_a - m_w} \tag{4-32}$$

$$\rho_a = \frac{m_a}{m_a - m_w} \times \rho_w \tag{4-33}$$

式中：γ_a——在25℃温度条件下试件的表观相对密度，无量纲；

ρ_a——在25℃温度条件下试件的表观密度（g/cm³）；

m_a——干燥试件的空中质量（g）；

m_w——试件的水中质量（g）；

ρ_w——在25℃温度条件下水的密度，取0.9971g/cm³。

(2)当试件的吸水率小于0.5%时,以表观相对密度代替毛体积相对密度,按表干法计算试件的理论最大相对密度及空隙率、沥青的体积百分率、矿料间隙率、粗集料骨架间隙率、沥青饱和度等各项体积指标。

4.17 沥青混合料马歇尔稳定度试验

4.17.1 稳定度和流值的含义

(1)马歇尔稳定度指按规定条件采用马歇尔试验仪测定的沥青混合料所能承受的最大荷载,以 kN 计。

(2)流值指沥青混合料在马歇尔试验时相应于最大荷载时试件的竖向变形,以 mm 计。

4.17.2 沥青混合料马歇尔稳定度试验

1)适用范围

本方法适用于马歇尔稳定度试验和浸水马歇尔稳定度试验,以进行沥青混合料的配合比设计或沥青路面施工质量检验。浸水马歇尔稳定度试验供检验沥青混合料受水损害时抵抗剥落的能力时使用,测试其水稳定性检验配合比设计的可行性。

2)仪器设备

(1)沥青混合料马歇尔试验仪:

①当集料公称最大粒径小于或等于26.5mm时,宜采用φ101.6mm×63.5mm的标准马歇尔试件,试验仪最大荷载不小于25kN,读数准确度0.1kN,加载速率应能保持50mm/min±5mm/min。钢球直径16mm,上下压头曲率半径为50.8mm±0.08mm。

②当集料公称最大粒径大于26.5mm时,宜采用φ152.4mm×95.3m大型马歇尔试件,试验仪最大荷载不得小于50kN,读数为100N。上下压头的曲率内径为φ152.4mm±0.2mm,上下压头间距19.05mm±0.1mm。

(2)恒温水槽:控温准确度为1℃,深度不小于150mm。

(3)真空饱水容器:包括真空泵及真空干燥器。

(4)烘箱、天平、温度计、卡尺、棉纱、黄油等。

3)准备工作

(1)按标准击实法成型马歇尔试件,标准马歇尔试件尺寸应符合直径101.6mm±0.2mm、高63.5mm±1.3mm的要求。对大型马歇尔试件,尺寸应符合直径152.4mm±0.2mm、高95.3mm±2.5mm的要求。一组试件的数量最少不得少于4个,并符合沥青混合料试件制作方法(击实法)的规定。

(2)量测试件的直径及高度:用卡尺测量试件中部的直径,用马歇尔试件高度测定器或用卡尺在十字对称的4个方向量测离试件边缘10mm处的高度,准确至0.1mm,并以其平均值作为试件的高度。如试件高度不符合63.5mm±1.3mm或95.3mm±2.5mm要求或两侧高度差大于2mm时,此试件应作废。

(3)按《公路工程沥青及沥青混合料试验规程》规定的方法测定试件的密度,并计算空隙率、沥青体积百分率、沥青饱和度、矿料间隙率等物理指标。

(4)将恒温水槽调节至要求的试验温度,对黏稠石油沥青或烘箱养生过的乳化沥青混合料为60℃±1℃,对煤沥青混合料为33.8℃±1℃,对空气养生的乳化沥青或液体沥青混合料为25℃±1℃。

4)试验步骤

(1)将试件置于已达规定温度的恒温水槽中保温,保温时间对标准马歇尔试件需30~40min,对大型马歇尔试件需45~60min。试件之间应有间隔,底下应垫起,水槽底部不小于5cm。

(2)将马歇尔试验仪的上下压头放入水槽或烘箱中达到同样温度。将上下压头从水槽或烘箱中取出擦拭干净内面。为使上下压头滑动自如,可在下压头的导棒上涂少量黄油。再将试件取出置于下压头上,盖上上压头,然后装在加载设备上。

(3)在上压头的球座上放妥钢球,并对准荷载测定装置的压头。

(4)当采用自动马歇尔试验仪时,将自动马歇尔试验仪的压力传感器、位移传感器与计算机或X-Y记录仪正确连接,调整好适宜的放大比例,压力和位移传感器调零。

(5)当采用压力环和流值计时,将流值计安装在导棒上,使导向套管轻轻地压住上压头,同时将流值计读数调零。调整压力环中百分表,对零。

(6)启动加载设备,使试件承受荷载,加载速度为50mm/min±5mm/min,计算机或X-Y记录仪自动记录传感器压力和试件变形曲线并将数据自动存入计算机。

(7)当试验荷载达到最大值的瞬间,取下流值计,同时读取压力环中百分表读数及流值计的流值读数。

(8)从恒温水槽中取出试件至测出最大荷载值的时间,不得超过30s。

5)浸水马歇尔试验方法

浸水马歇尔试验方法与标准马歇尔试验方法的不同之处在于,试件在已达规定温度恒温水槽中的保温时间为48h,其余步骤均与标准马歇尔试验方法相同。

6)真空饱水马歇尔试验方法

试件先放入真空干燥器中,关闭进水胶管,开动真空泵,使干燥器的真空度达到97.3kPa(730mmHg)以上,维持15min,然后打开进水胶管,靠负压进入冷水流使试件全部浸入水中,浸水15min后恢复常压,取出试件再放入已达规定温度的恒温水槽中保温48h,其余均与标准马歇尔试验方法相同。

4.17.3 影响试验结果的因素

(1)马歇尔试验是目前沥青混合料中最重要的一个试验方法。为区别试验时浸水条件的不同,将其分别称为标准马歇尔试验、浸水马歇尔试验及真空饱水马歇尔试验。使用大型试件时称为大型马歇尔试验。

(2)试件直径及高度必须合乎规范要求。马歇尔试验变异性与试件的成型高度关系很大,尤其是空隙率可能相差较大,所以制件时要很好控制试件高度,高度不符者一定要剔除。如高度不符63.5mm±1.3mm要求或95.3mm±2.5mm要求或两侧高度差大于2mm时,此试件应作废。

(3)从恒温水箱中取出时间至测出最大荷载值的时间,不得超出30s。

(4)试件保温温度和保温时间严格按规范要求控制。

(5)启动加载设备,使试件承受荷载,加载速度为50mm/min±5mm/min。

(6)将试件置于下压头上,盖上上压头,需要上下对准。

(7)在工程上有时出现马歇尔试验的荷载—变形曲线的顶部很平坦的现象,即荷载增加很小,变形却持续不断增大,改性沥青和SMA混合料也经常出现这种情况,致使对应于最大荷载(稳定度)处的变形(流值)很大。在这种情况下,可以以最大荷载的98%对应的变形值作为流值,但应该在试验报告中如实说明。

4.18 沥青混合料车辙试验

4.18.1 沥青车辙试验的目的和意义

车辙试验目的意义:用于测定沥青混合料的高温抗车辙能力,供沥青混合料配合比设计的高温稳定性检验使用。

沥青混合料的车辙试验是试件在规定温度及荷载条件下,测定试验轮往返行走所形成的车辙变形速率,以每产生1mm变形的行走次数即动稳定度表示。车辙试验是沥青混合料性能检验中最重要的指标。车辙大小受混合料自身影响外,与荷载、温度、时间(含车速)的关系很大。

4.18.2 沥青混合料车辙试验

1)适用范围

(1)本方法适用于测定沥青混合料的高温抗车辙能力,并作为沥青混合料配合比设计的辅助性检验使用,也可用于现场沥青混合料的高温稳定性检验。

(2)本方法适用于用轮碾成型机碾压成型的长300mm,宽300mm,厚50~100mm的板块状试件,也适用于现场切割作长300mm,宽150mm,厚50mm板块状试件。

2)仪器设备

(1)车辙试验机主要由下列部分组成:

①试件台:可牢固地安装两种宽度(300mm及150mm)的试模。

②试验轮:橡胶制的实心轮胎,外径ϕ200mm,轮宽50mm,橡胶层厚15mm。

③加载装置:使试验轮与试件的接触压强在60℃时为0.7MPa±0.05MPa,施加的总荷重为78kg左右,根据需要可以调整。

④试模:钢板制成,由底板及侧板组成,试模内侧尺寸长为300mm,宽为300mm,厚为50mm(试验室制作),亦可固定150mm宽的现场切制试件。

⑤变形测量装置:自动检测车辙变形并记录曲线,通常用LVDT、电测百分表或非接触位移计。

⑥温度检测装置:自动检测并记录试件表面及恒温室内温度的温度传感器、温度计、精度0.5℃。

(2)恒温室。

(3)台秤:称量15kg,感量不大于5g。

3)准备工作

(1)试验轮接地压强测定:测定在60℃时进行,在试验台上放置一块50mm厚的钢板,其上铺一张毫米方格纸,上铺一张新的复写纸以规定的700N荷载后试验轮静压复写纸,即可在方格纸上印出轮压面积,并由此求接地压强。若压强不符合0.7MPa±0.05MPa时,荷载应予适当调整。

(2) 按规程规定用轮碾成型法制车辙试验试块。在试验室或工地制备成型的车辙试件，其标准尺寸为 300mm×150mm×50mm 的试件。

(3) 当直接在拌和厂取拌和好的沥青混合料样品制作车辙试验试件，检测生产配合比设计或混合料生产质量时，必须将混合料装入保温桶中，在温度下降至成型温度之前迅速送达试验室制作试件。如果温度稍有不足，可放在烘箱中稍微加热后成型，但不得将混合料放冷却后二次加热重塑制作试件。

(4) 试件成型后，连同试模一起在常温条件下放置的时间不得少于 12 h。对聚合物改性沥青混合料，放置的时间以 48 h 为宜，使聚合物改性沥青充分固化后方可进行车辙试验，但室温放置时间也不得长于一周。

4) 试验步骤

(1) 将试件连同试模一起，置于达到试验温度 60℃±1℃ 的恒温室中，保温不少于 5h，也不得多于 12h。在试件的试验轮不行走的部位上，粘贴 1 个热电偶温度计，控制试件温度稳定在 60℃±0.5℃。

(2) 将试件连同试模移置于轮辙试验机的试验台上，试验轮在试件的中央部位，其行走方向须与试件碾压或行车方向一致。开动车辙变形自动记录仪，然后启动试验机，使试验轮往返行走，时间约 1h，或最大变形达到 25mm 时为止。试验时，记录仪自动记录变形曲线（图 4-6）及试件温度。

5) 结果计算

(1) 从图 4-6 上读取 45min(t_1) 及 60min(t_2) 时的车辙变形 d_1 及 d_2，准确至 0.01mm。

当变形过大，在未到 60min 变形已达 25mm 时，则以达到 25mm(d_2) 时的时间为 t_2，将其前 15min 为 t_1，此时的变形量为 d_1。

(2) 沥青混合料试件的动稳定度按式 (4-34) 计算：

$$DS = \frac{(t_2 - t_1) \times N}{d_2 - d_1} C_1 C_2 \quad (4-34)$$

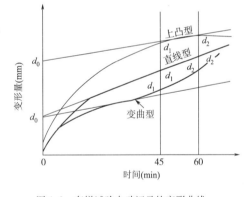

图 4-6 车辙试验自动记录的变形曲线

式中：DS——沥青混合料的动稳定度（次/mm）；

d_1——时间一般为 45min 的变形量（mm）；

d_2——时间一般为 60min 的变形量（mm）；

N——试验轮往返碾压速度，一般为 42 次/min；

C_1——试验机类型修正系数，曲柄连杆驱动试件的变速行走方式为 1.0；

C_2——试件系数，试验制备的宽 300mm 的试件为 1.0。

4.19 沥青与矿料黏附性试验

4.19.1 影响沥青与矿料黏附性因素

(1) 集料方面的因素为集料的矿物组成、表面构造、多孔性、含土量、耐久性、表面积、吸收性、含水率、形状、干燥程度、风化程度等性质。

（2）沥青方面的因素为：沥青的黏度、流变性、电荷极性、成分、是否使用抗剥落剂等性质。还有沥青混合料的空隙率、渗透性、沥青含量、沥青膜厚度、填料类型、矿料级配和沥青混合料类型等性质。

（3）雨量、湿度、水的pH值、盐分、温度、交通量、排水、地下水位、施工质量等环境条件也会影响沥青与矿料的黏附性。

4.19.2 影响黏附性试验方法、评定方法及黏附性划分

我国规范规定了粗集料的两种黏附性试验方法：

（1）大于13.2mm的集料选用水煮法。

（2）小于（或等于13.2mm）13.2mm的集料选用水浸法。

通过一定条件下考察集料表面的沥青膜抵御水的剥离能力来界定沥青黏附性的好坏。由两名以上经验丰富的试验人员分别评定后，取平均等级作为试验结果。按照表4-8对沥青与矿料的黏附等级评定。

沥青与集料黏附性的等级评定 表4-8

试验后石料表面上沥青膜剥落情况	黏附性等级
沥青膜完全保存，剥离面积百分率接近于0	5
沥青膜少部分被水所移动，厚度不均匀，剥离面积百分率少于10%	4
沥青膜局部明显地被水移动，基本保留在石料表面上，剥离面积百分率少于30%	3
沥青膜大部分被水所移动，局部保留在石料表面上，剥离面积百分率大于30%	2
沥青膜完全被水所移动，石料基本裸露，沥青全浮于水面上	1

4.19.3 水煮法试验

1）适用范围

（1）本方法适用于检验沥青与粗集料表面的黏附性及评定粗集料的抗水剥离能力。

（2）水煮法适用于最大粒径大于13.2mm粒径的集料。

2）仪器设备

天平、恒温水槽、拌合用小型容器、烧杯、试验架、细线、铁丝网、标准筛、烘箱、电炉、玻璃板、搪瓷盘、石棉网、纱布和手套等。

3）准备工作

（1）将集料过13.2mm、19mm的筛，取存留在13.2mm筛上的颗粒5个，要求试样表面规整、接近立方体。用水洗净，在105℃±5℃的烘箱中烘干，放在干燥器中备用。

（2）大烧杯中盛水，并置于加热炉的石棉网上煮沸。

4）试验步骤

（1）用细线将试样集料颗粒逐个系牢，继续放入105℃±5℃的烘箱中加热1h。

（2）逐个用线提起加热的矿料颗粒，浸入预先加热的沥青中45s后，轻轻拿出，使集料颗粒完全为沥青膜所裹覆。

（3）将裹覆沥青的集料颗粒取出并悬挂在试验架上，下面垫一张纸，使多余的沥青流掉，并在室温下冷却15min。

（4）待集料颗粒冷却后，逐个用线提起，浸入盛有煮沸水的大烧杯中央，调整加热炉，使烧

杯中的水保持微沸状态。

(5)浸煮3min后,将集料从水中取出,适当冷却,然后放入一个盛有常温水的容器中,在水中观察矿料颗粒上沥青膜的剥落程度,并按等级评定表内容进行黏度等级评定。

(6)同一试样应平行试验5个集料颗粒,并由两名以上经验丰富的试验人员分别评定后,取平均等级作为试验结果。

5)试验注意事项

作为沥青与矿料的黏附性,水煮法只试验了粗集料与沥青的黏附性,在沥青混合料中占有相当比例的细集料,没用进行试验。而对于细集料含量多的密级配沥青混凝土,尤其是对采用颗粒坚硬的石英砂来说,沥青膜从细集料表面剥落同样有很大的危害。所以我国的水煮法称为沥青与粗集料的黏附性。

4.19.4 水浸法试验

1)适用范围

(1)本方法适用于检验沥青与粗集料表面的黏附性及评定粗集料的抗水剥离能力。

(2)水浸法适用于最大粒径小于或等于13.2mm粒径的集料。

2)仪器设备

天平、恒温水槽、拌和用小型容器、烧杯、试验架、细线、铁丝网、标准筛、烘箱、电炉、玻璃板、搪瓷盘、石棉网、纱布和手套等。

3)准备工作

(1)将集料过13.2mm、9.5mm的筛,取粒径9.5~13.2mm形状规则的集料200g,洗净并在105℃的烘箱中烘干备用。

(2)以标准方法取沥青试样放入烧杯中,加热至要求的拌和温度。

(3)将煮沸过的热水注入恒温水槽中,并维持温度80℃±1℃。

4)试验步骤

(1)按四分法称取备用试样颗粒100g置搪瓷盘上,连同搪瓷盘一起放入已升温至沥青拌和温度以上5℃的烘箱中持续加热1h。

(2)按每100g矿料加入沥青5g±0.2g的比例称取沥青,准确至0.1g,放入小型拌和容器中,放入同一烘箱中加热15min。

(3)从烘箱中取出拌和容器,将搪瓷盘中的集料倒入拌和容器的沥青中,立即用金属铲均匀拌和1~1.5min,使集料完全被沥青膜裹覆。拌和完成后立即将裹有沥青的集料取20个,用小铲移至玻璃板上摊开,并在室温下冷却1h。

(4)将放有集料试样的玻璃板浸入水温80℃±1℃的恒温水槽中,保持30min,并将剥离及浮于水面的沥青,用纸片捞出。

(5)由水中小心取出玻璃板,浸入水槽的冷水中,仔细观察裹覆集料的沥青薄膜的剥落情况,由两名以上的经验丰富的试验人员分别目测,评定剥离面积的百分率,评定后取平均值表示,并以表4-8同样的方式评价沥青与集料的黏附等级。

4.20 沥青含量试验

常用沥青含量检测方法有射线法、离心分离法、回流式抽提仪、脂肪抽提器法等。

射线法测定的是用黏稠石油沥青拌制的热拌沥青混合料中沥青含量(或油石比),不适用于其他沥青拌制的混合料。其适用于热拌热铺沥青混合料路面施工时的沥青用量检测,以快速评定拌和厂产品质量。

离心分离法适用于热拌热铺沥青混合料路面施工时的沥青用量检测,以评定拌和厂产品质量。此法也适用于旧路调查时检测沥青混合料的沥青用量,用此法抽提的沥青溶液可用于回收沥青,以评定沥青的老化性质。

4.21 沥青混合料配合比设计

4.21.1 沥青混合料组成材料技术要求

沥青混合料的技术性质决定于组成材料的性质、合适的配合比以及合理的拌和施工工艺,其中组成材料自身质量是沥青混合料技术性质保证的基础。组成沥青混合料的原材料粗集料、细集料和矿粉的级配和技术要求见模块 2 集料中相关内容,沥青的技术要求见本章 4.8 节。

4.21.2 粗集料与沥青黏附性改善方法

集料的品种是影响沥青混合料抗水损害能力的最重要因素,容易造成剥落的集料品种是二氧化硅含量高的酸性石料。当使用不符要求的粗集料时,利用碱性材料处理酸性石料表面,使其活化,宜掺加消石灰、水泥或用饱和石灰水处理后使用,必要时可同时在沥青中掺加耐热、耐水、长期性能好的抗剥落剂。液体抗剥落剂是一种有机高分子表面活性剂,利用其极性端与集料结合,加强与沥青的黏附。

对表面带负电荷的石料(酸性岩石),应使用阳离子型表面活性剂;对表面带正电荷的石料,应使用阴离子型表面活性剂,也可采用改性沥青的措施。

沥青与集料之间黏附性主要取决于沥青本身的黏度,黏度越大,黏附性越好。另外,沥青中表面活性成分含量越高,沥青的酸值越大,其黏附性越好。掺加外加剂的剂量由沥青混合料的水稳定性检验确定。

4.21.3 矿粉应用的目的及其基本性能要求

沥青混合料的矿粉必须采用石灰岩或岩浆岩中的强基性岩石等憎水性石料经磨细得到的矿粉,原石料中的泥土杂质应除净。矿粉应干燥、洁净,能自由地从矿粉仓流出。在沥青混合料中,矿质填料通常是指矿粉,其他填料如消石灰粉、水泥常作为抗剥落剂使用。粉煤灰则使用很少,在我国由于粉煤灰的质量往往不稳定,一般不允许在高速公路上使用。通过沥青和矿粉之间相互作用形成的结构沥青和组成的沥青胶浆,使混合料中的矿料结合成为一体。矿粉在沥青混合料中起到重要的作用,矿粉要适量,少了不足以形成足够的比表面吸附沥青,矿粉过多又会使胶泥成团,致使路面胶泥离析,同样造成不良的后果。

与国外的标准相比,我国对矿粉的要求只有细度和亲水系数指标。

4.21.4 矿料设计中矿料调整原则和调整方法

调整工程设计级配范围宜遵循下列原则:
(1)首先按规范确定采用粗型(C 型)或细型(F 型)的混合料。对夏季温度高、高温持续时间长、重载交通多的路段,宜选用粗型密级配沥青混合料(AC-C型),并取较高的设计空隙率。对冬季温度低且低温持续时间长的地区,或者重交通较少的路段,宜选用细型密级配沥青混合料(AC-F型),并取较低的设计空隙率。

(2)为确保高温抗车辙能力,同时兼顾低温抗裂性能的需要。配合比设计时宜适当减少公称最大粒径附近的粗集料用量,减少0.6mm以下部分细粉的用量,使中等粒径集料较多,形成S型级配曲线,并取中等或偏高水平的设计空隙率。

(3)确定各层的工程设计级配范围时应考虑不同层位的功能需要,经组合设计的沥青路面应能满足耐久、稳定、密水、抗滑等要求。

(4)根据公路等级和施工设备的控制水平,确定的工程设计级配范围应比规范级配范围窄,其中4.75mm和2.36mm通过率的上下限差值宜小于12%。

(5)沥青混合料的配合比设计应充分考虑施工性能,使沥青混合料容易摊铺和压实,避免造成严重的离析。

(6)通常情况下,合成级配曲线宜尽量接近工程设计级配中限,尤其应使0.075mm、2.36mm和4.75mm筛孔的通过量尽量接近设计级配范围的中限。

(7)合成级配曲线应接近连续的或合理的间断级配,但不应过多的犬牙交错。当经过再三调整仍有两个以上的筛孔超出级配范围时,必须对原材料进行调整或更换原材料重新试验。

4.21.5 沥青混合料设计步骤

热拌沥青混合料配合比设计包括三个阶段:目标配合比设计、生产配合比设计和生产配合比验证,后两个设计阶段是在目标配合比的基础上进行的,需借助于施工单位的拌和设备、摊铺和碾压设备完成。

1)目标配合比设计

目标配合比设计可分为矿质混合料组成设计和确定最佳沥青用量两部分。

(1)矿质混合料组成设计:矿质混合料组成设计的目的是选用一个具有足够密实度和较大摩阻力的矿质混合料。

①确定沥青混合料类型和矿质混合料的级配范围:根据道路等级、路面类型,所处结构层按照表4-9选择沥青混合料类型,并按照表4-10确定相应的矿质混合料级配范围。

沥青混合料类型表　　　　　表4-9

结构层次	高速公路、一级公路、城市快速路、主干道		其他等级公路		一般城市道路及其他道路工程	
	三层式沥青混凝土路面	二层式沥青混凝土路面	沥青混凝土路面	沥青碎石路面	沥青混凝土路面	沥青碎石路面
上面层	AC-13 AC-16	AC-13 AC-16	AC-13 AC-16	AC-13	AC-5 AC-10 AC-13	AM-5 AM-10
中面层	AC-20 AC-25					
下面层	AC-25 AC-30	AC-20 AC-30	AC-20 AC-25 AC-30	AM-25 AM-30	AC-20 AC-25	AM-25 AM-30 AM-40

沥青混合料类型表 表4-10

级配类型	通过下列筛孔(方孔筛)(mm)的质量分数(%)											
	31.5	26.5	19	16	13.2	9.5	4.75	2.36	1.18	0.6	0.3	0.15	0.075
AC-25	100	90~100	75~90	65~83	57~76	45~65	24~52	16~42	12~33	8~24	5~17	4~13	3~7
AC-20		100	90~100	78~92	62~80	50~72	26~56	16~44	12~33	8~24	5~17	4~13	3~7
AC-16			100	90~100	76~92	60~80	34~62	20~48	13~36	9~26	7~18	5~14	4~8
AC-13				100	90~100	68~85	38~68	24~50	15~38	10~28	7~20	5~16	4~8
AC-10					100	90~100	45~75	30~58	20~44	13~32	9~23	6~15	4~8
AC-5						100	90~100	55~75	35~55	20~40	12~18	7~18	5~10
AM-20			90~100	60~85	50~75	40~65	15~40	5~22	2~16	1~12	0~10	0~8	0~5
AM-16				100	90~100	60~85	45~68	18~40	6~25	3~18	1~14	0~10	0~5
AM-13					100	90~100	50~80	20~45	8~25	4~20	2~16	0~10	0~6
AM-10						100	90~100	35~65	10~35	5~22	2~16	0~12	0~9	0~6
SMA-20		100	90~100	72~92	62~82	40~55	18~30	13~22	12~20	10~16	9~14	8~13	8~12
SMA-16			100	90~100	65~85	45~65	20~32	15~24	14~22	12~18	10~15	9~12	8~12
SMA-13				100	90~100	50~75	20~34	15~26	14~22	12~20	10~16	9~15	8~12
SMA-10					100	90~100	28~60	20~32	14~26	12~22	10~18	9~16	8~13

②矿质混合料配合比计算如下:

a.组成材料的原始数据测定。根据现场取样,对粗集料、细集料和矿粉进行筛分试验,确定各集料的级配组成,同时测出各组成材料的密度。

b.确定组成材料的用量比例。根据各组成材料的筛分试验资料,采用试算法或图解法,(对于高速公路和一级公路沥青路面矿料配合比设计宜借助电子计算机的电子表格用试配法进行,其他等级公路也可以参照进行)计算出符合要求级配范围的各组成材料的用量比例。

c.调整配合比。计算的合成级配应根据下列要求作必要的配合调整。

(2)确定最佳沥青用量:我国现行行业标准《公路沥青路面施工技术规范》(JTG F40—2004)规定的方法是采用马歇尔试验法确定沥青的最佳用量。

①制备试样:按确定的矿质混合料配合比,计算各种矿质材料的用量。根据经验,估算适宜的沥青用量(或油石比)。以估计的沥青用量为中值或以推荐的沥青用量范围的中间值为中值,按0.5%或0.3%的间隔变化,取5个不同的沥青用量,拌制沥青混合料并按规定制备马歇尔试件。

②测定物理指标:按规定的试验方法测定马歇尔试件的毛体积密度等,并计算空隙率、沥青饱和度、矿料间隙率等。

③测定力学指标:用马歇尔稳定度仪测定沥青混合料的力学指标,如马歇尔稳定度、流值。

④确定最佳沥青用量:绘制沥青用量与物理—力学指标关系图。以沥青用量为横坐标,以测定的各项指标为纵坐标,分别将试验结果点入图中,连成圆滑的曲线,确定均符合本规范规定的沥青混合料技术标准的沥青用量范围 OAC_{min} ~ OAC_{max}。选择的沥青用量范围必须涵盖设计空隙率的全部范围,并尽可能涵盖沥青饱和度的要求范围,并使密度及稳定度曲线出现峰值。如果没有涵盖设计空隙率的全部范围,试验必须扩大沥青用量范围重新进行。

将试验结果绘制成沥青用量与各项指标的关系曲线如图4-7所示。

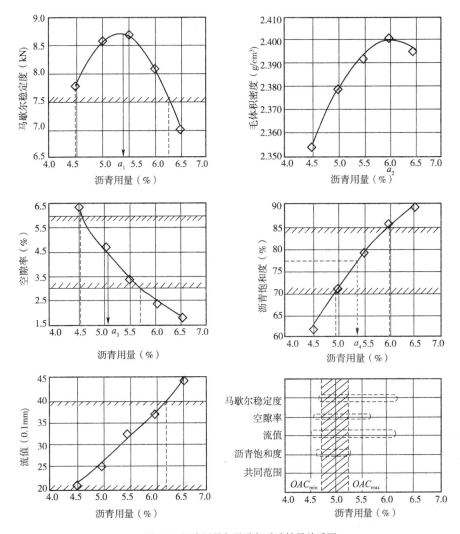

图 4-7 沥青用量与马歇尔试验结果关系图

各项指标与沥青用量的关系:随着沥青用量的增加,沥青与矿粉交互作用形成结构沥青,混合料的强度逐渐增加,但持续增加会形成多余的自由沥青,会在矿料间起到润滑作用。即稳定度和密度随沥青用量的增加而增加,但到达一定程度后却逐渐减小。由于沥青用量的增加,逐步填充矿料间的空隙,所以空隙率随沥青用量的增加而逐渐减小,沥青饱和度随沥青用量的增加而逐渐增加。

流值随沥青用量的增加而增加。

⑤确定沥青混合料的最佳沥青用量 OAC_1 的步骤如下:

在曲线图上求取相应于密度最大值、稳定度最大值、相应于空隙率要求范围的中值或目标空隙率、相应于沥青饱和度范围的中值的沥青用量 a_1、a_2、a_3、a_4。按式(4-35)取平均值作为 OAC_1。

$$OAC_1 = (a_1 + a_2 + a_3 + a_4)/4 \qquad (4-35)$$

如果所选择的沥青用量范围未能涵盖沥青饱和度的要求范围,宜从图中分别求取密度最大值、稳定度最大值、相应于空隙率要求范围的中值或目标空隙率的沥青用量 a_1、a_2、a_3。

按式(4-36)求取三者的平均值作为 OAC_1。

$$OAC_1 = (a_1 + a_2 + a_3)/3 \tag{4-36}$$

当所选择试验的沥青用量范围、密度及稳定度的最大值出现在曲线的两端,而不能确定其峰值时,可直接以目标空隙率所对应的沥青用量 a_3 作为 OAC_1,但 OAC_1 必须介于 OAC_{min} ~ OAC_{max} 的范围内;否则,应重新进行配合比设计。

⑥以各项指标均符合技术标准(不含 VMA)的沥青用量范围 OAC_{min} ~ OAC_{max} 的中值作为 OAC_2。

$$OAC_2 = (OAC_1 + OAC_2)/2 \tag{4-37}$$

⑦通常情况下,按式(4-38)可取 OAC_1 及 OAC_2 的平均值作为最佳沥青用量 OAC。

$$OAC = (OAC_1 + OAC_2)/2 \tag{4-38}$$

⑧按式(4-38)计算的最佳油石比 OAC,从图中得出所对应的空隙率和 VMA 值,从而检验是否能满足现行规范最小 VMA 值的要求。当空隙率不是整数时,最小 VMA 由内插法确定,并将其画入图中。

⑨检查图中相应于此 OAC 的各项指标是否均符合马歇尔试验技术标准和马歇尔试验配合比设计的技术标准。

⑩根据实践经验和公路等级、气候条件、交通情况,调整确定最佳沥青用量 OAC。

a. 调查当地各项条件相接近的工程的沥青用量使用情况,论证适宜的最佳沥青用量。计算的最佳沥青用量宜与预估新建工程沥青混合料的适宜的油石比或沥青用量为相近;如相差较远,应查明原因,必要时重新调整级配,进行配合比设计。

b. 对炎热地区公路以及高速公路、一级公路的重载交通路段,山区公路的长大坡度路段,预计有可能产生较大车辙时,宜在空隙率符合要求的范围内将计算的最佳沥青用量减小 0.5~1 个百分点作为设计沥青用量。此时,除空隙率外的其他指标可能会超出马歇尔试验配合比设计技术标准,配合比设计报告或设计文件必须对此予以说明。但配合比设计报告必须要求采用重型轮胎压路机和振动压路机组合等方式加强碾压,以使施工后路面的空隙率达到未调整前的原最佳沥青用量时的水平,且渗水系数符合要求。如果试验段达不到此要求时,宜调整所减小的沥青用量的幅度。

c. 对寒冷地区公路、旅游公路、交通量很少的公路,最佳沥青用量可以在 OAC 的基础上增加 0.1~0.3 个百分点,以适当减小设计空隙率,但不得降低压实度要求。

(3)目标配合比设计检验:根据规范规定应采用工程实际使用的材料(而不是采石场的材料样品)进行目标配合比设计。按计算确定的设计最佳沥青用量在标准条件下进行。如按照交通、气候等影响因素将计算的设计沥青用量调整后作为最佳沥青用量,或者改变试验条件时,各项技术要求均应适当调整,不宜照搬。

①高温稳定性检验。按规定的试验方法在温度 60℃、轮压 0.7MPa 条件下用车辙试验机检验其高温抗车辙能力,动稳定度应符合现规范的要求。

②水稳定性检验。按规定的试验方法进行浸水马歇尔试验和冻融劈裂试验,残留稳定度及残留强度比均必须符合规范的规定。

③低温抗裂性能检验。按设计沥青用量 OAC 用轮碾机成型试件,切割成规定尺寸的棱柱体试件,在 -10℃ 条件下用 50mm/min 加载速率进行低温弯曲试验,其破坏应变宜符合规范要求。

④渗水系数检验。利用轮碾机成型的车辙试件进行渗水试验检验的渗水系数宜符合规范要求。

(4)沥青混合料配合比指标调整原则:在施工时,按试验室所做的配合比所试拌的混合料的各种指标有时不满足要求,因此须结合试拌与试铺而进行必要的调整,方可作为生产配合比,一般按以下原则进行调整。

①空隙率与稳定度均较低。系沥青含量过多或细料偏多或两者兼有所致。提高空隙率的方法有多种,其中之一是在混合料中添加粗矿料以提高VMA(矿料间隙率)值。提高空隙率的另一种方法是降低沥青含量。但应注意,只有当混合料中的沥青含量超出一般,而减少沥青含量又不会使沥青膜低于要求厚度,且不影响路面耐久性时,方可使用此种方法。在混合料中增加表面粗糙且有棱角的矿料可提高VMA值和摩阻力。

②空隙率低,稳定度满足要求。系沥青含量偏多或主骨料已够,但级配中间料断档太长所致。空隙率低易出现泛油现象,尤其当主骨料被压碎时,将会引起失稳和泛油。因此,空隙率低的混合料,即便是稳定度暂时可以满足要求,也应该用上面所述的方法进行调整。

③空隙率满足要求、稳定度低。可能是因为混合料级配不佳、矿料本身强度不足、细长扁平含量过高、沥青与矿料黏结性差等造成,可根据具体情况进行调整。

④空隙率高,稳定度满足要求。空隙率高常会使透水性提高,所以即使混合料的稳定度满足要求,也要将空隙率调低些。通常采用的方法是适当增加细料。

⑤空隙率高,稳定度低。对于空隙率高而稳定度低的混合料,需要按前面阐述的方法调低空隙率。如果经调整后仍然不能同时改善空隙率和稳定度两项指标时,则要按照开始所述的方法,重新选择矿料。

2)生产配合比设计阶段

对间歇式拌和机,应按规定方法取样测试各热料仓的材料级配,确定各热料仓的配合比,供拌和机控制室使用。同时选择适宜的筛孔尺寸和安装角度,尽量使各热料仓的供料大体平衡。并取目标配合比设计的最佳沥青用量OAC、OAC±0.3%等3个沥青用量进行马歇尔试验和试拌,通过室内试验及从拌和机取样试验综合确定生产配合比的最佳沥青用量,由此确定的最佳沥青用量与目标配合比设计结果的差值不宜大于±0.2%。对连续式拌和机可省略生产配合比设计步骤。

3)生产配合比验证阶段

拌和机按生产配合比结果进行试拌、铺筑试验段,并取样进行马歇尔试验,同时从路上钻取芯样观察空隙率的大小,由此确定生产用的标准配合比。标准配合比的矿料合成级配中,至少应包括0.075mm、2.36mm、4.75mm及公称最大粒径筛孔的通过率接近优选的工程设计级配范围的中值,并避免在0.3~0.6mm处出现"驼峰"。对确定的标准配合比,宜再次进行车辙试验和水稳定性检验。

模块 5　无机结合稳定材料试验

公路路面常用的基层与底基层材料可分为三大类：柔性基层、半刚性基层、刚性基层；也可以分为：无机结合料稳定类、有机结合料稳定类和粒料类。我国常用的基层材料包括：水泥稳定土、石灰稳定土、石灰工业废渣稳定土、级配碎石、级配砾石或级配砂砾、填隙碎石、沥青稳定碎石、乳化沥青碎石、沥青贯入式碎石等类型。

5.1　无机结合稳定材料技术要求

5.1.1　基层、底基层材料的常见类型、类型划分和适用范围

1）水泥稳定材料

在经过粉碎的或原来松散的材料中，掺入足量的水泥和水，经拌和得到的混合料，在压实和养生后，当其抗压强度符合规定的要求时，称为水泥稳定材料。

水泥稳定材料包括水泥稳定级配碎石、级配砂砾、未筛分碎石、石屑、土、碎石土、砂砾土，以及经加工、性能稳定的钢渣和矿渣等。

2）石灰稳定材料

在粉碎的或原来松散的材料中，掺入足量的石灰和水，经拌和得到的混合料，经压实及养生后，当其抗压强度符合规定的要求时，称为石灰稳定材料。

石灰稳定材料包括石灰稳定土（石灰土）、天然砂砾土（石灰砂砾土）、天然碎石土（石灰碎石土），以及用石灰土稳定级配砂砾（砂砾中无土）、级配碎石和矿渣等。两种或两种以上无机结合材料稳定强度符合要求的混合料称为综合稳定材料。

3）石灰工业废渣材料

石灰工业废渣材料包括石灰粉煤灰碎石（二灰碎石）、石灰粉煤灰砂砾（二灰砂砾）、石灰粉煤灰土（二灰土）、石灰粉煤灰（二灰）、石灰粉煤灰砂（二灰砂）、石灰粉煤灰矿渣（二灰矿渣、石灰钢渣）等。

其中水泥稳定材料、石灰粉煤灰稳定材料适用于各级公路的基层、底基层，但水泥或石灰、粉煤灰稳定细粒土不能用作高等级路面的基层。冻雨地区、多雨潮湿地区，石灰粉煤灰稳定材料宜用于高速公路、一级公路的下基层或底基层。石灰稳定材料宜用于各级公路的底基层以及三、四级公路的基层。

半刚性基层、底基层按其混合料结构状态分为骨架密实型、骨架空隙型、悬浮密实型和均匀密实型四种类型。高速公路、一级公路的基层或上基层宜选用骨架密实型混合料，二级及二级以下公路的基层和各级公路的底基层可采用悬浮密实型混合料。均匀密实型混合料适用于高速公路、一级公路的底基层，二级及二级以下公路的基层。骨架空隙型混合料具有较高的空隙率，适用于需考虑路面内部排水要求的基层。

5.1.2 水泥稳定类原材料的技术要求

1）土

凡能被粉碎的土都可用水泥稳定。级配碎石、未筛分碎石、砂砾、碎石土、砂砾土、煤矸石和各种粒状矿渣均适宜用水泥稳定。碎石包括岩石碎石、矿渣碎石、破碎砾石等。碎石或砾石的压碎值要求如下。

对于高速公路和一级公路不大于30%，对于二级和二级以下公路基层不大于35%；对于二级和二级以下公路底基层不大于40%。

对于二级和二级以下的公路：当用水泥稳定土做底基层时，单个颗粒的最大粒径不应超过37.5mm。对于高速公路和一级公路，单个颗粒的最大粒径不应超过31.5mm。各级公路均可选用悬浮密实型水泥稳定类材料做基层、底基层。基层集料的最大粒径不大于31.5mm，底基层最大粒径不大于37.5mm。高速公路、一级公路宜用骨架密实型水泥稳定类材料做基层或上基层。集料的级配范围应符合表5-1的规定。土的均匀系数应大于5。细粒土的液限不应超过40，塑性指数不应超过17。

水泥稳定集料的级配范围 表5-1

编号	通过下列方孔筛尺寸(mm)的质量百分率(%)								类 型
	37.5	31.5	19	9.50	4.75	2.36	0.6	0.075	
1		100	68~86	38~58	22~32	16~28	8~15	0	骨架密实型
2		100	90~100	60~80	29~49	15~32	6~20	0~5	悬浮密实型(基层)
3	100	93~100	75~90	50~70	29~50	15~35	6~20	0~5	悬浮密实型(底基层)

实际工作中，宜选用均匀系数大于10、塑性指数小于12的土。塑性指数大于17的土，宜采用石灰稳定，或用水泥和石灰综合稳定。采用水泥稳定粒径较均匀的砂时，宜在砂中添加少部分塑性指数小于10的黏性土或石灰土，也可添加部分粉煤灰，加入比例可按使混合料的标准干密度接近最大值确定，一般为20%~40%。

2）水泥

普通硅酸盐水泥、矿渣硅酸盐水泥和火山灰质硅酸盐水泥都可用于稳定土，但应选用初凝时间4h以上和终凝时间较长（宜在6h以上）的水泥。不应使用快硬水泥、早强水泥以及已受潮变质的水泥。宜采用强度等级较低（如32.5级或42.5级）的水泥。

3）水

凡是饮用水（含牲畜饮用水）均可用于水泥稳定土施工。

5.1.3 石灰稳定类原材料的技术要求

1）土

塑性指数为15~20的黏性土，以及含有一定数量黏性土的中粒土和粗粒土均适宜于用石灰稳定。用石灰稳定无塑性指数的级配砂砾、级配碎石和未筛分碎石时，应添加15%左右的黏性土。塑性指数在15以上的黏性土更适宜于用石灰和水泥综合稳定。塑性指数在10以下的亚砂土和砂土用石灰稳定时，应采取适当的措施或采用水泥稳定。

2）石灰稳定土

用于基层时，颗粒的最大粒径不应大于37.5mm，用于底基层时，颗粒的最大粒径不应大于53mm。不含黏性土的砂砾、级配碎石和未筛分碎石，最好用水泥稳定，若无条件只能用石灰稳定时,应采用石灰土稳定,石灰土与集料的质量比宜为1:4,集料应具有良好的级配。

石灰稳定土中碎石或砾石的压碎值应符合下列要求:

(1)基层:二级公路不大于30%;二级以下公路不大于35%。

(2)底基层:高速公路和一级公路不大于30%;二级和二级以下公路不大于35%。

(3)硫酸盐含量超过0.8%的土和有机质含量超过10%的土,不宜用石灰稳定。

3)石灰

石灰技术指标应符合表5-2规定的Ⅲ级要求。应尽量缩短石灰的存放时间。石灰在野外堆放时间较长时,应覆盖防潮。

石灰的技术指标 表5-2

类别指标 项目		钙质生石灰			镁质生石灰			钙质消石灰			镁质消石灰		
		等级											
		Ⅰ	Ⅱ	Ⅲ	Ⅰ	Ⅱ	Ⅲ	Ⅰ	Ⅱ	Ⅲ	Ⅰ	Ⅱ	Ⅲ
有效钙加氧化镁含量(%)		≥85	≥80	≥70	≥80	≥75	≥65	≥65	≥60	≥55	≥60	≥55	≥50
未消化残渣含量(5mm圆孔筛的筛余)(%)		≤7	≤11	≤17	≤10	≤14	≤20						
含水率(%)								≤4	≤4	≤4	≤4	≤4	≤4
细度	0.71mm方孔筛的筛余(%)							0	≤1	≤1	0	≤1	≤1
	0.125mm方孔筛的筛余(%)							≤13	≤20	—	≤13	≤20	—
钙镁石灰的分类界限,氧化镁含量(%)		≤5			>5			≤4			>4		

对于高速公路和一级公路,宜采用磨细生石灰粉。

4)水

凡饮用水(含牲畜饮用水)均可用于石灰土施工。

5.1.4 石灰工业废渣类材料技术要求

石灰工业废渣类材料包括石灰粉煤灰碎石(二灰碎石)、石灰粉煤灰砂砾(二灰砂砾)、石灰粉煤灰土(二灰土)、石灰粉煤灰(二灰)、石灰粉煤灰砂(二灰砂)、石灰粉煤灰矿渣(二灰矿渣、石灰钢渣)等。

(1)集料:当高速公路,一级公路、二级公路采用骨架密实型石灰粉煤灰稳定集料上基层或基层时,集料级配宜符合表5-3的级配范围要求。

骨架密实型石灰粉煤灰稳定集料级配范围 表5-3

	通过下列方筛孔(mm)的质量百分率(%)								
筛孔尺寸	31.5	26.5	19	9.5	4.75	2.36	1.18	0.6	0.075
基层	100	95~100	48~68	24~34	11~21	6~16	2~12	0~6	0~3

(2)当采用悬浮密实型石灰粉煤灰稳定碎石基层、底基层时,混合料的最大粒径应分别不超过31.5mm、37.5mm,碎石级配宜符合表5-4的级配范围。

悬浮密实型石灰粉煤灰稳定碎石的集料级配范围　　　　表5-4

层位	通过下列方筛孔(mm)的质量百分率(%)								
	37.5	31.5	19	9.5	4.75	2.36	1.18	0.6	0.075
基层		100	88~98	55~75	30~50	16~36	10~25	4~18	0~5
底基层	100	94~100	65~89	51~72	30~50	16~36	10~25	4~18	0~5

(3)当采用石灰粉煤灰稳定砂砾基层、底基层时,砂砾级配则宜符合表5-5的级配要求。

悬浮密实型石灰粉煤灰稳定砂砾的集料级配范围　　　　表5-5

层位	通过下列方筛孔(mm)的质量百分率(%)								
	37.5	31.5	19	9.5	4.75	2.36	1.18	0.6	0.075
基层		100	85~98	55~75	39~59	27~47	17~35	10~25	0~10
底基层	100	85~100	65~89	50~72	35~55	25~45	17~35	10~27	0~15

水泥粉煤灰稳定材料级配要求与石灰粉煤灰稳定材料混合料相同。

(4)石灰的技术指标见表5-2。

(5)粉煤灰:粉煤灰中SiO_2、Al_2O_3和Fe_2O_3的总含量应大于70%,粉煤灰的烧失量不应超过20%;粉煤灰的比表面积宜大于2 500 cm^2/g(或90%通过0.3mm筛孔,70%通过0.075mm筛孔)。干粉煤灰和湿粉煤灰都可以应用。湿粉煤灰的含水率不宜超过35%。

(6)煤渣的最大粒径不应大于30mm,颗粒组成宜有一定级配,且不宜含杂质。

(7)宜采用塑性指数12~20的黏性土(亚黏土)。土块的最大粒径不应大于15mm。

(8)有机质含量超过10%的土不宜选用。

(9)二灰稳定的中粒土和粗粒土不宜含有塑性指数的土。

5.1.5 半刚性混合料的强度与压实度要求

水泥稳定材料的压实度、7d龄期无侧限抗压强度代表值应符合表5-6规定的范围要求,且不宜超过高限。混合料成型宜采用振动成型方法,缺乏试验条件时对悬浮密实和均匀密实型混合料可采用静压成型方法。石灰粉煤灰稳定材料、石灰稳定材料的压实度和7d龄期的无侧限抗压强度代表值应符合表5-6要求。

半刚性材料的压实度及7d抗压强度　　　　表5-6

混合料类型	层位	类别	特重交通		重、中交通		轻交通	
			压实度(%)	抗压强度(MPa)	压实度(%)	抗压强度(MPa)	压实度(%)	抗压强度(MPa)
水泥稳定类	基层	集料	≥98	3.5~4.5	≥98	3~4	≥97	2.5~3.5
		细粒土	—		—		≥96	
	底基层	集料	≥97	≥2.5	≥97	≥2.0	≥96	≥1.5
		细粒土	≥96		≥96		≥95	
石灰粉煤灰稳定类	基层	集料	≥98	≥0.8	≥98	≥0.8	≥97	≥0.6
		细粒土	—		—		≥96	
	底基层	集料	≥97	≥0.6	≥97	≥0.6	≥96	≥0.5
		细粒土	≥96		≥96		≥95	

续上表

混合料类型	层位	类别	特重交通		重、中交通		轻交通	
			压实度（%）	抗压强度（MPa）	压实度（%）	抗压强度（MPa）	压实度（%）	抗压强度（MPa）
水泥粉煤灰稳定类	基层	集料	≥98	1.5~3.5	≥98	1.5~3.5	≥97	1.2~1.5
	底基层	集料	≥97	≥1.0	≥97	≥1.0	≥96	≥0.6
石灰稳定类	基层	集料	—	—	—	—	≥97	≥0.8[①]
		细粒土	—	—	—	—	≥95[①]	
	底基层	集料	—	—	≥97	≥0.8	≥96[③]	0.5~0.7[②]
		细粒土	—	—	≥95		≥96	

（1）在低塑性土（塑性指数小于10）地区，石灰稳定砂砾土和碎石土的7d抗压强度应大于0.5MPa。

（2）低限用于塑性指数小于10的土，高限用于塑性指数大于10的土。

（3）三、四级公路，压实机压实有困难时，压实度可降低。

5.2 无机结合料稳定材料组成设计方法

半刚性基层、底基层材料组成设计主要是根据强度标准，通过试验选取合适的集料或土及其他原材料，确定必需的或最佳的结合料剂量，以及确定混合料的最佳含水率和最大干密度。下面分别介绍水泥稳定类、石灰工业废渣类、石灰稳定土类混合料组成设计。

5.2.1 石灰稳定土类混合料组成设计

1）一般规定

（1）各级公路用石灰稳定类材料的7d浸水无侧限抗压强度应符合表5-6的规定。

（2）石灰稳定类材料的组成设计应根据表5-6的强度标准，通过试验选取最宜于稳定的材料，确定必需的或最佳的石灰剂量和混合料的最佳含水率，在需要改善混合料的物理力学性质时，还应确定掺加料的比例。

（3）采用综合稳定土时，如水泥用量占结合料总量的30%以下，则按本节的技术要求进行组成设计。

（4）石灰稳定土的各项试验应按《公路工程无机结合料稳定材料试验规程》进行。

2）原材料试验

（1）在石灰稳定类土层施工前，应取所定料中有代表性的土样进行下列试验：颗粒分析、液限和塑性指数、击实试验、碎石或砾石的压碎值、有机质含量和硫酸盐含量。

（2）如碎石、碎石土、砂砾、砂砾土等的级配不好，宜先改善其级配。

（3）应检验石灰的有效氧化钙和氧化镁含量。

3）石灰稳定土类混合料设计步骤

（1）按表5-7所列石灰剂量配制同一种土样、不同石灰剂量的混合料。

（2）确定混合料的最佳含水率和最大干密度，至少应做3个不同石灰剂量混合料的击实试验，即最小剂量、中间剂量和最大剂量，其余2个混合料的最佳含水率和最大干密度用内插法确定。

石灰剂量配制建议值　　　　　　　　　　表5-7

结构层	土　类	石灰剂量（全部粗、细土颗料的干重百分比）
基层	砂砾土和碎石土	3,4,5,6,7
基层	塑性指数小于12的黏性土	10,12,13,14,16
基层	塑性指数大于12的黏性土	5,7,9,11,13
底基层	塑性指数小于12的黏性土	8,10,11,12,14
底基层	塑性指数大于12的黏性土	5,7,8,9,11

（3）按规定的压实度,分别计算不同石灰剂量的试件应有的干密度。

（4）按最佳含水率和计算得到的干密度制备试件。进行强度试验时,作为平行试验的最少试件数量应不小于表5-8中的规定。如试验结果的偏差系数大于表中规定的值,则应重做试验,并找出原因,加以解决。如不能降低偏差系数,则应增加试件数量。

最少试件数量　　　　　　　　　　表5-8

试件数量 土类	<10%	10%~15%	15%~20%	试件数量 土类	<10%	10%~15%	15%~20%
细粒土	6	9		粗粒土		9	13
中粒土	6	9	13				

（5）试件在规定温度下保湿养生6d,浸水24h后,按《公路工程无机结合料稳定材料试验规程》(JTG E51—2009)进行无侧限抗压强度试验。

（6）计算试验结果的平均值和偏差系数。

（7）根据表5-6的强度标准,选定合适的水泥剂量,此剂量试件室内试验结果的平均抗压强度$\bar{R}$应符合式(5-1)的要求：

$$\bar{R} \geq R_d / (1 - Z_a C_v) \tag{5-1}$$

式中：R_d——设计抗压强度；

C_v——试验结果的偏差系数（以小数计）；

Z_a——标准正态分布表中随保证率而变的系数,高速公路和一级公路应取保证率95%,即$Z_a = 1.645$,其他公路应取保证率90%,即$Z_a = 1.282$。

（8）工地实际采用的石灰剂量应比室内试验确定的剂量多0.5%~1.0%。采用集中厂拌法施工时,可只增加0.5%；采用路拌法施工时,宜增加1%。

（9）石灰稳定不含黏性土的级配碎石、未筛分碎石和级配砂砾用作高等级公路沥青路面的基层时,碎石和砂砾的颗粒组成应符合规范级配碎石或未筛分碎石或级配砾石的级配范围,并应添加黏性土。石灰和所加土的总质量与碎石或砂砾的质量比宜为1:4~1:5,即碎石在混合料中的质量应不少于80%。

5.2.2　水泥稳定类混合料组成设计

1）一般规定

（1）各级公路用水泥稳定类材料的7d浸水抗压强度应符合表5-6的规定。

（2）水泥稳定类材料的组成设计应根据表5-6的强度标准,通过试验选取最宜于稳定的材料,确定必需的水泥剂量和混合料的最佳含水率,在需要改善混合料的物理力学性质时,还应确定掺加料的比例。

(3)综合稳定类材料的组成设计应通过试验选取最宜于稳定的材料,确定必需的水泥和石灰剂量以及混合料的最佳含水率。

(4)采用综合稳定类材料时,如水泥用量占结合料总量30%以上,应按本节的技术要求进行组成设计。水泥和石灰的比例宜取60:40、50:50和40:60。

(5)水泥稳定类材料的各项试验应按《公路工程无机结合料稳定材料试验规程》(JTG E51—2009)进行。

2)原材料的试验

(1)在水泥稳定土层施工前,请取所定料场中有代表性的土样按《公路土工试验规程》(JTG E40—2007)进行试验,包括颗粒分析、液限和塑性指数、相对密度、击实试验、碎石或砾石的压碎值、有机质含量(必要时做)、硫酸盐含量(必要时做)。

(2)对级配不良的碎石、碎石土、砂砾、砂砾土、砂等,宜改善其级配。

(3)应检验水泥的标号和终凝时间。

3)水泥稳定类混合料的设计步骤

(1)分别按表5-9所列的5种水泥剂量配制同一种土样、不同水泥剂量的混合料。

混合料的配制水泥剂量表　　　　表5-9

类层	中粒土和粗粒土①					塑性指数小于12的细粒土①					其他细粒土①				
基层	3%	4%	5%	6%	7%	5%	7%	8%	9%	11%	8%	10%	12%	14%	16%
底基层	3%	4%	5%	6%	7%	4%	5%	6%	7%	9%	6%	8%	9%	10%	12%

水泥稳定混合料的水泥剂量一般为3%～6%。当用水泥稳定集料作基层时,水泥剂量宜为4.0%～5.5%,底基层的水泥剂量宜为3.0%～4.0%,水泥的最大剂量不得超过6%。

(2)确定各种混合料的最佳含水率和最大干密度,至少应做3个不同的水泥剂量混合料的击实试验,即最小剂量、中间剂量和最大剂量。其他2个剂量混合料的最佳含水率和最大干密度用内插法确定。

(3)按规定压实度分别计算不同水泥剂量的试件应有的干密度。

(4)按最佳含水率和计算得到的干密度制备试件。进行强度试验时,作为平行试验的最少试件数量应不少于表5-8的规定。如试验结果的偏差系数大于表中规定的值,则应重做试验,并找出原因,加以解决。如不能降低偏差系数,则应增加试件数量。

(5)试件在规定温度20℃±2℃下保湿养生6d,浸水24h后,按《公路工程无机结合料稳定材料试验规程》(JTG E51—2009)进行无侧限抗压强度试验。

(6)计算试验结果的平均值和偏差系数。

(7)根据表5-6的强度标准,选定合适的水泥剂量,此剂量试件室内试验结果的平均抗压强度$\bar{R}$应符合式(5-2)的要求:

$$\bar{R} \geqslant R_d / (1 - Z_a C_v) \tag{5-2}$$

式中:R_d——设计抗压强度;

C_v——试验结果的偏差系数(以小数计);

Z_a——标准正态分布表中随保证率而变的系数,高速公路和一级公路应取保证率95%,即$Z_a = 1.645$,其他公路应取保证率90%,即$Z_a = 1.282$。

(8)工地实际采用的水泥剂量应比室内试验确定的剂量多0.5%～1.0%。采用集中厂拌法施工时,可只增加0.5%;采用路拌法施工时,宜增加1%。

(9)水泥的最小剂量应符合表5-10的规定。

水泥的最小剂量　　　　　　表5-10

拌和方法 土类	路拌法	集中厂拌法	拌和方法 土类	路拌法	集中厂拌法
中粒土和粗粒土	4%	3%	细粒土	5%	4%

(10)水泥改善土的塑性指数应不大于6,承载比应不小于240。

综合稳定类材料的组成设计与上述步骤相同。

5.2.3 石灰工业废渣类混合料组成设计

1)一般规定

(1)石灰工业废渣稳定类材料的7d浸水抗压强度应符合表5-6的规定。

(2)石灰工业废渣稳定类材料组成设计应根据表5-6的强度标准,通过试验选取最宜于稳定的材料,确定石灰与粉煤灰或石灰与煤渣的比例,确定石灰粉煤灰或石灰煤渣与土的质量比例,确定混合料的最佳含水率。

(3)对于CaO含量为2%~6%的硅铝粉煤灰,采用石灰粉煤灰作基层或底基层时,石灰与粉煤灰的比例可为1:2~1:9。

(4)采用二灰土作基层或底基层时,石灰与粉煤灰的比例可为1:2~1:4(对于粉土,以1:2为宜),石灰粉煤灰与细粒土的比例可为30:70~90:10。

(5)采用二灰级配集料作基层时,石灰与粉煤灰的比例可为1:2~1:4,石灰粉煤灰与集料的比例可为20:80~15:85。

(6)采用石灰煤渣土作基层或底基层,石灰与煤渣的比例为20:80~15:85。

(7)采用石灰煤渣土作基层或底基层时,石灰与煤渣的比例可为1:1~1:4,石灰煤渣与细粒土的比例可为1:1~1:4。混合料中石灰不应少于10%,或通过试验选取强度较高的配合比。

(8)采用石灰煤渣集料作基层或底基层时,石灰:煤渣:集料可为(7~9):(26~33):(67~58)。

(9)为提高石灰工业废渣的早期强度,可外加1%~2%的水泥。

(10)各种混合料的各项试验应按《公路工程无机结合料稳定材料试验规程》(JTG E51—2009)进行。

2)原材料的试验

在石灰工业废渣稳定土施工前,应取有代表性的样品进行下列试验。

土的颗粒分析,液限和塑性指数,石料的压碎值试验,有机质含量(必要时做),石灰的有效钙和氧化镁含量,收集或试验粉煤灰的化学成分、细度和烧失量。

3)石灰工业废渣类混合料的设计步骤

(1)制备不同比例的石灰粉煤灰混合料,确定其各自的最佳含水率和最大干密度,确定同一龄期和同一压实度试件的抗压强度,选用强度最大时的石灰粉煤灰比例。

(2)根据试验所得的二灰比例,制备同一种土样4~5种不同配合比的二灰土或二灰级配集料。其配合比宜位于表5-3~表5-5所列范围内。

(3)确定各种二灰土或二灰级配集料的最佳含水率和最大干密度(用重型击实试验法)。

(4)按规定达到的压实度,分别计算不同配合比时二灰、二灰级配集料试件应有的干密度。

(5)按最佳含水率和计算得到的干密度制备试件。进行强度试验时,作为平行试验的最少试件数量应不少于表 5-8 的规定,如试验结果的偏差系数大于表中规定的值,则应重做试验,并找出原因,加以解决。如不能降低偏差系数,则应增加试件数量。

(6)试件在规定温度下保湿养生 6d,浸水 24h 后,按《公路工程无机结合料稳定材料试验规程》(JTG E51—2009)进行无侧限抗压强度试验。

(7)计算试验结果的平均值和偏差系数。

(8)根据表 5-6 的强度标准,选定合适的水泥剂量,此剂量试件室内试验结果的平均抗压强度 $\bar{R}$ 应符合式(5-3)的要求:

$$\bar{R} \geq R_d / (1 - Z_a C_v) \tag{5-3}$$

式中:R_d——设计抗压强度;

C_v——试验结果的偏差系数(以小数计);

Z_a——标准正态分布表中随保证率而变的系数,高速公路和一级公路应取保证率 95%,即 $Z_a = 1.645$,其他公路应取保证率 90%,即 $Z_a = 1.282$。

(9)石灰煤渣混合料的设计可参照上述石灰粉煤灰混合料的设计步骤。

5.3 基层、底基层材料试验检测方法

5.3.1 石灰有效氧化钙含量测试(蔗糖法)

1)适用范围

本方法适用于测定各种石灰的有效氧化钙含量,作为评定路用石灰质量的主要指标。

2)仪器设备

(1)具塞三角瓶:250mL,20 个。

(2)漏斗:短颈,3 个。

(3)塑料洗瓶:1 个。

(4)塑料桶:20L,1 个。

(5)下口蒸馏水瓶:5 000mL,1 个。

(6)三角瓶:300mL,10 个。

(7)容量瓶:250mL、1 000mL,各 1 个。

(8)量筒:200mL、100mL、50mL、5mL,各 1 个。

(9)试剂瓶:250mL、1 000mL,各 5 个。

(10)塑料试剂瓶:1L,1 个。

(11)烧杯:50mL,5 个;250mL(或 300mL),10 个。

(12)棕色广口瓶:60mL,4 个;250mL,5 个。

(13)滴瓶:60mL,3 个。

(14)酸滴定管:50mL,2 支。

(15)滴定台及滴定管夹:各 1 套。

(16)大肚移液管:25mL、50mL,各 1 支。

(17)表面皿:7cm,10 块。

(18)玻璃棒:8mm×250mm 及 4mm×180mm,各 10 支。

3) 试验原理

根据石灰活性氧化钙与蔗糖 $C_{11}H_{22}O_{11}$ 化合而成水溶性的蔗糖钙,而石灰中其他非活性的钙盐则不与蔗糖作用,氧化镁则与蔗糖反应缓慢的原理,应用此不同的反应条件,采用中和滴定法,用已知浓度的盐酸进行滴定(以酚酞为指示剂),达到滴定终点时,按盐酸消耗量计算出有效氧化钙的含量。

4) 试剂

(1) 蔗糖(分析纯)。

(2) 酚酞指示剂:称取 0.5g 酚酞溶于 50mL 95% 的乙醇中。

(3) 0.1% 甲基橙水溶液:称取 0.05g 甲基橙溶于 50mL 蒸馏水中(40~50℃)。

(4) 盐酸标准溶液(相当于 0.5mol/L):将 42mL 浓盐酸(相对密度 1.19)稀释至 1L,按下述方法标定其摩尔浓度后备用。

称取约 0.800~1.000g(精确至 0.0002g)已在 180℃ 烘干 2h 的碳酸钠记录为 Q,置于 250mL 三角瓶中,加 100mL 水使其完全溶解;然后加入 2~3 滴 0.1% 的甲基橙指示剂,记录滴定管中待标定盐酸标准溶液的体积 V_1,用待标定的盐酸标准溶液滴定,至碳酸钠溶液由黄色变为橙红色;将溶液加热至沸腾,并保持微沸 3min,然后放在冷水中冷至室温,如此时橙红色变为黄色,再用盐酸标准溶液滴定,至溶液出现稳定橙红色时为止,记录滴定管中盐酸标准溶液的体积 V_2,V_1、V_2 的差值即为盐酸标准溶液的消耗量 V。

盐酸标准溶液的摩尔浓度按式(5-4)计算:

$$M = m/(V \times 0.053) \tag{5-4}$$

式中:M——盐酸标准溶液的摩尔浓度(mol/L);

m——称取碳酸钠的质量(g);

V——滴定时盐酸标准溶液的消耗量(mL)。

5) 试样制备

(1) 生石灰试样:将生石灰样品打碎,使颗粒不大于 1.18mm。拌和均匀后用四分法缩减至 200g 左右,放入瓷研钵中研细。再经四分法缩减至 20g 左右。研磨所得石灰样品,使其通过 0.15mm(方孔筛)的筛。从此细样中均匀挑取 10 余克,置于称量瓶中在 105℃ 烘箱内烘至恒重,储于干燥器中,供试验用。

(2) 消石灰试样:将消石灰样品四分法缩减至 10 余克。如有大颗粒存在,须在瓷研钵中磨细至无不均匀颗粒存在为止。置于称量瓶中在 105℃ 烘箱内烘至恒重,储于干燥器中,供试验用。

6) 试验步骤

(1) 称取约 0.5g(用减量法称准至 0.0005g)试样,记录为 m_1,放入干燥的 250mL 具塞三角瓶中,取 5g 蔗糖覆盖在试样表面,投入干玻璃珠 15 粒,迅速加入新煮沸并已冷却的蒸馏水 50mL,立即加塞振荡 15min(如有试样结块或黏于瓶壁现象,则应重新取样)。

(2) 打开瓶塞,用水冲洗瓶塞及瓶壁,加入 2~3 滴酚酞指示剂,记录滴定管中盐酸标准溶液体积 V_3,用已标定的约 0.5mol/L 盐酸标准溶液滴定(滴定速度以每秒 2~3 滴为宜),至溶液的粉红色显著消失并在 30s 内不再复现即为终点,记录滴定管中盐酸标准溶液的体积 V_4,V_3、V_4 的差值即为盐酸标准溶液的消耗量 V_5。

7) 结果计算

有效氧化钙的百分含量按式(5-5)计算:

$$X = V_5 \times M \times 0.028/m_1 \times 100\% \tag{5-5}$$

式中：X——有效氧化钙含量(%)；
V_5——滴定时消耗盐酸标准溶液的体积(mL)；
m_1——试样质量(g)；
M——盐酸标准溶液的摩尔浓度(mol/L)。

8) 结果整理

对同一石灰样品至少应做两个试样和进行两次测定，并取两次结果的平均值代表最终结果。石灰中氧化钙和有效钙含量在 30% 以下的允许重复性误差为 0.40，30%~50% 的为 0.50，大于 50% 的为 0.60。

5.3.2 石灰氧化镁的测试方法

1) 适用范围

本方法适用于测定各种石灰的总氧化镁含量。

2) 试验原理

利用 EDTA 在 pH=10 左右的溶液中能与钙镁完全络合的原理，测出镁、钙总含量，再利用 EDTA 在 pH≥12 的溶液中只与钙离子络合的原理，测出钙含量，两者之差即为镁的含量。

3) 试剂

(1) 1:10 盐酸：将 1 体积盐酸（相对密度 1.19）以 10 体积蒸馏水稀释。

(2) 氢氧化铵—氯化铵缓冲溶液：将 67.5g 氯化铵溶于 300mL 无二氧化碳蒸馏水中，加浓氢氧化铵（氨水）（相对密度为 0.90）570mL，然后用水稀释至 1 000mL。

(3) 酸性铬兰 K—萘酚绿 B(1:2.5) 混合指示剂：称取 0.3g 酸性铬兰 K 和 0.75g 萘酚绿 B 与 50g 已在 105℃ 烘干的硝酸钾混合研细，保存于棕色广口瓶中。

(4) EDTA 二钠标准溶液：将 10g EDTA 二钠溶于 40~50℃ 蒸馏水中，待全部溶解并冷却至室温后，用水稀释至 1 000mL。

(5) 氧化钙标准溶液：精确称取 1.7848g 在 105℃ 烘干(2h) 的碳酸钙（优级纯），置于 250mL 烧杯中，盖上表面皿，从杯嘴缓慢滴加 1:10 盐酸 100mL，加热溶解，待溶液冷却后，移入 1 000mL 的容量瓶中，用新煮沸冷却后的蒸馏水稀释至刻度摇匀。此溶液每毫升的钙离子含量相当于 1mg 氧化钙的钙离子含量。

(6) 20% 的氢氧化钠溶液：将 20g 氢氧化钠溶于 80mL 蒸馏水中。

(7) 钙指示剂：将 0.2g 钙试剂羧酸钠和 20g 已在 105℃ 烘干的硫酸钾混合研细，保存于棕色广口瓶中。

(8) 10% 酒石酸钾钠溶液：将 10g 酒石酸钾钠溶于 90mL 蒸馏水中。

(9) 三乙醇胺(1:2) 溶液：将 1 体积三乙醇胺以 2 体积蒸馏水稀释摇匀。

4) 试样制备

(1) 生石灰试样：将生石灰样品打碎，使颗粒不大于 1.18mm。拌和均匀后用四分法缩减至 200g 左右，放入瓷研钵中研细。再经四分法缩减至 20g 左右。研磨所得石灰样品，使其通过 0.15mm（方孔筛）的筛。从此细样中均匀挑取 10 余克，置于称量瓶中在 105℃ 烘箱内烘至恒重，储于干燥器中，供试验用。

(2) 消石灰试样：将消石灰样品四分法缩减至 10 余克。如有大颗粒存在，须在瓷研钵中磨细至无不均匀颗粒存在为止。置于称量瓶中在 105℃ 烘箱内烘至恒重，储于干燥器中，供试验用。

5)试验步骤

(1)称取约 0.5g(准确至 0.000 1g)石灰试样,并记录试样质量 m,放入 250mL 烧杯中,用水湿润,加 1:10 盐酸 30mL,用表面皿盖住烧杯,加热近沸并保持微沸 8~10min。

(2)用水把表面器皿洗净,冷却后把烧杯内的沉淀及溶液移入 250mL 容量瓶中,加水至刻度,摇匀。

(3)待溶液沉淀后,用移液管吸取 25mL 溶液,放入 250mL 三角瓶中,加 50mL 水稀释后,加酒石酸钾钠溶液 1mL、三乙醇胺溶液 5mL,再加入铵—铵缓冲溶液 10mL(此时待测溶液的 pH=10)、酸性铬蓝K—萘酚绿B指示剂约 0.1g。记录滴定管中初始 EDTA 二钠标准溶液体积 V_5,用 EDTA 二钠标准溶液滴定至溶液由酒红色变为纯蓝色时即为终点,记录滴定管中 EDTA 二钠标准溶液的体积 V_6,V_5、V_6 的差值即为滴定钙镁含量的 EDTA 二钠标准溶液的消耗量 V_3。

(4)再从(2)的容量瓶中,用移液管吸取 25mL 溶液,置于 300mL 三角瓶中,加水 150mL 稀释后,加三乙醇胺溶液 5mL 及 20% 氢氧化钠溶液 5mL(此时待测溶液的 pH≥12),放入约 0.2g 钙指示剂。记录滴定管中初始 EDTA 二钠标准溶液体积 V_7,用 EDTA 二钠标准溶液滴定,至溶液由酒红色变为蓝色即为终点,记录滴定管中 EDTA 二钠标准溶液的体积 V_8,则 V_7、V_8 的差值即为滴定钙离子的 EDTA 二钠标准溶液的消耗量 V_4。

6)结果计算

氧化镁的百分含量按式(5-6)计算:

$$X = \frac{T_{MgO}(V_3 - V_4) \times 10}{m \times 1\ 000} \times 100\% \tag{5-6}$$

式中:X——有效氧化镁含量(%);

T_{MgO}——EDTA 二钠标准溶液对氧化镁的滴定度(mL);

V_3——滴定钙镁含量消耗 EDTA 二钠标准溶液的体积(mL);

V_4——滴定钙消耗 EDTA 二钠标准溶液的体积(mL);

m——试样质量(g)。

7)结果整理

对同一石灰样品至少应做两个试样和进行两次测定,读数精确至 0.1mL。取两次测定结果平均值代表最终结果。

5.3.3 石灰或水泥剂量的测定方法(EDTA 滴定法)

1)适用范围

(1)本试验方法适用于在工地快速测定水泥和石灰稳定材料中水泥和石灰的剂量,并可用于检查现场拌和和摊铺的均匀性。

(2)本办法适用于在水泥终凝之前的水泥含量测定,现场土样的石灰剂量应在路拌后尽快测试,否则需要用相应龄期的 EDTA 二钠耗量的标准曲线确定。

(3)本方法也可以用来测定水泥和石灰综合稳定材料中结合料的剂量。

2)仪器设备

50mL 滴定管(酸式)1 支,滴定台 1 个,滴定管夹 1 个,大肚移液管 10mL、50mL 各 10 支,锥形瓶 200mL 20 个,烧杯:2 000mL 1 只、300mL 10 只,洗瓶 1 只,容量瓶 1 000mL 1 个,搪瓷

杯:容量大于1 200mL 10只,不锈钢棒10根,量筒:100mL和5mL各1只、50mL 2只,棕色广口瓶:60mL 1只,电子天平:量程不小于1 500g,感量0.01g,秒表1只,表面皿10个,研钵1个,洗耳球1个,精密试纸 pH12~14,聚乙烯桶、毛刷、去污粉、吸水管、塑料勺、特种铅笔、厘米纸等。

3) 试剂

(1) 0.1mol/m³ 乙二胺四乙酸二钠(简称 EDTIA 二钠)标准液:准确称取 EDTA 二钠(分析纯)37.23g,用40~50℃的无二氧化碳蒸馏水溶解,待全部溶解并冷却至室温后,定容至1 000mL。

(2) 10%氯化铵溶液:将500g氯化铵放在10L的聚乙烯桶内,加蒸馏水4 500mL,充分振荡,使氯化铵完全溶解。

(3) 1.8%的氢氧化钠溶液:用电子天平称18g氢氧化钠,放入洁净干燥的烧杯中,加1 000mL蒸馏水使其全部溶解,待溶液冷却至室温后,加入2mL三乙醇胺,搅拌均匀后储于塑料桶中。

(4) 钙红示剂:将0.2g钙试剂羧酸钠与20g预先在105℃烘箱中烘1h的硫酸钾混合。一起放入研钵中,研成极细粉末,储于棕色广口瓶中,以防吸潮。

4) 试样制备及准备标准曲线

(1) 取样:用石灰和土,风干后用烘干法测其含水率。

(2) 混合料组成的计算。

①公式:干料质量 = 湿料质量/(1 + 含水率);

②具体计算式:

a. 干混合料质量 = 混合料湿料重/(1 + 最佳含水率)。

b. 干土质量 = 干混合料质量/[1 + 石灰(或水泥)剂量]。

c. 干石灰(或水泥)质量 = 干混合料质量 - 干土质量。

d. 湿土质量 = 干土质量 × (1 + 土的风干含水率)。

e. 湿石灰质量 = 干石灰 × (1 + 石灰的风干含水率)。

f. 石灰土中应加入的水 = 混合料湿料重 - 湿土质量 - 湿石灰质量。

(3) 准备5种试样,每种2个样品,每个样品取1 000g左右准备试验,为了减少中、粗粒土的离散,宜按设计级配单份掺配的方式备料。

5种混合料的水泥剂量应为:水泥剂量0,最佳水泥剂量的±2%和±4%,每种剂量取两个试样,共10个试样,并分别放在10个大口聚乙烯桶内。土的含水率应等于工地预期达到的最佳含水率,土中所加的水应与工地所用的水相同。

(4) 取一个盛有试样的盛样器,在盛样器内加入2倍试样质量(湿料重)体积的10%氯化铵溶液(如湿料重为300g,则氯化铵溶液为600mL;湿料重为1 000g,则氯化铵溶液为2 000mL),料为300g,则搅拌3min(每分钟搅110~120次),料为1 000g,则搅拌5min。如用1 000mL具塞三角瓶,则手握三角瓶(瓶口向上)用力振荡3min(每分钟120次±5次),以代替搅拌棒搅拌。放置沉淀10min,然后将上部清液转移到300mL烧杯内,搅匀,加盖表面皿待测。

(5) 用移液管吸取上层(液面上1~2cm)悬浮液10.0mL放入200mL的三角瓶内,用量管量取1.8%氧氧化钠溶液50mL倒入三角瓶中,此时溶液pH值为12.5~13.0,然后加入钙红指示剂,摇匀,溶液呈玫瑰红色。记录滴走管中EDTA的体积V_1,然后用EDTA二钠标准液滴定,边滴定边摇匀,并仔细观察溶液的颜色,在溶液颜色变为紫色时,放慢滴定速度,并摇匀;直到变为纯蓝色为止,记录滴定管中 EDTA 二钠体积 V_2,V_1 和 V_2 的差值即为 EDTA 二钠的消耗量。

(6)对其他几个盛样器中的试样,用同样的方法进行试验,并记录各自的 EDTA 二钠的耗量。

(7)以同一水泥或石灰剂量稳定材料 EDTA 二钠消耗量(mL)的平均值为纵坐标,以水泥或石灰剂量(%)为横坐标制图。两者的关系应是一根顺滑的曲线,如图5-1所示。如素土、水泥或石灰改变,必须重做标准曲线。

5)试验步骤

(1)选取有代表性的无机结合料稳定材料。对稳定中、粗粒土取试样约3 000g,对稳定细粒土取试样约1 000g。

(2)对水泥或石灰稳定细粒土,称300g放在搪瓷杯中,用搅拌棒将结块搅散,加10%氯化铵溶液600mL;对水泥或石灰稳定中、粗粒土,可直接称取1 000g左右,放入10%氯化铵溶液2 000mL,然后如前述步骤进行试验。

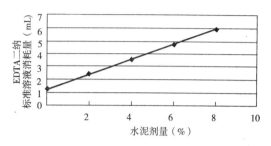

图5-1 EDTA 标准曲线

(3)利用所绘制的标准曲线,根据 EDTA 二钠消耗量,确定混合料中的水泥或石灰剂量。

6)结果整理

本试验应进行两次平行测定,取算术平均值,精确到0.1mL,允许重复性误差不得大于均值的5%,否则应重新进行试验。

5.3.4 含水率的测定方法(烘干法)

1)适用范围

本方法适用于测定水泥、石灰、粉煤灰及无机结合料稳定材料的含水率。

2)仪器设备

(1)水泥、粉煤灰、生石灰粉、消石灰和消石灰粉、稳定细粒土。

①烘箱:量程不小于110℃,控温精度为±2℃。

②铝盒:直径约50mm,高25~30mm。

③电子天平:量程不小于150g,感量0.01g。

④干燥器:直径200~250mm,并用硅胶做干燥剂。

(2)稳定中粒土。

①烘箱:同(1)中①。

②铝盒:能放样品500g以上。

③电子天平:量程不小于1 000g,感量0.1g。

④干燥器:同(1)中④。

(3)稳定粗粒土。

①烘箱:同(1)中①。

②大铝盒:能放样品2 000g以上。

③电子天平:量程不小于3 000g,感量0.1g。

④干燥器:同(1)中④。

3)试验步骤

(1)水泥、粉煤灰、生石灰粉、消石灰和消石灰粉、稳定细粒土。

①取清洁干燥的铝盒,称其质量 m_1,并精确至 0.01g;取约 50g 试样(对生石灰粉、消石灰和消石灰粉取 100g),经手工木槌粉碎后松放在铝盒中,应尽快盖上盒盖,尽量避免水分散失,称其质量 m_2,并精确至 0.01g。

②对于水泥稳定材料,将烘箱温度调到 110℃,对于其他材料,将烘箱调到 105℃。待烘箱达到设定的温度后,取下盒盖,并将盛有试样的铝盒放在盒盖上,然后一起放入烘箱中进行烘干,需要的烘干时间随试样种类和试样数量而改变。当冷却试样连续两次称量的差(每次间隔 4h)不超过原试样质量的 0.1% 时,即认为样品已烘干。

③烘干后,从烘箱中取出盛有试样的铝盒,并将盒盖盖紧。

④将盛有烘干试样的铝盒放入干燥器内冷却,然后称铝盒和烘干试样的质量 m_3,并精确至 0.01g。

(2)稳定中粒土:

①取清洁干燥的铝盒,称其质量 m_1,并精确至 0.1g。取 500g 试样经粉碎后放在铝盒中,盖上盒盖,称其质量 m_2,并精确至 0.1g。

②对于水泥稳定材料,将烘箱温度调到 110℃,对于其他材料,将烘箱调到 105℃。待烘箱达到设定的温度后,取下盒盖,并将盛有试样的铝盒放在盒盖上,然后一起放入烘箱中进行烘干,需要的烘干时间随土类和试样数量而改变。当冷却试样连续两次称量的差(每次间隔 4h)不超过原试样质量的 0.1% 时,即认为样品已烘干。

③烘干后,从烘箱中取出盛有试样的铝盒,并将盒盖盖紧,放置冷却。

④称铝盒和烘干试样的质量 m_3,并精确至 0.1g。

(3)稳定粗粒土:

①取清洁干燥的铝盒,称其质量 m_1,并精确至 0.1g。取 2 000g 试样经粉碎后松放在铝盒中,盖上盒盖,称其质量 m_2,并精确至 0.1g。

②对于水泥稳定材料,将烘箱温度调到 110℃,对于其他材料,将烘箱调到 105℃。待烘箱达到设定的温度后,取下盒盖,并将盛有试样的铝盒放在盒盖上,然后一起放入烘箱中进行烘干,需要的烘干时间随土类和试样数量而改变。当冷却试样连续两次称量的差(每次间隔 4h)不超过原试样质量的 0.1% 时,即认为样品已烘干。

③烘干后,从烘箱中取出盛有试样的铝盒,并将盒盖盖紧,放置冷却。

④称铝盒和供干试样的质量 m_3,并精确至 0.1g。

4)结果计算

用式(5-7)计算无机结合料稳定材料的含水率:

$$w = (m_2 - m_3)/(m_3 - m_1) \times 100\% \tag{5-7}$$

式中:w——无机结合料稳定材料的含水率(%);

m_1——铝盒的质量(g);

m_2——铝盒和湿稳定材料的合计质量(g);

m_3——铝盒和干稳定材料的合计质量(g)。

5)结果整理

本试验应进行两次平行测定,取算术平均值,保留至小数点后两位。允许重复性误差:含水率≤7%,允许误差≤0.5%;7% <含水率≤40%,允许误差≤1%,含水率>40%,允许误差≤2%。

5.3.5 无机结合料稳定材料击实试验方法

1) 适用范围

(1) 本试验方法适用于在规定的试筒内,对水泥稳定材料、石灰稳定材料及石灰(或水泥)粉煤灰稳定材料进行击实试验,以绘制稳定材料的含水率—干密度关系曲线,从而确定其最佳含水率和最大干密度。

(2) 试验集料的公称最大粒径宜控制在 37.5mm 以内(方孔筛)。

(3) 试验方法类别。本试验方法分三类,各类击实方法的主要参数列于表 5-11。

击实试验方法类别表 表 5-11

类别	锤质量(kg)	锤击面直径(cm)	落高(cm)	试样尺寸 内径(cm)	试样尺寸 高(cm)	试样尺寸 容积(cm³)	锤击层数	每层锤击数	平均单位击实功(J)	容许公称最大粒径(mm)
甲	4.5	5.0	45	10	12.7	997	5	27	2.687	19
乙	4.5	5.0	45	15.2	12.0	2 177	5	59	2.687	19
丙	4.5	5.0	45	15.2	12.0	2 177	3	98	2.687	37.5

2) 仪器设备

(1) 击实筒:内径 100mm、高 127mm 的金属圆筒,套环高 50mm;底座:内径 152mm、高 170mm 的金属圆筒,套环高 50mm;直径 151mm 和高 50mm 的筒内垫块,底座。

(2) 多功能自控电动击实仪:击锤的底面直径 50mm,总质量 4.5kg。击锤在导管内的总行程为 450mm。可设置击实次数,并保证击锤自由垂直落下,落高应为 450mm,锤迹均匀分布于试样面。

(3) 电子天平:量程 4 000g,感量 0.01g。

(4) 电子天平:量程 15kg,感量 0.1g。

(5) 方孔筛:孔径 53mm、37.5mm、26.5mm、19mm、4.75mm、2.36mm 筛各 1 个。

(6) 量筒:50mL、100mL 和 500mL 的量筒各 1 个。

(7) 直刮刀:长 200~250mm、宽 30mm、厚 3mm,一侧开口的直刮刀。

(8) 刮土刀:长 150~200mm、宽约 20mm 的刮刀。

(9) 工字形刮平尺:30mm×50mm×310mm,上下两面和侧面均刨平。

(10) 拌和工具:约 400mm×600mm×70mm 的长方形金属盘,拌和用平头小铲等。

(11) 脱模器、铝盒、烘箱、游标卡尺等其他用具。

3) 试验准备

(1) 将具有代表性的风干试料用木槌捣碎。土团均应捣碎到能通过 4.75mm 的筛孔。但应注意不使粒料的单个颗粒破碎或不使其破碎程度超过施工中拌和机械的破碎率。

(2) 如试料是细粒土,将已捣碎的具有代表性的土过 4.75mm 筛备用(用甲法或乙法做试验)。

(3) 如试料中含有粒径大于 4.75mm 的颗粒,则先将试料过 19mm 的筛,如存留在孔径为 19mm 筛中颗粒的含量不超过 10%,则过 26.5mm 筛,留作备用(用甲法或乙法做试验)。

(4) 如试料中粒径大于 19mm 的颗粒含量超过 10%,则将试料过 37.5mm 筛,如存留在孔径为 37.5mm 筛中颗粒的含量不超过 10%,则过 53mm 筛备用(用丙法做试验)。

(5)每次筛分后,均应记录超尺寸颗粒的百分率P。

(6)在预定做击实试验的前一天,取有代表性的试料测定其风干含水率。对于细粒土试样应不少于100g;对于中粒土应不少于1 000g;对粗粒土的各种集料,试样应不少于2 000g。

(7)在试验前用游标卡尺准确测量试模的内径、高和垫块的高,以计算试筒的容积。

4)试验步骤

(1)准备工作:在试验前应将试验所需要的各种仪器设备准备齐全,测量设备应满足精度要求;调试击实仪器,检查其运转是否正常。

(2)甲法:

①将已筛分的试样用四分法逐次分小,至最后取出10~15kg试料。再用四分法将已取出的试料分成5~6份,每份试料的干质量为2.0kg(对于细粒土)或2.5kg(对于各种中粒土)。

②预定5~6个不同含水率,依次相差0.5%~1.5%,且其中至少有两个大于和两个小于最佳含水率。

③按预定含水率制备试样。将1份试料平铺于金属盘内,将事先计算得到的该份试料中应加的水量均匀地喷洒在试料上,用小铲将试料充分拌和到均匀状态,然后装入密闭容器或塑料口袋内浸润备用。

浸润时间要求:黏性土12~24h,粉性土6~8h,砂性土、砂砾土、红土砂砾、级配砂砾等可以缩短到4h左右,含土很少的未筛分碎石、砂砾和砂可缩短到2h。浸润时间一般最长不超过24h。

应加水量按式(5-8)计算:

$$m_w = \left(\frac{m_n}{1+0.01\ w_n} + \frac{m_c}{1+0.01\ w_c} \right) \times 0.01w \tag{5-8}$$

式中:m_w——混合料中应加的水量(g);

w——要求达到的混合料的含水率(%);

m_n——混合料中素土(集料)的质量(g),其原始含水率为w_n,即风干含水率(%);

m_c——混合料中水泥或石灰的质量(g),其原始含水率为w_c(%)。

④将所需要的稳定剂水泥加到浸润后的试样中,并用小铲、泥刀或其他工具充分拌和到均匀状态。水泥应在土样击实前逐个加入,加有水泥的试样拌和后,应在1h内完成击实试验,拌和后超过1h的试样,应予作废。

⑤试筒套环与击实底板压紧密联结。将击实筒放在坚实地面上,用四分法取制备好的试样400~500g倒入筒内,整平其表面并稍加压紧,然后将其安装到多功能自控电动击实仪上,设定所需锤击次数,进行第一层试样的击实。第1层击实完后,检查该层高度是否合适,以便调整以后几层的试样用量。用刮土刀将已击实层的表面"拉毛",然后重复上述做法,进行其余4层试样的击实。最后一层试样击实后,试样超出筒顶的高度不得大于6mm,超出高度过大的试件应该作废。

⑥用刮土刀沿套环内壁削挖后,扭动并取下套环。齐筒顶细心刮平试样,并拆除底板。如试样底面略突出筒外或有孔洞,则应刮平或修补。最后用工字形刮平尺齐筒顶和筒底将试样刮平。擦净试筒的外壁,称其质量m_1。

⑦用脱模器推出筒内试样。从试样内部由上至下取两个有代表性的样品,测定其含水率,计算至0.1%。两个试样的含水率的差值不得大于1%。所取样品的数量见表5-12。如只取一个样品测定含水率,则样品的质量应为表5-12所列数值的2倍。擦净试筒,称重m_2。

测稳定材料含水率的样品质量　　　　表 5-12

公称最大粒径(mm)	样品质量(g)	公称最大粒径(mm)	样品质量(g)
2.36	约 50	37.5	约 1 000
19	约 300		

烘箱的温度应事先调整到110℃左右，以使放入的试样能立即在105～110℃的温度下烘干。

⑧按本方法③～⑦项的步骤进行其余含水率下稳定材料的击实和测定工作。

(3) 乙法：

在缺乏内径10cm的试筒以及在需要与承载比等试验结合起来进行时，采用乙法进行击实试验。本法更适宜于公称最大粒径达19mm的集料。

①将已过筛的试料用四分法逐次分小，至最后取出约30kg试料。再用四分法将所取试料分成5～6份，每份试料的干重约为4.4kg(细粒土)或5.5kg(中粒土)。

②以下各步的做法与甲法中②～⑧项相同，但应该先将垫块放入筒内底板上，然后加料并击实。所不同的是，每层需取制备好的试样约900g(对于水泥或石灰稳定细粒土)或1 100g(对于稳定中粒土)，每层的锤击次数为59次。

(4) 丙法：

①将已过筛的试料用四分法逐次分小，至最后取出约33kg。再用四分法将取出的试料分成6份(至少要5份)，每份重约5.5kg(风干质量)。

②预定5～6个不同含水率，依次相差0.5%～1.5%。在估计最佳含水率左右可只差1%，其余差1.5%。

③同甲法③项。

④同甲法④项。

⑤将试筒、套环与夯击底板紧密地联结在一起，并将垫块放在筒内底板上。击实筒应放在坚实的地面上，取制备好的试样1.8kg左右倒入筒内，整平其表面，并压紧。然后将其安装到多功能自控电动击实仪上，设定所需锤击次数，进行第1层试样的击实。第1层击实完后检查该层的高度是否合适，以便调整以后两层的试样用量。用刮土刀或螺丝刀将已击实的表面"拉毛"，然后重复上述做法，进行其余两试样的击实。最后一层试样击实后，试样超出试筒顶的高度不得大于6mm。超出高度过大的试件应该作废。

⑥用刮土刀沿套环内壁削挖，扭动并取下套环。齐筒顶细心刮平试样，并拆除底板，取走垫块。擦净试筒的外壁，称重 m_1。

⑦用脱模器推出筒内试样。从试样内部由上至下取两个有代表性的样品，测定其含水率，计算至0.1%，两个试样的含水率的差值不得大于1%。所取样品的数量应不少于700g，如只取一个样品测定含水率，则样品的数量应不少于400g。烘箱的温度应事先调整到110℃左右，以使放入的试样能立即在105～110℃的温度下烘干。擦净试筒，称重 m_2。

⑧按本款第③～⑦项进行其余含水率下稳定材料的击实和测定。凡已用过的试料，一律不再重复使用。

5) 结果计算

(1) 稳定材料湿密度计算：

按式(5-9)计算每次击实后稳定材料的湿密度：

$$\rho_w = (m_1 - m_2)/V \tag{5-9}$$

式中：ρ_w——稳定材料的湿密度（g/cm³）；
　　m_1——试筒与湿试样的总质量（g）；
　　m_2——试筒的质量（g）；
　　V——试筒的体积（cm³）。

（2）稳定材料干密度计算：

按式（5-10）计算每次击实后稳定材料的干密度：

$$\rho_d = \rho_w/(1+0.01w) \tag{5-10}$$

式中：ρ_d——试样的干密度（g/cm³）；
　　w——试样的含水率（%）。

（3）制图：

①以干密度为纵坐标，含水率为横坐标，绘制含水率—干密度曲线。曲线必须为凸形的，如试验点不足以连成完整的凸形曲线，则应该进行补充试验。

②将试验各点连成圆滑的曲线，曲线的峰值点对应的含水率及干密度即为最佳含水率和最大干密度。

（4）超尺寸颗粒的校正：

当试样中大于规定最大粒径的超尺寸颗粒的含量为5%～30%时，应对试验所得最大干密度和最佳含水率进行校正。

6）结果整理

（1）应做两次平行试验，取两次试验的平均值作为最大干密度和最佳含水率。两次重复性试验最大干密度的差不应超过0.05g/cm³（稳定细粒土）和0.08g/cm³（稳定中粒土和粗粒土），最佳含水率的差不应超过0.5%（最佳含水率小于10%）和1.0%（最佳含水率大于10%）。超过上述规定值，应重作试验，直到满足精度要求。

（2）混合料密度计算应保留小数点后三位有效数字，含水率保留小数点后1位有效数字。

5.3.6 无机结合稳定材料无侧限抗压强度试验方法

1）适用范围

本试验方法适用于测定无机结合料稳定材料（包括稳定细粒土、中粒土和粗粒土）试件的无侧限抗压强度。

2）仪器设备

（1）标准养护室。

（2）水槽：深度应大于试件高度50mm。

（3）压力机或万能试验机。

（4）电子天平：量程为15kg，感量为0.1g；量程为4 000g，感量为0.01g。

（5）量筒、拌和工具、漏头、大小铝盒、烘箱、球形支座等。

3）试件制备

（1）细粒土：试模的直径×高 = ϕ50mm×50mm；

中粒土：试模的直径×高 = ϕ100mm×100mm；

粗粒土：试模的直径×高 = ϕ150mm×150mm。

（2）按照无机结合料稳定材料试件制作方法（圆柱形），成型径高比为1:1圆柱形试件。

（3）按照无机结合料稳定材料养生试验方法进行7d的标准养生。

(4)将试件两顶面用刮刀刮平,必要时可用快凝水泥砂浆抹平试件顶面。

(5)为保证试验结果的可靠性和准确性,每组试件的数目要求为:小试件不少于6个,中试件不少于9个,大试件不少于13个。

4)试验步骤

(1)根据试验材料的类型和一般的工程经验,选择合理量程的测力计和压力机,试件破坏荷载应大于测力量程的20%且小于测力量程的80%。球形支座和上下顶板上涂抹机油,使球形支座能够灵活转动。

(2)将已浸水24h的试件从水中取出,用软布吸去试件表面的水分,并称试件的质量m_4。

(3)用游标卡尺量试件的高度h,精确到0.1mm。

(4)将试件放在路面材料强度试验仪上,并在升降台上先放一扁球座,进行抗压试验。试验过程中,应保持加载速率为1mm/min。记录试件破坏时的最大压力$P(N)$。

(5)从试件内部取有代表性的样品(经过打破),按照含水率试验方法(烘干法)测定其含水率w。

5)结果计算

试件的无侧限抗压强度按式(5-11)计算:

$$R_c = P/A \tag{5-11}$$

式中:R_c——试件的无侧限抗压强度(MPa);

P——试件破坏时的最大压力(N);

A——试件的截面积(mm^2);

D——试件的直径(mm)。

6)结果整理

(1)抗压强度保留一位小数。

(2)同一组试件试验中,采用3倍均方差方法计算异常值,小试件允许有1个异常值,中试件允许有1~2个异常值,大试件允许有2~3个异常值。异常值超过上述规定的试验无效,须重做。

(3)同一组试验的变异系数C_v(%)应符合下列规定,方可为有效试验:小试件$C_v \leq 6\%$,中试件$C_v \leq 10\%$,大试件$C_v \leq 15\%$。如不能保证试验结果的变异系数小于规定的值,则应按允许误差10%和90%的概率重新计算所需的试件数量,应增加试件数量并另做新试验。试验结果与原试验结果一并重新进行统计评定,直到变异系数满足上述规定。

5.3.7 无机结合料稳定材料室内抗压回弹模量试验方法(顶面法)

1)适用范围

本试验方法适用于在室内对无机结合料稳定材料进行抗压回弹模量试验。

2)仪器设备

(1)压力机或万能试验机。

(2)测形变装置。

(3)千分表(1/1 000mm)2只。

(4)标准养护室。

(5)水槽:深度应大于试件高度50mm。

(6)天平:量程4 000g,感量0.01g;量程15kg,感量0.1g。

(7)机油若干、球形支座、适合测试范围的测力计、圆形钢板等。

3)试件制备

(1)细粒式和中粒式混合料成型 $\phi 100mm \times 100mm$ 试件,粗粒式混合料成型 $\phi 150mm \times 150mm$ 试件。

(2)按照击实法确定无机结合料稳定材料的最佳含水率和最大干密度。

(3)试件数量。对于无机结合料稳定细粒土,应制不少于6个试件,并要求模量试验结果的变异系数不超过10%;对于无机结合料稳定中粒土,应制不少于9个试件,并要求模量试验结果的变异系数不超过10%;对于无机结合料稳定粗粒土,应制不少于15个试件,并要求模量试验结果的变异系数不超过15%。

(4)按照无机结合料稳定材料试件制作方法(圆柱形)制备试件。

(5)按照无机结合料稳定材料养生试验方法进行养生,水泥稳定类土养生龄期为90d,石灰或粉煤灰稳定类土养生龄期180d。

(6)圆柱形试件的两个端面应用水泥净浆彻底抹平。将试件直立桌上,在上端面用早强高强水泥净浆薄涂一层后,在表面撒少许0.25~0.5mm的细砂,将大于试件直径的平面圆形钢板放在顶面,加压旋转圆钢板,使顶面齐平。边旋转边平移并迅速取下钢板。如有净浆被钢板黏去,则重新用净浆抹平,并重复上述步骤。一个端面整平后,放置4h以上,然后将另一端面同样整平。整平应该达到:加载板放在试件顶面后,在任一方向都不会翘动。试件整平后放置8h以上。

(7)将端面已经处理平整的试件饱水24h,要求水面高于试件顶面约2.5cm。

4)试验步骤

(1)根据试验材料的类型和一般的工程经验,选择合理量程的测力计和试验机,被测试件的压力应在量程的20%~80%。

(2)加载板上的计算单位压力的选定值:对于无机结合料稳定基层材料,用0.5~0.7MPa,对于无机结合料稳定底基层材料,用0.2~0.4MPa,实际加载最大单位压力应略大于选定值。

(3)将试件浸水24h后从水中取出并用布擦干后放在加载底板上,在试件顶面撒少量0.25~0.5mm的细砂,并手压加载板在试件顶面边加压边旋转,使细砂填补表面微观的不平整,并使多余的砂流出,以增加顶板与试件的接触面积。

(4)安置千分表,使千分表的脚支在加载顶板直径线的两侧并离试件中心距离大致相等。

(5)将带有试件的测形变装置放到路面材料强度试验仪的升降台上,调整升降台的高度,使测力环下端的压头中心与加载板的中心接触。

(6)预压:先用拟施加的最大荷载的一半进行两次加荷卸荷预压试验,使加载顶板与试件表面紧密接触。每2次卸载后等待1min,然后将千分表的短指针调到中间位置,并将长指针调到零,记录千分表的原始读数。

(7)回弹形变测量:将预定的单位压力分成5~6等分,作为每次施加的压力值。实际施加的荷载应较预定级数增加一级。施加第1级荷载,待荷载作用达1min时,记录千分表的读数,同时卸去荷载,让试件的弹性形变恢复。到0.5min时记录千分表的读数,施加第2级荷载,同前待荷载作用1min,记录千分表的读数,卸去荷载。卸荷后达0.5min时,再记录千分表的读数,并施加第3级荷载。逐级进行,直至记录下最后一级荷载下的回弹形变。

5)结果计算

(1)按式(5-12)计算每级荷载下的回弹形变 L。

$$L = 加载时读数 - 卸载时读数 \quad (5\text{-}12)$$

(2)以单位压力 P 为横坐标(向右),以回弹形变 L 为纵坐标(向下),绘制 P 与 L 的关系曲线,修正曲线开始段的虚假形变。修正时,一般情况下将第 1 个和第 2 个试验点取成直线,并延长此直线与纵坐标轴相交,此交点即为新原点,如图5-2所示。

(3)用加载板上的计算单位压力 P 以及与相应的回弹形变 L 按式(5-13)计算回弹模量:

$$E_c = Ph/L \quad (5\text{-}13)$$

式中:E_c——抗压回弹模量(MPa);

P——单位压力(MPa);

h——试件高度(mm);

L——试件回弹变形(mm)。

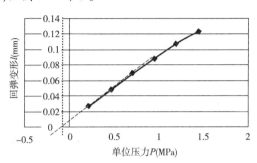

图5-2 单位压力与回弹变形关系曲线

6)结果整理

(1)抗压回弹模量用整数表示。

(2)同一组试件试验中,采用 3 倍均方差方法剔除异常值,大试件 2~3 个异常值。异常值超过上述规定的试验重做。

(3)对于无机结合料稳定细粒土、中粒土,变异系数不超过 10%;粗粒土,变异系数不超过 15%。如不能保证变异系数小于上述规定,则还应按允许误差 10% 和 90% 的概率重新计算增加试件数量,并另做新试验。试验结果与原试验结果一并重新进行统计评定,直到变异系数满足上述规定。

模块6 钢材试验

6.1 钢材的生产及组成

6.1.1 钢材的概念

钢是以铁为主要元素,含碳量小于2.06%,并含有其他元素的铁碳合金,由生铁冶炼、脱氧而成。钢经过铸锭加工后成为型材、板材和钢筋,它们统称为钢材。钢材被用于各类混凝土及预应力混凝土结构中。要求其具有较高的强度、良好的塑性、可焊性和冲击韧性,以满足相应结构需要承受的车辆荷载作用和大气等各种自然因素的考验。

本项目只对钢筋混凝土和预应力混凝土结构中所用的钢材进行简单介绍。

(1)钢筋混凝土用热轧光圆钢筋。钢筋混凝土用热轧光圆钢筋是指经热乳成型并自然冷却的成品、横截面为圆形且表面光滑的钢筋混凝土配筋用钢材。

(2)钢筋混凝土用热轧带肋钢筋。钢筋混凝土用热轧带肋钢筋是指钢筋混凝土配筋用的直条或盘条状钢材,通常带有两道纵肋和沿长度方向均匀分布的横肋。此类钢筋在混凝土中主要承受拉应力。

(3)预应力混凝土用钢绞线。钢绞线是由2根或3根或7根钢丝捻制的,其中用得最多的是由7根圆形断面钢丝捻制而成,做预应力混凝土配筋用的钢绞线,简称预应力钢绞线。钢绞线按左捻制成,并经回火处理,消除内应力。它具有强度高、柔性好、质量稳定、成盘供应、不需接头等优点。适用于大型建筑、公路或铁路桥梁等大跨度预应力混凝土构件。

6.1.2 钢材的特点

钢材具有强度高、塑性好、韧性高、能经受冲击、品种均匀、性能可靠等优点,可以对其进行热处理和冷加工,又可以进行焊接、铆接和切割,便于装配成大型构件和构筑物等。带肋钢筋由于表面肋的作用,和混凝土有较大的黏结能力,因而能更好地承受外力的作用。钢材广泛用于各种建筑结构,几乎所有的混凝土结构物中都有应用,特别是大、中桥梁。其主要缺点是易锈蚀、维护费用高。

6.1.3 钢材的组成

(1)碳。碳是钢中除铁之外含量最多的元素,是决定钢性能的主要元素。含碳量多时,钢的屈服强度、强度极限及硬度相应提高,而伸长率、断面收缩率及冲击韧性则相应降低。

(2)锰。锰是低合金钢的重要合金元素,它可减轻硫的有害作用,消除钢的热脆性,改善加工性能。钢中含锰量增加时,其强度、硬度和耐磨性都提高。碳钢中锰含量一般低于0.8%。

(3)硅。硅在钢中也是一种有益元素。硅含量少时,仅作为少量杂质存在,对钢的性能无显著影响。随硅含量的增高,钢的强度、弹性及硬度都升高,而韧性、塑性及锻造和焊接性均降低。碳钢中含硅量通常小于 0.35%。

(4)硫。硫是由炼钢原料带入钢中的有害元素。硫的含量虽然很低,但它的存在使钢质变脆,并降低抗蚀性,而且对焊接也不利。规定普通碳素钢含硫量不大于 0.045%,优质钢含硫量不大于 0.035%。

(5)磷。磷是由炼钢原料带入钢中的有害元素。磷会显著降低钢材的塑性、韧性、冷弯性能和可焊性,特别是在低温下冲击韧性下降更为明显,常把这种现象称为冷脆性。但磷可使钢材的强度、耐蚀性提高,因此钢中含磷量要严格控制。规定普通碳素钢含磷量不大于 0.040%,优质钢含磷量不大于 0.030%。

(6)氧、氮。氧、氮都是钢中的有害元素,可显著降低钢的塑性、韧性、冷弯性能和可焊性。

综上可知,化学元素对钢材的性能影响很大。其中,碳、锰、硅是碳素钢的有益元素,而硫、磷、氧、氮等微量元素则是钢材的有害元素,应严格按照规范控制其含量,以保证钢材的力学性能和工艺性能。

6.1.4 钢材的分类

钢材的分类方法很多,常用的分类方法如下:

1)按化学成分分类

(1)碳素钢:含少量硫、磷杂质的铁碳合金。根据碳元素在钢中的含量不同,又可分类如下。

低碳钢:碳含量 <0.25%,软韧、易加工,是建筑工程的主要用钢,如Ⅰ级钢筋。

中碳钢:碳含量为 0.25%~0.6%,较硬,多用于机械部件,如Ⅱ级钢筋。

高碳钢:碳含量 >0.6%,很硬,是一般工具的主要用钢,如碳素钢丝。

(2)合金钢:在低碳素钢或中碳素钢冶炼时添加合金元素(锰、硅、钛、铬、铌等),获得强度高且综合性能好的钢种。其主要牌号有 20 锰硅和 20 锰铌的 HRB335 钢、25 锰硅的 HRB400 钢。根据合金元素掺入的总量,又可分类如下。

低合金钢:合金元素总量 <5%;

中合金钢:合金元素总量为 5%~10%;

高合金钢:合金元素总量 >10%。

2)按有害杂质含量不同分类

根据钢中硫、磷杂质元素的含量不同,又可分类如下。

普通碳素钢:硫含量≤0.055%,磷含量≤0.040%;

优质碳素钢:硫含量为 0.030%~0.040%,磷含量≤0.040%;

高级优质碳素钢:硫含量为 0.020%~0.030%,磷含量≤0.035%。

3)按生产工艺分类

热轧钢筋:钢锭或连铸坯在高温时用轧钢机轧制,而不再经过任何处理的钢筋。

冷拉钢筋:一般在工地上,将热轧钢筋在常温下,拉到屈服点以上、极限强度以下的一定强度,卸荷后可使原钢筋的屈服点、极限强度和硬度都得到提高。

冷拔低碳钢丝:将直径为 6~10mm 的热轧光圆钢筋,一般在厂内或有条件的工地,通过拔丝模具多次强力冷拔卸荷后,使原钢筋直径减小,塑性降低,极限强度大为提高。

热处理钢筋:将热轧螺纹钢筋经淬火和回火调质热处理而成。调质热处理提高了热轧螺纹钢筋的抗拉强度并改善了其性能,可使热轧普通钢筋的抗拉强度提高到预应力筋所需要的抗拉强度。

碳素钢丝:通称高强钢丝,由含碳量为0.25%~0.6%,含磷量及含硫量小于0.05%的优质碳素钢制成。分为矫直回火和冷拉两种,直径为3~5mm。

刻痕钢丝:由碳素钢丝经压痕机轧制而成。

钢绞线:一般由7根直径为2.5~5mm碳素钢丝编绞而成,成股直径为9~15mm。

4) 按用途分类

钢的用途与其形状有关,所以按用途分类实际上是按形状来分类。

桥梁用钢按其形状分类可分为型材、棒材(或线材)和异型材(特种形状)等三类。型材主要包括型钢和钢板,主要用于钢桥建筑;线材主要包括钢筋、预应力钢筋、高强钢丝和钢绞线等,是钢筋混凝土建筑中使用的重要材料之一;异型材是为特殊用途制作的,如预应力混凝土桥梁中的锚具、夹具和大变形伸缩件中使用的异型钢梁等。

5) 按使用性能和力学性能分类

普通钢筋:仅做非预应力钢筋使用。

预应力混凝土用钢筋:目前使用的有热处理钢筋、矫直回火钢丝、冷拉钢丝、刻痕钢丝、钢绞线等,使用最多的是钢绞线。用7根钢丝捻制的为标准型钢绞线。

6) 按直径分类

可分为:钢丝(直径为3~5mm)、细钢筋(直径为6~10mm)、中粗钢筋(直径为12~20mm)、粗钢筋(直径大于20mm)。

7) 按供应形式分类

可分为盘圆钢筋(直径为6~10mm)和直条钢筋(直径为6~12mm)。

8) 按钢筋的轧制外形分类

可分为光面圆钢筋、变形钢筋和刻痕钢筋。

6.1.5 钢材的用途

土木工程中常用的钢材有钢结构用型钢和钢筋混凝土结构用钢筋、钢丝两大类。

1) 钢筋

钢筋主要用于混凝土结构,分为普通钢筋和预应力钢筋。主要有以下几种:

(1) 热轧钢筋:热轧钢筋是钢筋混凝土用普通钢筋的主要品种,从外形可分为光圆钢筋和带肋钢筋。与光圆钢筋相比,带肋钢筋与混凝土之间的握裹力大,共同工作的性能较好。

热轧光圆钢筋是指经热轧成型、表面光滑的成品钢筋,横截面通常为圆形。热轧光圆钢筋的牌号由HPB和屈服强度特征值构成,HPB是热轧光圆钢筋的英文缩写。光圆钢筋的种类有HPB235和HPB300。

带肋钢筋是指横截面通常为圆形且表面带肋的混凝土结构用钢材。热轧带肋钢筋的种类有普通热轧钢筋HRB335、HRB400、HRB500和细晶粒热轧钢筋HRBF335、HRBF400、HRBF500。

(2) 冷轧带肋钢筋:冷轧带肋钢筋是用热轧盘条经多道冷轧减径,一道压肋并经消除内应力后形成的一种带有两面或三面月牙形的钢筋。

冷轧带肋钢筋的牌号由CRB和钢筋的抗拉强度最小值构成。冷轧带肋钢筋分为CRB550、

CRB650、CRB800、CRB970 和 CRB1170 五个牌号。CRB550 为普通钢筋混凝土用钢筋,其他牌号为预应力混凝土钢筋。

(3)冷轧扭钢筋:冷轧扭钢筋是以热轧Ⅰ级盘圆为原料,经专用生产线,先冷轧扁,再冷扭转,从而形成系列螺旋状直条钢筋。

冷轧扭钢筋在力学性能、工艺性能、使用性能等方面具有下列优势特点,从而使其在建筑行业中大显其能:

①具有良好的塑性和较高的抗拉强度。

②螺旋状外形大大提高了与混凝土的握裹力,改善了构件受力性能,使混凝土构件具有承载力高、刚度好、破坏前有明显预兆等特点。

③冷轧扭钢筋可按工程需要定尺供料,使用中不需再做弯钩;钢筋的刚性好,绑扎后不易变形和移位,对保证工程质量极为有利,特别适用于现浇板类工程。

④冷轧扭钢筋的生产与加工合二为一,产品商品化、系列化,与用Ⅰ级钢筋相比,可节约钢材 30% ~40%,节省工程资金 15% ~20%。

(4)预应力混凝土用钢丝和钢绞线:预应力混凝土用钢丝和钢绞线是应用优质碳素结构钢制作,经冷拉或冷拉后消除应力处理制成。

按加工状态分为冷拉钢丝(代号为 RCD)和消除应力光圆钢丝(代号为 S)、消除应力刻痕钢丝(代号为 SI)、消除应力螺旋肋钢丝(代号为 SH)四种。

刻痕钢丝与螺旋肋钢丝与混凝土的黏结力好,即钢丝与混凝土的整体性好;消除应力钢丝的塑性比冷拉钢丝好。

按松弛性能分为低(Ⅱ级)松弛钢丝和普通(Ⅰ级)松弛钢丝两种。

预应力混凝土用钢丝与钢绞线具有强度高、柔性好、松弛率低、抗腐蚀性强、无接头、质量稳定、安全可靠等特点,主要用于大跨度屋架及薄腹梁、大跨度吊车梁、桥梁等的预应力结构。

2)型钢

(1)热轧型钢:钢结构常用的型钢有工字钢、H 型钢、T 型钢、槽钢、角钢等。型钢由于截面形式合理,材料在截面上的分布对受力有利,且构件间连接方便,所以是钢结构中采用的主要钢材。

我国钢结构用热轧型钢主要采用碳素结构钢和低合金高强度结构钢。在碳素结构钢中,主要采用 Q235 钢,但焊接结构和重要结构采用 Q235 - A 时,应保证焊接性能和冷弯性能。在低合金、高强度结构钢中,主要采用 Q345 钢、Q390 钢和 Q420 钢,可用于大跨度、高耸结构以及承受动荷载的钢结构。

(2)冷弯薄壁型钢:冷弯薄壁型钢通常是由 2 ~6mm 的薄钢板经冷弯或模压而成,具体有结构用冷弯空心型钢和通用冷弯开口型钢,按形状有角钢、槽钢等开口薄壁型钢及方形、矩形等空心薄壁型钢,可用于轻型钢结构。

3)钢板

钢板是一种宽厚比和表面积都很大的扁平钢材。按厚度不同分薄板(厚度 <4mm)、中板(厚度 4 ~25mm)和厚板(厚度 >25mm)三种。钢带包括在钢板类内。

4)钢管类

钢管是一种中空截面的长条钢材。按其截面形状不同可分圆管、方形管、六角形管和各种异形截面钢管。按加工工艺不同又可分无缝钢管和焊管钢管两大类。

6.2 普通钢筋的主要力学性能指标

钢材的力学性能主要有强度、塑性、冷弯性能、硬度、冲击韧性、耐疲劳性和良好的焊接性。

1) 抗拉性能

在外力作用下,材料抵抗变形和断裂的能力称为强度。测定钢材强度的主要方法是拉伸试验。钢材受拉时,在产生应力的同时,相应地产生应变。应力和应变的关系反映出钢材的主要力学特征。

拉伸性能是建筑钢材最重要的性能。通过对钢材进行抗拉试验所测得的弹性模量、屈服强度、抗拉强度和伸长率是钢材的四个重要技术性质指标。

(1) 弹性模量:钢材受力初期,应力与应变成比例地增长,应力与应变之比为常数,称为弹性模量,即弹性模量反映了材料受力时抵抗弹性变形的能力,即材料的刚度,它是钢材在静荷载作用下计算结构变形的一个重要指标。

(2) 弹性极限:应力超过比例极限后,应力—应变曲线略有弯曲,应力与应变不再成正比例关系,但卸去外力时,试件变形能立即消失,此阶段产生的变形是弹性变形。不产生残留塑性变形的最大应力称为弹性极限。

(3) 屈服强度:当金属材料出现屈服现象时,在试验期间发生塑性变形而力不增加的应力点,应区分上屈服强度和下屈服强度。

上屈服强度:试样发生屈服而力首次下降前的最高应力(图6-1)。

下屈服强度:在屈服期间,不计初始瞬时效应时的最低应力(图6-1)。

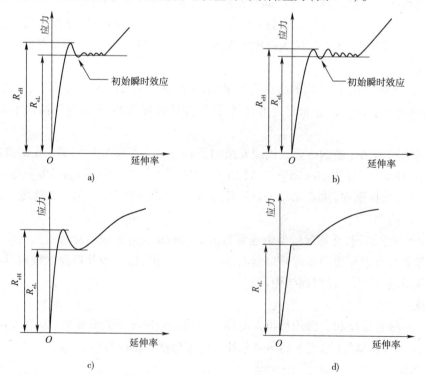

图6-1 不同曲线类型上的上屈服强度和下屈服强度

(4) 抗拉强度:当钢材屈服到一定程度后,由于内部晶粒重新排列,其抵抗变形能力又重新提高,此时变形虽然发展很快,但却只能随着应力的提高而提高,直至应力达最大值。此后,钢材抵抗变形的能力明显降低,并在最薄弱处发生较大的塑性变形,此处试件截面迅速缩小,出现颈缩现象,直至断裂破坏。试样在屈服阶段之后所能抵抗的最大力,对于无明显屈服(连续屈服)的金属材料,为试验期间的最大力,相应最大力(F_m)的应力为抗拉强度。

(5)规定非比例延伸强度 R_p：非比例延伸率等于规定的引伸计标距百分率时的应力。使用的符号应附以下脚注说明所规定的百分率。

(6)规定总延伸强度 R_t：总延伸率等于规定的引伸计标距百分率时的应力。使用的符号应附以下脚注说明所规定的百分率。

(7)规定残余延伸强度 R_r：卸除应力后残余延伸率等于规定的引伸计标距百分率时对应的应力。使用的符号应附以下脚注说明所规定的百分率。

2)塑性

塑性是钢材在受力破坏前可以经受永久变形的性能,通常用伸长率和断面收缩率表示。

(1)伸长率:它是钢材在拉伸试验中发生断裂时所能承受的永久变形的能力。试件拉断后标距长度的增量与原标距长度之比的百分率即为伸长率。

伸长率是衡量钢材塑性的重要指标,伸长率越大,钢材的塑性越好。有明显屈服点的钢材都有较高的伸长率和较大的塑性。塑性良好的钢材,偶尔遇到超载,将产生塑性变形,使内部应力重新分布,不致由于应力集中造成脆性断裂而发生突然破坏;相反塑性小的钢材,钢质硬脆,超载后易脆断破坏。

伸长率的大小与试件尺寸有关,一般规定试件计算长度为其直径的5倍或10倍,伸长率分别用 δ_5、δ_{10} 表示。通常以伸长率的大小来区别钢材塑性的好坏,伸长率越大,表明钢材的塑性越好。当 $\delta > 5\%$ 时,称为塑性材料,如钢、铁等;当 $\delta < 5\%$ 时,称为脆性材料,如铸铁等。

通过拉伸试验可以测得屈服强度、抗拉强度和伸长率。

(2)断面收缩率:断面收缩率也是反映钢材塑性的指标,它是试件拉断后缩颈处横断面积的最大缩减量占横截面积的百分率。

3)冲击韧性

冲击韧性是钢材抵抗冲击荷载作用的能力,用冲断试件所需的能量表示。它是衡量钢材抵抗脆性破坏的力学性能指标。将有缺口的试件放在冲击试验机的支座上,用摆锤打断试件,测得试件单位面积上所消耗的功,作为冲击韧性指标。该值越大,钢材在断裂时所吸收的能量越多,则冲击韧性越好。

对于重要钢结构及使用时承受动荷载作用的结构,必须对其钢材的冲击韧性予以鉴定。

4)硬度

钢材表面局部体积内抵抗更硬物体压入而引起塑性变形的抗力称为硬度。常用的测定钢材硬度的方法是布氏法,所测的硬度称为布氏硬度。另外还有洛氏法和维氏法。

布氏硬度试验,是用直径为 $D(mm)$ 的硬钢球,在一定荷载 $P(N)$ 作用下压入钢材表面,并持续一定时间后卸荷,量出压痕直径 $d(mm)$,计算每单位压痕球面积所承受的荷载,即为布氏硬度(HB)。硬度的大小,既可判断钢材的软硬程度,也可以近似地估计钢材的抗拉强度。硬度越大,即表明钢材抵抗塑性变形能力越大,钢材产生塑性变形越困难。

5)耐疲劳性

钢材若在交变应力(随时间作周期性交替变更的应力)的反复作用下,往往在工作应力远小于抗拉强度时发生骤然断裂,这种现象称为疲劳破坏。钢材抵抗疲劳破坏的能力称为耐疲劳性。

6) 冷弯性能

冷弯性能是钢材在常温条件下承受规定弯曲程度的弯曲变形能力，并可在弯曲中显示钢材缺陷的一种工艺性能。钢筋混凝土所用的钢材，多需进行弯曲加工，因此必须满足冷弯性能的要求。

冷弯性能是以规定尺寸试件，在常温下进行弯曲试验，弯曲性能用弯曲角度、弯心的直径与试件的厚度（或直径）比值表示。能承受的弯曲角度越大，弯心直径与试件厚度（或直径）比越小，则表示该钢材的弯曲性能越好。按规定试件弯曲处不产生裂纹、断裂和起层等现象即认为冷弯性能合格。

冷弯是检验钢材塑性的一种方法，并与伸长率存在着必然的联系。伸长率大的钢材，其冷弯性能必然好，但冷弯试验对钢材塑性的评定比拉伸试验更严格、更敏感。冷弯有助于暴露钢材中的气孔、杂质、裂纹等缺陷。钢材的局部脆性及接头缺陷都可在焊接中的冷弯发现，所以钢材的冷弯不仅是评定塑性、加工性能的要求，而且也是评定焊接质量的重要指标之一。对于重要结构和弯曲成型的钢材，冷弯必须合格。

7) 焊接性能

建筑工程中，钢材间的连接，90%以上采用焊接方式。因此，要求钢材应有良好的焊接性能。焊接的质量取决于钢材与焊接材料的可焊性及其焊接工艺。可焊性是指在一定的焊接工艺条件下，在焊缝及附近过热区不产生裂缝及硬脆倾向。可焊性好的钢材，焊接后在焊缝处的力学性能尤其是强度应与母材性质基本相同，以保证焊接牢固可靠。

焊接性受化学成分及其含量的影响。含碳量小的碳素钢具有良好的可焊性，硫、磷及气体杂质使可焊性降低。

8) 腐蚀性

钢材因受周围介质的化学作用而逐渐破坏的现象称为腐蚀，也称锈蚀。产生腐蚀的原因有两种，即化学锈蚀和电化学锈蚀。

6.3 普通钢筋的力学性能测试

6.3.1 拉伸试验

1) 适用范围

本方法适用于金属材料室温拉伸性能的测定，但对于小横截面尺寸的金属产品，例如金属箔超细丝和毛细管等的拉伸试验需要协议。

2) 仪器设备

万能试验机（图6-2）、引伸计（图6-3）、试样尺寸测量仪器等。

3) 试验原理

试验系用拉力拉伸试样，一般拉至断裂，测定六种延性性能 A、A_t、A_{gt}、A_g、A_e、z 和六种强度性能 R_{eH}、R_{eL}、R_p、R_t、R_r、R_m 中的一项或几项力学性能。

除非另有规定，试验一般在室温10～35℃范围内进行。对温度要求严格的试验，试验温度应为23℃±5℃。

图6-2 万能试验机　　　图6-3 引伸计

4）拉伸性能的测定

（1）断后伸长率 A 和断裂总伸长率 A_t 的测定：

①为了测定断后伸长率,应将试样断裂的部分仔细地配接在一起使其轴线处于同一直线上,并采取特别措施,确保试样断裂部分适当接触后测量试样断后标距。这对小横截面试样和低伸长率试样尤为重要。

应使用分辨力优于 0.1mm 的量具或测量装置测定断后标距 L_u,精确到 ±0.25mm。如规定的最小断后伸长率小于5%,建议采用特殊方法进行测定。

原则上只有断裂处与最接近的标距标记的距离不小于原始标距的1/3情况方为有效。但断后伸长率大于或等于规定值,不管断裂位置处于何处测量均为有效。

②能用引伸计测定断裂延伸的试验机,引伸计标距 L_e,应等于试样原始标距 L_0,无须标出试样原始标距的标记。以断裂时的总延伸作为伸长测量时,为了得到断后伸长率,应从总延伸中扣除弹性延伸部分。原则上,断裂发生在引伸计标距以内方为有效,但断后伸长率等于或大于规定值,不管断裂位置处于何处测量均为有效。

注：如产品标准规定用一固定标距测定断后伸长率,引伸计标距应等于这一标距。

③试验前通过协议,可以在一固定标距测定断后伸长率,然后使用换算公式或换算表将其换算成比例标距的断后伸长率：

注：仅当标距或引伸计标距、横截面的形状和面积均为相同时,或当比例系数 k 相同时,断后伸长率才具有可比性。

④为了避免因发生在①中规定的范围以外的断裂而造成试样报废,可以采用移位方法测定断后伸长率。

⑤按照②中测定的断裂总延伸除以试样原始标距得到断裂总伸长率。

（2）最大力总伸长率 A_{gt} 和最大力非比例伸长率 A_g 的测定：

在用引伸计得到的力—延伸曲线图上测定最大力时的总延伸。最大力总伸长率按照式(6-1)计算：

$$A_{gt} = \Delta L_m / L_e \times 100\% \quad (6-1)$$

从最大力时的总延伸中扣除弹性延伸部分即得到最大力时的非比例延伸,将其除以引伸计标距得到最大力非比例伸长率 A_g。

（3）屈服点延伸率 A_e 的测定：

按照定义和根据力—延伸曲线图测定屈服点延伸率。试验时记录力—延伸曲线,直至达到均匀加工硬化阶段。在曲线图上,经过屈服阶段结束点画一条平行于曲线的弹性直线段的平行线,此平行线在曲线图的延伸轴上的截距即为屈服点延伸,屈服点延伸除以引伸计标距得到屈服点延伸率(图6-4),试验报告中应报告引伸计标距。

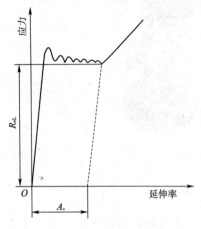

图6-4 屈服点延伸率

(4)上屈服强度R_{eH}和下屈服强度R_{eL}的测定:

①呈现明显屈服(不连续屈服)现象的金属材料,相关产品标准应规定测定上屈服强度或下屈服强度或两者。如未具体规定,应测定上屈服强度和下屈服强度。

a. 图解方法:试验时,记录力—延伸曲线或力—位移曲线。从曲线图读取力首次下降前的最大力和不计初始瞬时效应时屈服阶段中的最小力或屈服平台的恒定力。将其分别除以试样原始横截面积S_0得到上屈服强度和下屈服强度(图6-1)。仲裁试验采用图解方法。

b. 指针方法:试验时,读取测力度盘指针首次回转前指示的最大力和不计初始瞬时效应时屈服阶段中指示的最小力或首次停止转动指示的恒定力。将其分别除以试样原始横截面积S_0得到上屈服强度和下屈服强度。

②可以使用自动装置或自动测试系统测定上屈服强度和下屈服强度,可以不绘制拉伸曲线图。

(5)规定非比例延伸强度R_p的测定:

①根据力—延伸曲线图测定规定非比例延伸强度。在曲线图上,画一条与曲线的弹性直线段部分平行,且在延伸轴上与此直线段的距离等效于规定非比例延伸率,例如0.2%的直线。此平行线与曲线的交截点给出相应于所求规定非比例延伸强度的力。此力除以试样原始横截面积S_0得到规定非比例延伸强度(图6-5)。

②可以使用自动装置或自动测试系统测定规定非比例延伸强度,可不绘制力延伸曲线图。

③日常一般试验允许采用绘制力—夹头位移曲线的方法测定规定非比例延伸率等于或大于0.2%的规定非比例延伸强度。仲裁试验不采用此方法。

(6)规定总延伸强度R_t的测定:

①在力—延伸曲线图上,画一条平行于力轴并与该轴的距离等效于规定总延伸率的平行线,此平行线与曲线的交截点给出相应于规定总延伸强度的力,此力除以试样原始横截面积S_0得到规定总延伸强度(图6-6)。

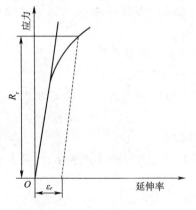

图6-5 非比例延伸强度

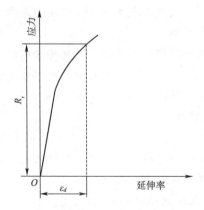

图6-6 规定总延伸强度

②可以使用自动装置或自动测试系统测定规定总延伸强度,可以不绘制力延伸曲线图。

(7)规定残余延伸强度R_r的验证方法:

试样施加相应于规定残余延伸强度的力,保持力10~12s,卸除力后验证残余延伸率未超过规定百分率(图6-7)。

(8)抗拉强度R_m的测定:

对于呈现明显屈服(不连续屈服)现象的金属材料,从记录的力—延伸或力—位移曲线图,或从测力度盘,读取过了屈服阶段之后的最大力(图6-8)。

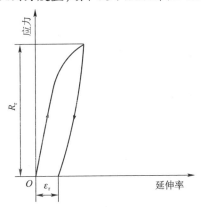

图6-7 规定残余延伸强度R_r　　图6-8 最大力F_m

对于呈现无明显屈服(不连续屈服)现象的金属材料,从记录的力—延伸或力—位移曲线图,或从测力度盘,读取试验过程中的最大力。最大力除以试样原始横截面积S_0得到抗拉强度。

(9)断面收缩率Z的测定:

①按照定义测定断面收缩率。断裂后最小横截面积的测定应精确到±2%。

②将试样断裂部分仔细地配接在一起,使其轴线处于同一直线上。对于圆形横截面试样,在缩颈最小处相互垂直方向测量直径,取其算术平均值计算最小横截面积;对于矩形横截面试样,测量缩颈处的最大宽度和最小厚度,两者之乘积为断后最小横截面积。原始横截面积S_0与断后最小横截面积S_u之差除以原始横截面积的百分率得到断面收缩率。

③薄板和薄带试样、管材全截面试样、圆管纵向弧形试样和其他复杂横截面试样及直径小于3mm试样,一般不测定断面收缩率。如要求,应双方商定测定方法,断后最小横截面积的测定准确度亦应符合①的要求。

6.3.2 金属材料弯曲试验方法

1)适用范围

本方法适用于金属材料相关产品标准规定试样的弯曲试验,测定其弯曲塑性变形能力,但不适用金属管材和金属焊接接头的弯曲试验。

2)仪器设备

钢筋弯曲机(图6-9)。

3)试验原理

弯曲试验是以圆形、方形、矩形或多边形横截面试样在弯曲装置上经受弯曲塑性变形,不改变加力方向,直接

图6-9 钢筋弯曲机

达到规定的弯曲角度。

弯曲试验时,试样两臂的轴线保持在垂直于弯曲轴的平面内。如为弯曲 180°角的弯曲试验,按照相关产品标准的要求,将试样弯曲至两臂相距规定距离且相互平行或两臂直接接触。

4) 试样制备

(1) 试验使用圆形、方形、矩形或多边形横截面的试样,样坯的切取位置和方向应按照相关产品标准的要求。如未具体规定,按照《钢及钢产品力学性能实验取样位置及试样制备》(GB/T 2975—1998) 的要求,试样应通过机加工去除由于剪切或火焰切割等影响了材料性能的部分。

(2) 试样表面不得有划痕和损伤,方形、矩形和多边形横截面试样的棱边应倒圆,倒圆半径不超过试样厚度的 1/10 棱边,倒圆时不应形成影响试验结果的横向毛刺、伤痕或刻痕。

(3) 试样宽度应按照相关产品标准的要求,如未具体规定,试样宽度应按照如下要求:

① 当产品宽度不大于 20mm 时,试样宽度为原产品宽度。

② 当产品宽度大于 20mm,厚度小于 3mm 时,试样宽度为 20mm ±5mm;厚度不小于 3mm 时,试样宽度在 20～50mm 之间。

(4) 试样厚度或直径,应按照相关产品标准的要求,如未具体规定,应按照以下要求:

① 对于板材、带材和型材,产品厚度不大于 25mm 时,试样厚度应为原产品的厚度;产品厚度大于 25mm 时,试样厚度可以机加工减薄至不小于 25mm,并应保留一侧原表面。弯曲试验时试样保留的原表面应位于受拉变形一侧。

② 直径或多边形横截面内切圆直径不大于 50mm 的产品,其试样横截面应为产品的横截面。如试验设备能力不足,对于直径或多边形横截面内切圆直径为 30～50mm 的产品,将其机加工成横截面内切圆直径为不小于 25mm 的试样。

直径或多边形横截面内切圆直径大于 50mm 的产品,应将其机加工成横截面内切圆直径为不小于 25mm 试样。试验时,试样未经机加工的原表面应置于受拉变形的一侧。除另有规定,钢筋类产品均以其全截面进行试验。

试样长度应根据试样厚度和所使用的试验设备确定。可以按照式 (6-2) 确定。

$$L = 0.5\pi(d+a) + 140\text{mm} \tag{6-2}$$

5) 试验步骤

(1) 试验一般在 10～35℃ 的室温范围内进行。对温度要求严格的试验,试验温度应为 23℃ ±5℃。

(2) 由相关产品标准规定,采用下列方法之一完成试验。

① 试样在所给定的条件和力作用下弯曲至规定的弯曲角度。

② 试样在力作用下弯曲至两臂相距规定距离且相互平行。

③ 试样在外力作用下弯曲至两臂直接接触。

(3) 试样弯曲至规定弯曲角度的试验,应将试样放于 V 形模具或两水平翻板上,试样轴线应与弯曲压头轴线垂直,弯曲压头在两支座之间的中点处对试样连续施加力使其弯曲,直至达到规定的弯曲角度。

如不能直接达到规定的弯曲角度,应将试样置于两平行压板之间,连续施加力压其两端使进一步弯曲,直至达到规定的弯曲角度。

(4) 试样弯曲至 180°角两臂相距规定距离且相互平行的试验,首先对试样进行初步弯曲(弯曲角度应尽可能大),然后将试样置于两平行压板之间连续施加力压其两端使进一步弯曲,直至两臂平行。试验时可以加或不加垫块。

(5)试样弯曲至两臂直接接触的试验,应首先将试样进行初步弯曲(弯曲角度应尽可能大),然后将其置于两平行压板之间,连续施加力压其两端使进一步弯曲,直至两臂直接接触。

(6)弯曲试验时,应缓慢施加弯曲力。

6)试验结果

(1)应按照相关产品标准的要求评定弯曲试验结果,如未规定具体要求,弯曲试验后试样弯曲外表无肉眼可见裂纹应评定为合格。

(2)相关产品标准规定的弯曲角度视做最小值,规定的弯曲半径视作最大值。

模块 7 石料试验

7.1 石料的种类和用途

石料又称石材,泛指所有的能作为材料的石头,桥梁建筑用主要石料制品有片石、块石、方块石、粗料石、镶面石等。可分为天然石料和人工石料。

天然石料是指从天然岩体中开采出来的,并经加工成块状或板状材料的总称。天然石料按地质分类法可分为岩浆岩、沉积岩和变质岩三大类。

7.1.1 岩浆岩

1) 岩浆岩的形成

岩浆岩又称火成岩,是地壳内的熔融岩浆在地下或喷出地面后冷凝而成的岩石。

2) 岩浆岩的种类和用途

根据不同的形成条件,岩浆岩可分为以下三种:

(1)花岗岩:花岗岩是岩浆岩中分布较广的一种岩石,主要由长石、石英和少量云母(或角闪石等)组成,具有致密的结晶结构和块状构造,其颜色一般为灰白、微黄、淡红等。由于结构致密,其孔隙率和吸水率很小,表面经琢磨加工后光泽美观,是优良的装饰材料。在土木工程中花岗岩常用作基础、闸坝、桥墩、台阶、路面、墙石及纪念性土建结构物等。但在高温作用下,由于花岗岩内的石英膨胀将石材引起破坏,其耐火性不好。

(2)玄武岩、辉绿岩:

①玄武岩是喷出岩中最普通的一种,颜色较深,常呈玻璃质或隐晶质结构,有时也呈多孔状或斑形构造。硬度高,脆性大,抗风化能力强,常用作高强混凝土的集料,道路路面的抗滑表层等。

②辉绿岩主要由铁、铝硅酸盐组成,具有较高的耐酸性。常用作高强混凝土的集料、耐酸混凝土集料、道路路面的抗滑表层等。其熔点为 1 400 ~ 1 500 ℃,可作铸石的原料,所制得的铸石结构均匀致密且耐酸性好,是化工设备耐酸衬里的良好材料。

(3)火山灰、浮石:

①火山灰是颗粒粒径小于 5mm 的粉状火山岩。它具有火山灰活性,即在常温和有水的情况下可与石灰(CaO)反应生成具有水硬性胶凝能力的水化物,因此,可作为水泥的混合料及混凝土的掺和料。

②浮石是粒径大于 5mm 并具有多孔构造(海绵状或泡沫状火山玻璃)的火山岩。其表观密度小,一般为 300 ~ 600kg/m^3,可作轻质混凝土的集料。

7.1.2 沉积岩

1) 沉积岩的形成

沉积岩又名水成岩,是由地表的各类岩石经自然界的自然风化、风力搬运、流水冲刷等作用后再沉积(压实、相互胶结、重结晶等)而形成的岩石,主要存在于地表及不太深的地下。其特征是呈层状构造,外观多层理,表观密度小,孔隙率和吸水率较大,强度较低,耐久性较差。沉积岩是地壳表面分布最广的一种岩石,虽然它的体积只占地壳的5%,但是露出面积约占陆地表面积的75%。根据沉积岩的生成条件,可分为机械沉积岩、化学沉积岩、生物有机沉积岩。

2)沉积岩的种类和用途

(1)石灰岩:简称灰岩,主要化学成分为$CaCO_3$,主要矿物成分是方解石。但常含有白云石、菱镁硬矿、石英、蛋白石、含水铁矿物及黏土等。因此,石灰的化学成分、矿物组成、致密程度以及物理性质等差别较大。

石灰石来源广、硬度低、易劈裂、便于开采,具有一定的强度和耐入性,因而广泛用于土木工程中。块石可作基础、墙身、阶石及路面等,碎石是常用的水泥混凝土和沥青混凝土的集料。此外,它也是生产水泥和石灰的主要原料。

(2)砂岩:砂岩主要是由石英砂或石灰岩等细小碎屑经沉积并重新胶结而成的岩石,它的性质决定于胶结物的种类及胶结物的种类及胶结的致密程度。砂岩可分为以氧化硅胶结而成的硅质砂岩,以碳酸钙胶结而成的石灰质砂岩,还有铁质砂岩和黏土质砂岩。砂岩的主要矿物为石英,次要矿物有长石、云母及黏土等。致密的硅质砂岩其性能接近于花岗岩,密度大、强度高、硬度大、加工较困难,可用于纪念性土木工程及耐酸工程等;钙质砂岩的性能类似于石灰岩,抗压强度为60~80MPa,加工较易,应用较广,可用作基础、踏步、人行道等,但不耐酸的侵蚀;铁质砂岩的性能比钙质砂岩差,较密实的铁质砂岩可用于一般土木工程;黏土质砂岩浸水易软化,土木工程中一般不用。

7.1.3 变质岩

1)变质岩的形成

变质岩是地壳中原有的各类岩石,在地层的压力或温度作用下,原岩石在固体状态下发生再结晶作用,其矿物成分、结构构造以至化学成分发生部分或全部改变而形成的新岩石。一般由岩浆岩变质而成的称正变质岩,如片麻岩等;由沉积岩变质而成的称副变质岩,如大理石、石英岩等。

2)变质岩的种类和用途

(1)大理岩:大理岩又称大理石,是由石灰岩或白云石经高温高压作用,重新结晶变质而成,其表观密度为2 500~2 700kg/m^3,抗压强度为50~140MPa,耐用年限为30~100年。

大理石构造致密,密度大,但硬度不大,易于分割:锯切、雕刻性能好,磨光后非常美观,可用于高级土木工程物的装饰工程。我国的汉白玉、丹东绿切花白、红奶油、墨玉等大理石均为世界著名高级土木工程装饰材料。纯大理石常呈雪白色,含有杂质时,呈现黑、红、黄、绿等各种色彩。

(2)石英岩:石英岩是由硅质砂岩变质而成,具有独特的晶体结构,岩体均匀致密,抗压强度大(250~400MPa),耐久性好,但硬度大、加工困难,常用作耐磨耐酸的装饰材料。

(3)片麻岩:片麻岩是由花岗岩变质而成,其矿物成分与花岗岩相似,呈片状构造,因而各个方向的物理、力学性质不同。在垂直于解理(片层)方向有较高的抗压强度,可达120~200MPa。沿解理方向易于开采加工,但在冻融循环过程中易剥落分离成片状,故抗冻性差,易于风化。常用作碎石、块石及人行道石板等。

7.2 石料的技术标准、技术等级划分

7.2.1 石料的技术标准

(1)公路工程石料技术等级划分标准:(饱水极限)抗压强度、磨耗率两项指标。
(2)桥梁工程石料技术等级划分标准:抗压强度。

7.2.2 岩石的技术等级划分

(1)岩石的坚硬程度应根据岩块的饱和单轴抗压强度标准分为坚硬岩、较硬岩、较软岩、软岩和极软岩 5 个等级,详见表 7-1 所示。

岩石坚硬程度分级表(单位:MPa)　　　　　　表 7-1

坚硬程度类别	坚硬岩	较硬岩	较软岩	软岩	极软岩
饱和单轴抗压强度标准值 f_{rk}	$f_{rk}>60$	$60\geqslant f_{rk}>30$	$30\geqslant f_{rk}>15$	$15\geqslant f_{rk}>5$	$f_{rk}\leqslant 5$

(2)岩体完整程度根据完整性指数按表 7-2 分为完整、较完整、较破碎、破碎和极破碎 5 个等级。

岩石完整程度分级表　　　　　　表 7-2

完整程度等级	完整	较完整	较破碎	破碎	极破碎
完整性指数	>0.75	0.75~0.55	0.55~0.35	0.35~0.15	<0.15

(3)岩石的风化程度可按表 7-3 分为未风化、微风化、中风化、强风化、全风化、残积土 6 个等级。

岩石风化程度分级表　　　　　　表 7-3

风化程度	野外特征	风化程度系数指标	
		波速比	风化系数
未风化	岩质新鲜,偶见风化痕迹	0.9~1.0	0.9~1.0
微风化	结构基本未变,仅节理面有渲染或略有变色,有少量风化裂隙	0.8~0.9	0.8~0.9
中风化	结构部分破坏,沿节理面有次生矿物,风化裂隙发育,岩体割成岩块,用镐难挖,岩芯钻方可钻进	0.6~0.8	0.4~0.8
强风化	结构大部分破坏,矿物成分显著变化,风化裂隙很发育,岩体破碎,用镐可挖,干钻不易钻进	0.4~0.6	<0.4
全风化	结构基本破坏,但尚可辨认,有残余结构强度,可用镐挖,干钻可钻进	0.2~0.4	—
残积土	组织结构全部破坏,已风化成土状,锹镐易挖掘,干钻易钻进,具已塑性	<0.2	—

(4)岩体节理发育程度根据节理间距按表 7-4 分为节理很发育、节理发育和节理不发育 3 类。

岩石节理发育程度分级表(单位:mm)　　　　　　表 7-4

程度	节理不发育	节理发育	节理很发育
节理间距	>400	200~400	20~200

当软化系数等于或小于 0.75 时,应定为软化岩石。当岩石具有特殊成分、特殊结构或特殊性质时,应定为特殊性岩石,如易溶性岩石、膨胀性岩石、崩解性岩石、盐渍化岩石等。

(5)岩体基本质量等级分类,可按表7-5划分为Ⅰ、Ⅱ、Ⅲ、Ⅳ和Ⅴ五个等级。

岩体基本质量等级分类　　　　表7-5

坚硬程度＼完整程度	完整	较完整	较破碎	破碎	极破碎
坚硬岩	Ⅰ	Ⅰ	Ⅲ	Ⅳ	Ⅴ
较硬岩	Ⅱ	Ⅲ	Ⅳ	Ⅳ	Ⅴ
较软岩	Ⅲ	Ⅳ	Ⅳ	Ⅳ	Ⅴ
软岩	Ⅳ	Ⅳ	Ⅴ	Ⅴ	Ⅴ
极软岩	Ⅴ	Ⅴ	Ⅴ	Ⅴ	Ⅴ

7.3 石料的力学性能

7.3.1 单轴抗压强度的试验

1)适用范围

单轴抗压强度试验是测定规则形状岩石试件单轴抗压强度的方法,主要用于岩石的强度分级和岩性描述。

本法采用饱和状态下的岩石立方体(或圆柱体)试件的抗压强度来评定岩石强度(包括碎石或卵石的原始岩石强度)。

在某些情况下,试件含水状态还可根据需要选择天然状态、烘干状态或冻融循环后状态。试件的含水状态要在试验报告中注明。

2)仪器设备

(1)压力试验机或万能试验机。

(2)钻石机、切石机、磨石机等岩石试件加工设备。

(3)烘箱、干燥器、游标卡尺、角尺及水池等。

3)试件制备

(1)建筑地基的岩石试验,采用圆柱体作为标准试件,直径为50mm±2mm、高径比为2:1。每组试件共6个。

(2)桥梁工程用的石料试验,采用立方体试件,边长为70mm±2mm。每组试件共6个。

(3)路面工程用的石料试验,采用圆柱体或立方体试件,其直径或边长和高均为50mm±2mm。每组试件共6个。

有显著层理的岩石,分别沿平行和垂直层理方向各取试件6个。试件上、下端面应平行和磨平,试件端面的平面度公差应小于0.05mm,端面对于试件轴线垂直度偏差不应超过0.250°。对于非标准圆柱体试件,试验后抗压强度试验值按式(7-1)进行换算:

$$R_e = 8R/(7+2D/H) \tag{7-1}$$

式中:R_e——试件高径比为2:1的标准抗压强度值;

　　R——试件任意高径比的抗压强度值;

　　D——试件直径;

　　H——试件高度。

4)试验步骤

(1)用游标卡尺量取试件尺寸(精确至0.1mm),对立方体试件在顶面和底面上各量取其边长,以各个面上相互平行的两个边长的算术平均值计算其承压面积;对于圆柱体试件在顶面和底面分别测量两个相互正交的直径,并以其各自的算术平均值分别计算底面和顶面的面积,取其顶面和底面面积的算术平均值作为计算抗压强度所用的截面积。

(2)试件的含水状态,可根据需要选择烘干状态、天然状态、饱和状态、冻融循环后状态。使试件饱和可采用下面任一方法。

煮沸法:将称量后的试件放入水槽,注水至试件高度的一半,静置2h;再加水使试件浸没,煮沸6h以上,并保持水的深度不变;煮沸停止后静置水槽,待其冷却取出试件,用湿纱布擦去表面水分,立即进行试验。

真空抽气法:将称量后的试件置于真空干燥器中,注入洁净水,水面高出试件顶面20mm;开动抽气机,抽气时真空压力需达100kPa,保持此真空状态直至无气泡发生为止(不少4h)。经真空抽气的试件应放置在原容器中,在大气压力下静置4h,取出试件,用湿纱布擦去表面水分,立即进行试验。

(3)按岩石强度性质,选定合适的压力机。将试件置于压力机的承压板中央,对正上、下承压板,不得偏心。

(4)以0.5~1.0MPa/s的速率进行加荷直至破坏,记录破坏荷载及加载过程中出现的现象。抗压试件试验的最大荷载记录以N为单位,精度达到1%。

5)结果计算

(1)岩石的抗压强度和软化系数分别按式(7-2)、式(7-3)计算。

$$R_w = P/A \tag{7-2}$$

式中:R_w——岩石的抗压强度(MPa);
　　　P——试件破坏时的荷载(N);
　　　A——试件的截面积(mm^2)。

$$K_p = R_w/R_d \tag{7-3}$$

式中:K_p——软化系数;
　　　R_w——岩石饱和状态下的单轴抗压强度(MPa);
　　　R_d——岩石烘干状态下的单轴抗压强度(MPa)。

(2)单轴抗压强度试验结果应同时列出每个试件的试验值及同组岩石单轴抗压强度的平均值;有显著层理的岩石,分别报告垂直与平行层理方向的试件强度的平均值,计算值精确至0.1MPa。

软化系数计算值精确至0.01,3个试件平行测定,取算术平均值;3个值中最大与最小之差不应超过平均值的20%,否则,应另取第4个试件,并在4个试件中取最接近的3个值的平均值作为试验结果,同时在报告中将4个值全部给出。

6)试验注意事项

岩石的抗压强度是反映岩石力学性质的主要指标之一,它在岩体工程分类、建筑材料选择及工程岩体稳定性评价计算中都是必不可少的指标。试验研究表明,岩石的抗压强度受一系列因素的影响与控制,这些因素包括两个方面:一方面是岩石本身方面的因素,如矿物组成、结构构造及含水状态等;另一方面是试验条件,如试件形状、大小、高径比及加工精度、加荷速率等。

7.3.2　洛杉矶磨耗试验方法

试验内容详见模块2相关内容。

模块 8 土工合成材料试验

路基填筑材料中除了一些土质外,还有砂石材料及一些土工合成材料。土工合成材料应用于公路建设是以各类合成材料为原材料制成的新型建筑材料,现已广泛应用。已经应用的领域有岩土工程、土木工程、水利工程、环境工程、交通工程、市政工程及围海造地工程等。

8.1 土工合成材料概念

土工合成材料是岩土工程和土木工程中所应用的合成材料的总称。它是指以人工合成的聚合物,如塑料、化纤、合成橡胶等为原料,制成各种类型的产品,置于土体内部、表面或各层土体之间,能发挥加强或保护土体作用的岩土工程材料。

8.2 土工合成材料的类型和应用

根据《土工合成材料应用技术规范》(GB 50209—98)对于土工合成材料的分类,将土工合成材料归纳为土工织物、土工膜、土工复合材料和土工各种材料四大类,见图 8-1。

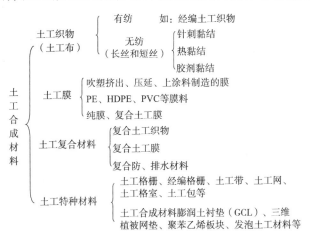

图 8-1 土工合成材料分类

1) 土工织物

土工织物是采用编织技术生产的透水性土工合成材料,呈布状,故俗称土工布。土工织物的主要特点是重量轻,整体连续性好,施工简便,抗拉强度高,耐腐蚀。土工织物又分为有纺土工织物和无纺土工织物,前者由单丝或多股丝织成,或由薄膜切成的扁丝编织而成;后者由短纤维或喷丝长纤维随机铺成絮垫,再经机械缠合(针刺)或热黏结或化学黏结而成。

土工织物在工程中主要起隔离、加筋和防护、反滤、排水作用。

2)土工膜

土工膜是土工合成材料的主要产品之一,是具有极低渗透性的膜状材料,实际上几乎不透水,是理想的防渗材料。与传统的防渗材料相比,土工膜具有渗透系数低,低温柔性好,形变适应性强,重量轻,强度高,整体连接性好,施工方便等优点。由于其透水性极低,其主要功能是防渗和隔离。

土工膜可用作渠道、围堰、堤坝、水库、废液池、太阳池和事故油池的防渗衬垫;可用作垃圾填埋场底部衬垫和顶部封盖层;可用作地下垂直防渗墙;用于自溃坝的上游面防渗;可用作隧道内的防水衬层;可用作水库的浮动覆盖层,防止污染和蒸发;可用作防止建筑物下面的水分上升的屏障;用于防止在敏感土地区的水的入渗;用来制作土工布长管袋,作挡水围堰;用于沥青铺面下作防水层。

3)土工复合材料

土工复合材料的基本原理就是将不同材料的最好特性组合起来,使特定的某个问题能以最优的方式解决。其主要功能是排水反滤、防渗、加筋、隔离、防护和减载等。常用的土工复合材料有复合土工膜、复合土工织物、排水带、排水管、排水防水材料等。

4)土工特种材料

(1)土工格栅。土工格栅是土工合成材料中发展很迅速的一个种类。它是一种以高密度聚乙烯或聚丙烯塑料(包括玻璃纤维)为原料加工形成的开口的、类似格栅状的产品,具有较大的网孔。在其生产工艺中,众多的纤维在一起形成了纵向和横向肋条,上面涂有一些保护材料,如PVC、乳胶或沥青。此外,还有玻纤格栅,它也是一种经编格栅。

土工格栅的应用领域广泛,可以用于未铺砌路面的骨料或铁道的道砟下面;用于加筋路堤和土坝;用于修复破坏边坡和滑坡;用于制作石笼;用于挡墙施工、侵蚀控制结构和桥台跳车;在软基上或岩溶地区用作加筋地基;用于桥接裂缝或桥接岩石和土;在软基上用作厚的碎石垫层;用作沥青铺面加筋;用作加筋填埋场边坡。

(2)土工网。土工网是由连续的聚合物肋条以一定角度的连续网孔平行挤出而成。较大的孔径使其形成了像网一样的结构,同时能承受一定的法向压力而不显著减小孔径。其设计功能主要应用在排水领域,即需要输导各种液体的地方。在土中需和外包无纺织物反滤层构成土工复合材料使用。

土工网主要用作挡土墙墙背和原边坡地下水逸出处的排水;用作建筑物地基、运动场地和广场盖板下面的排水;用作公路基层或易冻土层的排水;用于填埋场沥滤液收集层或检测层;用于填埋场的地下排水系统;用于填埋场的顶部和四周的表面排水;用作预压堤下面的水平排水层。

(3)土工网垫。土工网垫是一种以聚烯烃为主要原料,经挤出菱形网与双向拉伸网复合、点焊、热收缩成型的三维多开孔结构,由于其强度高、易于和植被根系结合促进植物生长,故对控制坡面水土流失有独特效果,同时满足全球环保要求,是公认的绿色土工合成材料,又称为三维植被网。

土工网垫主要用于公路、铁路路堑边坡和填方边坡的防护;用于无混凝土面板加筋挡土墙墙面防护;用于堤岸水位变化区和水位以上边坡的防护;用于垃圾填埋场封顶层防护;用于原混凝土边坡绿化改造;用于快速草坪预植、移植。

(4)土工织物膨润土垫。土工织物膨润土垫是由土工织物或土工膜中间夹有膨润土,通过针刺、黏合或缝合在一起的防渗隔离复合材料。土工织物膨润土垫可用于环境、防护、交通、土工技术及水利等领域。

土工织物膨润土垫,主要用作防渗层,它易于连接且有利于缺陷的自愈。土工织物膨润土垫用在填埋场的主衬层的土工膜下;用在填埋场的土工膜下和黏土层之间,构成三种成分的衬层;用在填埋场覆盖层中的土工膜下;放在土工膜上,用来防止粗粒料将土工膜刺破;用作地下储水井的第二层衬层;用作渠道或水池的单独衬层。

8.3 土工合成材料的工程特性

8.3.1 物理特性

1)厚度

土工合成材料的厚度用 mm 表示。厚度的变化对织物的孔隙率、透水性和过滤性等水力特性有很大的影响。常用的各种土工合成材料的厚度是:土工膜 0.25~0.75mm,最厚可达 2~4mm;复合型材料有时采用较薄的土工膜,最薄可达 0.1mm;土工格栅的厚度随部位的不同而异,其肋厚一般由 0.5mm 至几十毫米。

2)单位面积质量

单位面积质量为单位面积土工合成材料具有的质量。它反映材料多方面的性能,如抗拉强度、顶破强度等力学性能以及孔隙率、渗透性等水力学性能,通常以 g/m^2 表示,是土工合成材料的重要物理性能之一。土工织物和土工膜单位面积的质量受原料密度的影响,同时受厚度、外加剂和含水率的影响。

8.3.2 力学特性

反映土工合成材料力学特性的指标主要有拉伸强度、握持强度、撕裂强度、蠕变特性和耐久性等。

1)拉伸强度

土工合成材料是柔性材料。大多通过其抗拉强度来承受荷载以发挥工程作用,因此抗拉强度及其应变是土工合成材料的重要特性指标。

土工合成材料的抗拉强度,与测定时的式样宽度、形状和约束条件有关。必须在标准规定的条件下测定。土工织物在受力过程中厚度是变化的。不易精确测定,故其受力大小一般以单位宽度所承受的力来表示。单位为 kN/m 或 N/m,而不是习惯上所用的单位面积的应力来表示。

2)握持强度

土工织物承受集中力的现象普遍存在。握持强度是反映其分散集中力的能力。握持强度试验是握持试样两端部分宽度进行的一种拉力试验。它的强度由两部分组成:一部分为试样被握持宽度的抗拉强度;一部分为相邻纤维提供的附加抗拉强度。由于试验的难度较大,采用的试样和夹具的尺寸也不尽相同,因此,测得的结果也相差很多。一般不易作为设计依据,只可用作不同土工织物的抗拉强度比较。土工织物握持力一般为 0.3~6.0kN。

3)撕裂强度

土工织物和土工膜在铺设和使用过程中,常常会有不同程度的破损。撕裂强度反映了试样抵抗扩大破损裂口的能力,可评价不同土工织物和土工膜被扩大破损程度的难易,是土工合成材料应用中的重要力学指标。土工织物梯形撕裂强度一般为 0.15~30kN,不加筋土工膜的梯形撕裂强度一般为 0.03~0.4kN。

4) 蠕变特性

材料蠕变是指材料在受力大小不变条件下,其变形随时间增长而逐渐增大的现象,蠕变是土工合成材料的重要特性之一,是材料能否长期使用的关键。

5) 耐久性

人工合成材料的耐久性主要指对紫外线辐射、温度变化、化学和生物侵蚀、干湿变化、冻融对机械磨损等外界因素变化的抵御能力,材料的耐久性主要与聚合物的类型及添加剂相关。

8.4 公路工程土工合成材料主要试验

8.4.1 试样制备与试验报告

1) 取卷装样品

所选卷装材料应无破损,卷装呈原封不动状。

2) 试样制备

(1) 每次试验的试样,应从样品长度和宽度上均匀裁取,但距样品幅边至少 10cm。

(2) 样品经调湿后再制成规定尺寸。

3) 调湿和状态调节

(1) 土工织物。试样应在标准大气条件下调湿 24h,标准大气条件:温度 20℃±2℃,相对湿度 65%±5%。

(2) 塑料土工合成材料。在温度 23℃±2℃的环境下,进行状态调节,时间不小于 4h。

4) 试验报告

试验报告应包括以下内容:

(1) 试样的制取与准备方法。

(2) 试样选择、制取、准备过程中观察到的详细情况,和做同一试验时在纵向和横向位置上的取样情况。

(3) 任何与取样程序规定不符的详情。

(4) 制样的日期,所选卷的来源。

(5) 样品的名称、规格、供应商、生产商和型号。

8.4.2 试样数据整理与计算

(1) 算术平均值按式(8-1)计算:

$$\bar{X} = \sum_{i=1}^{n} X_i / n \tag{8-1}$$

式中:$\bar{X}$——n 块试样值的算术平均值;

n——试样个数;

X_i——第 i 块试样的试验值。

(2) 标准差按式(8-2)计算:

$$\sigma = \sqrt{\sum_{i=1}^{n}(X_i - \bar{X})^2 / (n-1)} \tag{8-2}$$

(3)变异系数按式(8-3)计算:
$$C_v = \sigma/X \times 100\% \tag{8-3}$$

(4)试验数据的取舍:试验异常数据的取舍,应按具体规定进行。如没有明确规定,可按K倍标准差作为取舍标准,即舍去那些在$\overline{X} \pm K\sigma$范围以外的测定值。试件数量不同,K值也不相同,K值按表8-1选用。

K 值 选 用 表　　　　　　　　表8-1

试件数量	3	4	5	6	7	8	9	10	11	12	13	14
K值	1.15	1.46	1.67	1.82	1.94	2.03	2.11	2.18	2.23	2.28	2.33	2.37

8.4.3　单位面积质量测定

1)适用范围

本试验方法适用于土工织物、土工格栅等其他类型的土工合成材料。

2)定义

单位面积的试样,在标准大气条件下的质量。

3)试验原理

从整块样品上裁取规定数量和规定尺寸的试样,经称量计算,求得试样的单位面积质量。

4)仪器设备

剪刀或切刀、钢尺(刻度至毫米,精度为0.5mm)、称量天平(感量0.01g)等。

5)试验步骤

(1)取样:按规程规定取样,并进行试样调湿和状态调节。

(2)试样制备:土工织物裁取面积为10 000mm^{2}的试样10块,剪裁和测量精度为1mm。对于土工格栅、土工网这类孔径较大的材料,试样尺寸应能代表该种材料的全部结构。

(3)称量:将裁剪好的试样按编号顺序逐一在天平上称量,读数精确至0.01g。

6)结果计算

(1)按式(8-4)计算每块试样的单位面积质量,按《数值修约规则》(GB 8170—87)修约,保留小数一位:

$$G = 10^6 \times m/A \tag{8-4}$$

式中:G——试样单位面积质量(g/m^2);

　　　m——试样质量(g);

　　　A——试样面积(mm^2)。

(2)计算10块试样单位面积质量的平均值G,精确至0.1g/m^2,同时计算出标准差σ和变异系数C_V。

8.4.4　土工织物厚度测定

1)适用范围

本方法适用于土工织物及复合土工织物。

2)定义

(1)厚度:土工织物在承受规定的压力下,正反两面之间的距离。

(2)常规厚度:在2kPa压力下测得的试样厚度。

3)试验原理

将试样平放在基准板上,用与基准板平行的圆形压脚对试样施加规定的压力,两块板之间的距离为土工布厚度测量值,以 mm 表示。通常进行 2kPa、20kPa 及 200kPa 压力下的厚度测定。

4)仪器设备

基准板、压块(圆形,表面光滑,面积为 25cm^2,重为 5N、50N、500N 不等。其中常规厚度的压块为 5N,对试件施加 2kPa ±0.01kPa 的压力)、百分表(表的最小分度值为 0.01mm)、秒表(最小分度值为 0.1s)。

5)试验步骤

(1)取样:按规程规定取样,并进行试样调湿和状态调节。

(2)试样制备:裁取有代表性的试样 10 块,试样尺寸应不小于基准板的面积。

(3)测定 2kPa 压力下的常规厚度。

①擦净基准板和 5N 的压块,压块放在基准板上,调整百分表零点。

②提起 5N 的压块,将试样自然平放在基准板与压块之间,轻轻放下压块,使试样受到的压力为 2kPa±0.01kPa,放下百分表触头,接触后开始计时,30s 时读数,精确至 0.01mm。

③重复上述步骤,完成 10 块试样的测试。

④根据需要选用不同的压块,使压力为 20kPa ± 0.1kPa,重复以上步骤,测定 20kPa ± 0.1kPa 下的试样厚度;200kPa ± 1kPa 分别测定试样厚度。

⑤根据需要选用不同的压块,使压力为 200kPa ± 1kPa,重复以上步骤,测定 200kPa ± 1kPa 下的试样厚度。

6)试验结果

(1)计算在同一压力下所测的 10 块试样厚度的算术平均值 $\bar{\xi}$,以毫米为单位,计算到小数点后三位,按规范修约到小数点后两位。

(2)如果需要,同时计算出标准差 σ 和变异系数 C_V。

8.4.5 土工膜厚度测定

1)适用范围

(1)本方法规定了用机械测量法测定土工薄膜、薄片厚度的试验方法。

(2)本方法适用于没有压花和波纹的土工薄膜、薄片。

2)仪器设备

基准板、千分表(最小分度值 0.001mm)等。

3)试验步骤

(1)取样:按规程规定取样,并进行试样调湿和状态调节,沿样品的纵向距端部大约 1m 的位置横向截取试样,试样条宽 100mm,无折痕和其他缺陷。

(2)基准板、试样和千分表表头,应无灰尘、油污。

(3)测量前将千分表放置在基准板上,校准表读值基准点,测量后重新检查基准点是否变动。

(4)测量厚度时,要轻轻放下表测头,待指针稳定后读值。

(5)当土工膜(片)宽大于 2 000mm 时,每 200mm 测量一点;膜(片)宽在 300~2 000mm 时,以大致相等间距测量 10 点;膜(片)宽在 100~300mm 时,每 50mm 测量一点;膜(片)宽小于 100mm 时,至少测量 3 点。对于未裁毛边的样品,应在离边缘 50mm 以外进行测量。

4) 试验结果

(1) 试验结果以试样的平均厚度和厚度的最大值、最小值表示,计算到小数点后 4 位,按《数值修约规则》(GB 8170—87)修约到小数点后 3 位,准确至 0.001mm。

(2) 如果需要,计算平均厚度的标准偏差 σ 和变异系数 C_V。

8.4.6 土工格栅、土工网网孔尺寸测定

1) 适用范围

本方法适用于各类孔径较大的土工格栅、土工网,其他相同类型的土工合成材料可参照执行。

2) 定义

当量孔径:土工格栅、土工网等大孔径的土工合成材料,其网孔尺寸是通过换算折合成与其面积相当的圆形孔的孔径来表示的,称为当量孔径。

3) 仪器设备

游标卡尺(量程 200mm,精度 0.02mm)、坐标纸、铅笔、求积仪。

4) 试验步骤

(1) 取样:按规程规定取样,并进行试样调湿和状态调节。

(2) 试样制备:每块试样应至少包括 10 个完整的有代表性的网孔。

(3) 测试方法:

①对较规则网孔的试样(图 8-2),当网孔为矩形或偶数多边形时,测量相互平行的两边之间的距离;当网孔为三角形或奇数多边形时,测量顶点与对边的垂直距离。同一测点平行测定两次,两次测定误差应小于 5%,取均值;每个网孔至少测 3 个测点,读数精确至 0.1mm,取均值。

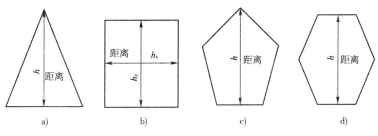

图 8-2 各种试样距离示意图

②对于孔边呈弧线或不规则网孔的试样,检测时应将试样平整地放在坐标纸上固定好,用削尖的铅笔紧贴网孔内壁将网孔完整地描画在坐标纸上,用同一坐标纸一次描出所有的应测孔,每个网孔测描两次。

5) 结果计算

(1) 计算网孔面积:

①对较规则网孔,按下列公式计算网孔面积:

三角形网孔: $A = 0.5774 h^2$

矩形网孔: $A = h_x h_y$

五边形网孔: $A = 0.7265 h^2$

六边形网孔: $A = 0.8860 h^2$

式中:A——网孔面积(mm^2);

h——网孔高度(mm)。

②对不规则网孔,用求积仪测出坐标纸上每个网孔两次测描的面积,两次测量值误差应小于3%,取均值。

(2)按式(8-5)计算网孔的当量孔径,计算精确至0.1mm:

$$D_e = 2 \times \sqrt{A/\pi} \tag{8-5}$$

(3)按规定计算10个网孔当量孔径的平均值$\overline{D_e}$,按规定修约,精确至1mm。

(4)如果需要,计算平均厚度的标准偏差σ和变异系数C_V。

8.4.7 垂直渗透性能试验(恒水头法)

1)适用范围

本方法适用于土工织物和复合土工织物。

2)试验原理

土工布在垂直于布面的某一常水头作用下发生渗流,测定在某一时间段内通过布的流量,即可测得表观流速和渗透系数。土工布的透水性能除取决于织物本身的材料、结构、孔隙大小和分布外,还与织物平面所受的法向压力、水质、水温、水中含气量等因素有关。

3)定义

(1)流速指数:试样两侧50mm水头差下的流速,精确至1mm/s。也可取100mm、150mm水头差下的流速,但应在报告中注明。

(2)垂直渗透系数:在单位水力梯度下垂直于土工织物平面流动的水的流速(mm/s)。

(3)透水率:垂直于土工织物平面流动的水,在水位差等于1时的渗透流速。

4)仪器设备

恒水头渗透仪、供水系统、秒表(精确至0.1s)、量筒、温度计等。

5)试验步骤

(1)取样:按规定取不小于5块试样,其尺寸应与试验仪器相适应。

(2)将试样置于含湿润剂的水中,至少浸泡12h直至饱和并赶走气泡。湿润剂采用0.1% V/V的烷基苯磺酸钠。

(3)将饱和试样装入渗透仪的夹持器内,安装过程应防止空气进入试样,有条件时宜在水下装样,并使所有的接触点不漏水。

(4)向渗透仪注水,直到试样两侧达到50mm的水头差。关掉供水,如果试样两侧的水头在5min内不能平衡,查找是否有未排除干净的空气,重新排气,并在试验报告中注明。

(5)调整水流,使水头差达到70mm±5mm,记录此值,精确到1mm。待水头稳定至少30s后,在规定的时间周期内,用量杯收集通过仪器的渗透水量,体积精确到10mL,时间精确到秒。收集渗透水量至少1 000mL,时间至少30s。如果使用流量计,流量计至少应有能测出水头差70mm时的流速的能力,实际流速由最小时间间隔15s的3个连续读数的平均值得出。

(6)分别对最大水头差0.8、0.6、0.4和0.2倍的水头差,重复上述程序,从最高流速开始,到最低流速结束,并记录下相应的渗透水量和时间。如果使用流量计,适用同样的原则。

(7)记录水温,精确到0.2℃(水温控制在18~22℃,工作水温宜尽量接近20℃,以减小因温度校正带来的不准确性)。

(8)对剩下的试样重复(3)~(7)的步骤。

6)结果计算

(1)流速指数:

①按式(8-6)计算20℃时的流速V_{20}(mm/s):

$$V_{20} = VR_T/At \qquad (8-6)$$

式中:V——渗透水的体积(m^3);

R_T——T℃水温时的水温修正系数(表8-2);

A——试样过水面积(m^2);

t——达到水体积V的时间(s)。

水温修正系数表　　　　表8-2

温度(℃)	R_T	温度(℃)	R_T	温度(℃)	R_T
18.0	1.050	19.5	1.012	21.0	0.976
18.5	1.038	20.0	1.000	21.5	0.965
19.0	1.250	20.5	0.988	22.0	0.953

如果使用流速仪,流速v_T直接测定,则按公式(8-7)计算20℃时的流速V_{20}(mm/s):

$$V_{20} = v_T R_T \qquad (8-7)$$

②计算每块试样不同水头差下的流速V_{20}。

使用计算法或图解法,用水头差h对流速V_{20}通过原点作曲线。在一张图上绘出5个试样的水头差h对流速V_{20}的曲线5条。

③通过计算法或图解法求出5个试样50mm水头差的流速值,给出平均值、最大值和最小值。平均值为该样品的流速指数,精确至1mm/s。

(2)垂直渗透系数:

按式(8-8)计算实际水温下的垂直渗透系数k:

$$k = v/i = v\delta/\Delta h \qquad (8-8)$$

式中:k——实际水温下的垂直渗透系数(mm/s);

v——垂直土工织物平面水的流动速度(mm/s);

i——土工织物上下两侧的水力梯度,$i = \Delta h/\delta$;

δ——土工织物试样厚度(mm);

Δh——对土工织物试样施加的水头差(mm)。

按式(8-9)计算20℃水温下的垂直渗透系数k_{20}:

$$k_{20} = k R_T \qquad (8-9)$$

式中:k_{20}——水温20℃时的垂直渗透系数(mm/s);

k——实际水温下的垂直渗透系数(mm/s);

R_T——T℃水温时的水温修正系数。

(3)透水率:

按式(8-10)计算水温20℃时的透水率θ_{20}:

$$\theta_{20} = k_{20}/\delta = v_{20}/\Delta h \qquad (8-10)$$

式中:θ_{20}——水温20℃时的透水率(1/s);

δ——土工织物厚度(mm);

k_{20}——水温20℃时的渗透系数(mm/s);

v_{20}——温度20℃时,垂直土工织物平面水的流动速度(mm/s);

Δh——对土工织物试样施加的水头差(mm)。

8.4.8 宽条拉伸试验

1)适用范围

(1)本方法规定了用宽条试样测定土工织物及其有关产品拉伸性能的试验方法。

(2)本方法适用于大多数土工合成材料,包括土工织物及复合土工织物,也适用于土工格栅。

(3)本方法包括测定调湿和浸湿两种试样拉伸性能的程序,包括单位宽度的最大负荷和最大负荷下的伸长率以及特定伸长率下的拉伸力的测定。

2)定义

(1)拉伸强度:试验中试样拉伸直至断裂时每单位宽度的最大拉力,以 kN/m 表示。

(2)延伸率:试验中试样实际夹持长度的增加量与实际夹持长度的比值,以%表示。

3)仪器设备

拉伸试验机、夹具、伸长计、蒸馏水、非离子润湿剂等。

4)试验步骤

(1)取样:按规程规定取样,取纵向和横向各不少于5块试样。并进行试样调湿和状态调节。

(2)拉伸试验机的设定:土工织物,试验前将两夹具间的隔距调至100mm±3mm;土工格栅按规定进行。选择试验机的负荷量程,使断裂强力在满量程负荷的30%~90%之间。设定试验机的拉伸速度,使试样的拉伸速率为名义夹持长度的(20%±1%)/min。如使用绞盘夹具,在试验前应使绞盘中心间距保持最小,并且在试验报告中注明使用了绞盘夹具。

(3)夹持试样:将试样在夹具中对中夹持,注意纵向和横向的试样长度应与拉伸力的方向平行。

(4)试样预张:对已夹持好的试件进行预张,预张力相当于最大负荷的1%,记录因预张试样产生的夹持长度的增加值L'_0。

(5)使用伸长计时:在试样上相距60mm处分别设定标记点(分别距试样中心30mm),并安装伸长计,注意不能对试样有任何损伤,并确保试验中标记点无滑移。

(6)测定拉伸性能:开动试验机连续加荷直至试样断裂,停机并恢复至初始标距位置。记录最大负荷,精确至满量程的0.2%;记录最大负荷下的伸长量ΔL,精确到小数点后一位。

(7)测定特定伸长率下的拉伸力:使用合适的记录测量装置测定在任一特定伸长率下的拉伸力,精确至满量程的0.2%。

5)结果计算

(1)拉伸强度按式(8-11)计算:

$$\alpha_f = F_f C \tag{8-11}$$

式中:α_f——拉伸强度(kN/m);

F_f——最大负荷(kN);

C——由式(8-12)或式(8-13)求出。

对于非织造品、高密织物或其他类似材料:

$$C = 1/B \tag{8-12}$$

式中:B——试样的名义宽度(m),一般为 0.2m。

对于稀松机织土工织物、土工网、土工格栅或其他类似的松散结构材料:

$$C = N_m/N_s \tag{8-13}$$

式中:N_m——试样 1m 宽度内的拉伸单元数;

N_s——试样内的拉伸单元数。

(2)最大负荷下的伸长率按式(8-14)计算每个试样的伸长率:

$$\varepsilon = \Delta L/(L_0 + L_0') \times 100\% \tag{8-14}$$

式中:ε——伸长率(%);

L_0——名义夹持长度(使用夹具时为 100mm,使用伸长计时为 60mm);

L_0'——预负荷伸长量(mm);

ΔL——最大负荷下的伸长量(mm)。

(3)特定伸长率下的拉伸力按式(8-15)计算,用 kN/m 表示。

例如,伸长率 2% 时的拉伸力:

$$F_{2\%} = f_{2\%} C \tag{8-15}$$

式中:$F_{2\%}$——对应 2% 伸长率时每延米拉伸力(kN/m);

$f_{2\%}$——对应 2% 伸长率时试样的测定负荷(kN)。

(4)平均值和变异系数:按规定分别对纵向和横向两组试样的拉伸强度、最大负荷下伸长率及特定伸长率下的拉伸力计算平均值和变异系数,拉伸强度和特定伸长率下的拉伸力精确至 3 位有效数字,最大负荷下伸长率精确至 0.1%,变异系数精确至 0.1%,每组有效试样为 5 块。

参 考 文 献

[1] 中华人民共和国行业标准.JTG E40—2007 公路土工试验规程[S]. 北京:人民交通出版社,2007.
[2] 中华人民共和国行业标准.JTG E42—2005 公路工程集料试验规程[S]. 北京:人民交通出版社,2005.
[3] 中华人民共和国行业标准.JTG E30—2005 公路工程水泥及水泥混凝土试验规程[S]. 北京:人民交通出版社,2005.
[4] 中华人民共和国行业标准.JTG E20—2011 公路沥青及沥青混合料试验规程[S]. 北京:人民交通出版社,2011.
[5] 中华人民共和国行业标准.JGJ E51—2009 公路工程无机结合料稳定材料试验规程[S]. 北京:人民交通出版社,2009.
[6] 中华人民共和国行业标准.JTG E41—2005 公路工程岩石试验规程[S]. 北京:人民交通出版社,2005.
[7] 中华人民共和国行业标准.SL/T 235—1999 土工合成材料测试规程[S]. 北京:人民交通出版社,2005.
[8] 袁捷. 道路建筑材料[M]. 成都:西南交通大学出版社,2007.
[9] 康忠寿. 道路建筑材料[M]. 大连:大连理工大学出版社,2011.
[10] 伍必庆. 道路建筑材料[M]. 北京:人民交通出版社,2007.